国家社科基金
GUOJIA SHEKE JIJIN HOUQI ZIZHU XIANGMU
后期资助项目

U0669858

数字经济下的创新政策组合理论与实证研究

以文化产业为视角

Theoretical and Empirical Research on Innovation Policy Mix under Digital Economy

from the Perspective of Cultural Industry

周　莹　著

WUHAN UNIVERSITY PRESS
武汉大学出版社

图书在版编目(CIP)数据

数字经济下的创新政策组合理论与实证研究:以文化产业为视角/周莹著.—武汉:武汉大学出版社,2022.3
国家社科基金后期资助项目
ISBN 978-7-307-22769-9

Ⅰ.数⋯ Ⅱ.周⋯ Ⅲ.文化产业—产业发展—研究—中国
Ⅳ.G124

中国版本图书馆 CIP 数据核字(2021)第 251537 号

责任编辑:宋丽娜   责任校对:李孟潇   版式设计:韩闻锦

出版发行:**武汉大学出版社** (430072 武昌 珞珈山)
(电子邮箱:cbs22@whu.edu.cn 网址:www.wdp.com.cn)
印刷:湖北恒泰印务有限公司
开本:720×1000 1/16 印张:15.25 字数:263 千字 插页:1
版次:2022 年 3 月第 1 版 2022 年 3 月第 1 次印刷
ISBN 978-7-307-22769-9 定价:68.00 元

国家社科基金后期资助项目（18FGL001）

国家社科基金后期资助项目
出版说明

　　后期资助项目是国家社科基金设立的一类重要项目，旨在鼓励广大社科研究者潜心治学，支持基础研究多出优秀成果。它是经过严格评审，从接近完成的科研成果中遴选立项的。为扩大后期资助项目的影响，更好地推动学术发展，促进成果转化，全国哲学社会科学工作办公室按照"统一设计、统一标识、统一版式、形成系列"的总体要求，组织出版国家社科基金后期资助项目成果。

全国哲学社会科学工作办公室

前　　言

　　"数字经济是指以使用数字化的知识和信息作为关键生产要素、以现代信息网络作为重要载体、以信息通信技术的有效使用作为效率提升和经济结构优化的重要推动力的一系列经济活动。"传统文化、金融、教育、医疗、交通等产业与移动互联、云计算、大数据进行深度融合后，爆发出全新的生命力，发展数字经济已成为全球共识。

　　创新政策是指为达成国民经济发展的总体目标，促进产业创新和发展所制定的宏观战略、发展规划、法律制度以及各种财税、金融、消费等重要制度及措施。而政策组合是为促进创新以及解决创新过程中的问题而形成的一整套具有目标一致性和运行协调性的政策工具的组合。创新政策是政府协助产业创新发展的施政行为的总和，而许多创新没有实现预期最佳效益的一个重要原因正是没有采用系统的方法，忽略了系统中各要素间的相互关系。这就需要我们研究各类型政策工具之间的互动、协调和补充关系，以提高创新政策的可操作性及实施的绩效。

　　数字经济带来的是创新系统的革命性变化，需要对基于传统经济模式的创新政策体系的观念思路、体制机制、制度规则、路径方法等进行系统化变革，才有可能实现新经济模式下创新的系统转型。创新需要以政策为先导，而创新政策制定应基于客观实践与现实需求。数字文化产业是数字经济下典型的产业形态，我国数字文化产业在快速发展的同时，也显现出产业的低层次繁荣，这提示我们思考：基于传统产业创新范式的政策系统是否适用于新经济模式下的创新。创新政策系统的完善及其有效政策组合的形成不仅单纯依靠政策数量的增长、调整范围的扩大、规范内容的细化，更应当注重依托政策组合结构，使各创新要素达成一定的系统功能。因此，本书的目的在于：①厘清数字经济下创新的范式转变与价值选择；②构建符合数字经济运行规律和产业创新特性的政策组合模式；③设计满足数字经济下产业创新需求和市场主体利益诉求的有效运行机制。

　　本书以数字经济下的创新范式转变为基点，以创新政策理论、系统失灵理论和协同学理论为主要理论基础，以我国数字文化产业创新政策体系及存在的问题为实证对象，围绕促进数字经济下创新系统转型的政策组合展开研究。

第一部分：基本问题——"数字经济下的价值创造与创新范式转变"，研究的主要目的是提出本书的主要问题，探讨不同经济模式下的创新，是否应以不同政策组合模式来进行规范、管理和激励。这一部分以创新理论及创新政策理论为基础，发展出本书的观念架构，通过对创新的含义及分类相关的文献进行回顾、梳理和总结，以数字经济的典型产业型态——数字文化产业的价值创造与创新特性的理论分析为依托，得出数字经济下创新范式的基本特征，并得出研究展开的观念基础：数字经济带来的是革命性的创新系统转型。

第二部分：理论分析——"促进创新系统转型的政策组合"，研究的目的是通过明确创新体系中的重要活动，探讨促进创新的政策支持框架，分析创新政策设计和工具选择的理论标准，厘清创新政策的组合绩效界定及组合中的关键要素，提出促进创新系统转型的政策组合的原则，并以此作为研究的理论基础。我们的基本观点是：创新体系中的重要活动需要选择适当的政策工具进行规范、控制或激励，而创新政策工具必须进行设计并组合在一起，有针对性地解决创新体系中的突出问题。政策工具的组合应以创新政策的"协同性"为基本导向，对原有制度规则进行系统变革；打破既有创新系统中的行为者网络；形成"破旧"和"立新"的政策组合效应。

第三部分：经验案例——"创新政策的系统性失灵"，研究的目的是以我国数字文化产业创新政策体系及其存在的问题为经验案例，分析创新的政策环境及政策激励结构，指出创新政策系统失灵的障碍环节和制约因素，并以此作为研究的实证基础。研究以国家及各部委 2005—2018 年发布的与数字文化产业创新相关性最强的 108 项政策作为原始资料，运用扎根理论这一探索性研究方法，分析产业创新的政策激励结构及其构成要素；基于系统失灵理论建构分析框架，分析我国数字文化产业创新政策系统失灵的表现和障碍环节。

第四部分：模式建构——"创新政策系统的协同学分析及运行机理"，研究的目的是运用协同学基本理论分析创新政策系统的协同运行机理，提出创新政策协同组合的理论模式。我们的基本观点是：数字经济下创新政策系统秩序的形成是由系统内部主体间"由下而上"的互动所产生，当环境变化动荡时，就需要不断输入能量，使自组织行为得以自我维持；局部层次的互动和个别元素的维合可以带来全新宏观事物的产生，通过政策组合的协同机制可以促进创新政策系统的自组织形成和维持，并使这种自组织能力成为系统从无序到有序转变的驱动力量。

第五部分：机制运行——"创新政策的协同组合机制及其应用"，研究的目的是将理论模式应用于数字经济下产业创新的具体实践，并结合我国数字文化产业创新政策的系统性失灵及其原因分析，提出创新政策协同组合的形成机制和实现机制，及其在数字文化产业创新政策组合设计中的具体应用，以此为提高创新政策制定和运行的科学性和系统性提供具有实用价值的方案。

目　　录

1. 绪　　论

1.1　研究背景与研究意义

当今时代，数字经济迅猛发展，在经济发展中的引领和主导作用不断增强。传统文化、金融、教育、医疗、交通等产业与移动互联、云计算、大数据进行深度融合后，爆发出全新的生命力，发展数字经济已成为全球共识。2016 年 9 月，二十国集团（G20）领导人杭州峰会首次提出全球性的《二十国集团数字经济发展与合作倡议》，其对数字经济的定义是："数字经济是指以使用数字化的知识和信息作为关键生产要素、以现代信息网络作为重要载体、以信息通信技术的有效使用作为效率提升和经济结构优化的重要推动力的一系列经济活动。"当前，我国信息技术和产业发展正处于从跟跑并跑向并跑领跑转变的关键时期，应特别注重加强网络信息技术自主创新，不断增强数字经济对发展的推动作用。① 2016 年 10 月，习近平同志在中央政治局第三十六次集体学习时强调："世界经济加速向以网络信息技术产业为重要内容的经济活动转变。我们要把握这一历史契机，以信息化培育新动能，用新动能推动新发展。"党的十九大报告提出，推动互联网、大数据、人工智能与实体经济的深度融合，体现了当代数字经济发展的最鲜明特征。数字经济在与传统实体经济的融合过程中带来的是革命性的创新转型，需要对基于传统经济模式的创新政策体系进行系统性变革。

数字文化产业是数字经济下典型的产业形态。现代传播媒介高速发展、网络普及与宽带技术以及数字多媒体传播载体，不仅改变了人们的工作和生活方式，也使得传统产业面临巨大的冲击与变革。受到网络和数字化的影响，文化的创造与传播载体从以往一成不变的纸质载体发展到现在

---

① 李国杰．数字经济引领创新发展［N］．人民日报，2016-12-16（7）．

的数字多元载体，新的媒体以及内容不断推陈出新使得文化创新与产业发展都需做出基础性的、全面性的思考与转变。数字文化产业的边界已远远超出传统文化产业，广泛辐射到电信、出版、通信、广播电视、工业设计、软件开发、计算机硬件生产等众多行业，数字文化产业竞争力也成为兼具国家软、硬实力的重要体现。

数字文化产业是以文化创意内容为核心，依托数字技术进行创作、生产、传播和服务，引领新供给、新消费高速成长的新型文化业态，呈现生产数字化、传播网络化、消费信息化等特点。数字文化产业是数字创意产业在文化产业领域的具体体现，具有创意性、引领性、低消耗、可持续的鲜明特点和转方式、调结构、促消费、扩就业的独特作用。大力发展壮大数字文化产业是在文化产业领域践行新发展理念，推进供给侧结构性改革，培育形成新供给、新动力的重要举措。①

我国政府在"十一五""十二五""十三五"的顶层设计中已形成对数字文化领域的持续性促进政策导向：2006 年，先后公布了国家"十一五"经济社会发展规划、科学技术发展规划、文化发展规划纲要，在这三个重要的国家规划中，都把数字出版技术、数字化的出版与印制和发展新媒体列入科技创新的重点。2009—2013 年，政府又出台了《文化产业振兴规划》《关于加快我国数字出版产业发展的若干意见》等一系列促进数字出版发展的积极政策和措施。《国家"十二五"时期文化改革发展规划纲要》明确提出："实施文化数字化建设工程，改造提升传统文化产业，培育发展新兴文化产业。"《数字出版"十二五"专项规划》进一步提出，到"十二五"期末，力争实现数字出版总产值达到新闻出版产业总产值的 25%；并提出以公共服务平台建设、内容资源数据库建设、数字出版软件产品开发以及相关技术研发为主的数字出版工程项目。2014 年 8 月，中央全面深化改革领导小组通过《关于推动传统媒体和新兴媒体融合发展的指导意见》，将数字出版转型升级纳入国家重点支持内容之一。2015 年，《国务院办公厅关于加快发展生活性服务业促进消费结构升级的指导意见》提出："加快数字内容产业发展，推动文化服务产品制作、传播、消费的数字化、网络化进程。"2016 年，国务院正式公布《"十三五"国家战略性新兴产业发展规划》，数字创意产业首次被纳入国家战略性新兴产业发展规划，成为与新一代信息技术、生物、高端制造、绿色低碳产业并列的五大新支柱产业。2017 年 4 月，文化部针对国内数字

---

① 文化部. 数字文化产业迅速发展成文化消费主产品 [EB/OL]. (2016-11-29) [2017-12-01]. http://www.chinanews.com/cj/2016/11-29/8077647.shtml.

文化产业的发展情况，出台《关于推动数字文化产业创新发展的指导意见》，以此完善数字文化产业生态体系，满足消费群体日益增长的新消费需求。2020 年 11 月，文化和旅游部印发《关于推动数字文化产业高质量发展的意见》，对夯实数字文化产业发展基础，培育数字文化产业新型业态，构建数字文化产业生态等内容提出具体要求。

根据中国人民大学创意产业技术研究院发布的"中国省市文化产业发展指数（2016）"，我国文化产业发展呈现稳步增长态势，从 2010 年起，年平均增速 1.08%，体现了文化产业在经济下行大环境中逆势上扬的特征，以"互联网＋"为主要形式的文化信息传输服务业营业额则增长 30.8%。2016 年 11 月，文化部指出，在当前文化消费形态愈加数字化、网络化的形势下，大力发展数字文化产业有利于推进供给侧结构性改革，实现产业优化升级，提高文化产业供给水平，改进供给结构，有利于促进文化消费，满足群众不断提高的消费新需求，增强文化产业发展的活力与动力，有利于推动文化与国民经济各门类融合发展，促进"文化+"。

互联网和数字技术的发展极大地促进了数字文化产业的发展，不断催生出数字经济的新业态、新模式，并呈现出不同于传统产业发展的新特征：①在数字化推动下，产业融合逐渐深入，原本严格区分的行业边界愈发模糊，内容提供商、技术提供商和渠道运营商之间相互融合；②大众传播不断发展，新媒体传播方式快速抢占市场份额，互动成为数字文化产业快速发展的基础；③数字技术应用越来越广泛，内容的编辑制作、印刷复制、发行传播和消费都与技术进步紧密相关。

数字经济的飞速发展与创新密不可分。数字经济的发展和创新需要以政策为先导，但产业发展及创新政策制定应基于客观现实的需求。毋庸置疑，尤其在我国，数字经济的发展很大程度上仰赖政府的政策，产业政策的制定和执行与政策标的的互动合作决定着经济发展的目标与路径以及创新发展的程度。近年来，政府积极推动传统产业的数字化，"创新""融合""产业链"已成为政策内容的关键词，然而在政策积极的背后却是行动的迟缓和绩效的低下："数字内容的许多基础性工作仅处于点缀阶段，往往是简单地将纸介质图书电子化处理后，除了各自为政建立内容数据库外，其他环节则基本处于停滞状态，投入产出的循环链完全孤立和断裂，传统产业陷入生存的困境已是不争的事实。"①

---

① 王坤宁. 数字出版：解决中国出版业现代化的唯一选择［DB/OL］.（2010-9-27）［2018-2-11］. http：//www.chinalibs.net/ArticleInfo.aspx？id＝314688.

因此，数字经济下的创新政策组合与实证分析研究具有如下学术价值和现实意义。①厘清我国经济转型期创新的核心价值理念：制度是为实现某种需要而进行的有意识、有目的的理性设计与建构。在"创新、协调、绿色、开放、共享"的理念下，确保数字化时代的产业创新有序发展是这个时代的重要课题，而创新政策的核心价值理念是经济改革与转型的方向指引。②构建符合经济运行规律和产业创新特性的政策模式。依据数字经济的基本要求以及产业创新特性与规律进行政策组合设计，破除传统经济模式下的路径锁定和制度障碍，夯实数字经济下产业发展所需的制度基础。③设计满足产业发展要求和市场主体利益诉求的有效运行机制。在调查和分析我国数字文化产业创新政策制定与运行现状的基础上，基于第三代创新政策的主要理论，设计符合数字经济特征和产业创新诉求的有效机制。

1.2   文　献　综　述

1.2.1   创新政策研究

1912 年，经济学家熊彼特（2012）在《经济发展理论》一书中将"创新"概念引入经济学，并概括揭示了"创新"包含的两种类型：技术创新和制度（组织）创新。

技术创新与制度创新的关系。新制度经济学家 V. W. 拉坦（1994）认为，技术创新与制度创新之间是相互影响、相互依赖的关系。"导致技术变迁的新知识的产生是制度发展过程的结果，技术变迁反过来又代表了一个对制度变迁需求的有力来源。"Freeman & Perez（1988）在解释苏联经济学家康德拉季耶夫发现的"长波"现象时指出，创新本身就包含一定的制度创新。近年来，我国学者王忠民（1997）、高树枝（1999）、袁庆明（2002）等也提出了技术与制度对经济增长的"共同决定论"观点。尚林、林泉（2004）认为，技术进步有其内在动力，它的发展是制度变迁的根本动因。而新的制度安排又会反过来给技术创新以决定性的推动，二者是在相互影响中演进和发展的。王艾青（2005）则认为，技术创新、制度创新与产业创新内在统一于经济增长。这三种创新都具有增长效应，在一个国家或一个地区的经济增长中都具有不可或缺的作用。李晓伟（2009）指出，制度创新滞后正在成为我国创新系统矛盾运动的主要方面。Acemoglu

（2013）总结了他对技术、创新、制度和经济增长之间依赖关系的研究，他指出，经济增长的根源在于技术变革，但制度决定了技术变革的性质、速度和范围。他还区分了包容性机构和排他性制度。包容性机构是指，为创新和经济活动的发展提供机会和激励的机构，而排他性制度的特点是缺乏经济和政治自由，向狭隘的精英阶层转移资源，缺乏公平竞争的环境。周小亮、李婷（2017）在经济增长动力转换和技术与制度协同演化的理论基础上，分析了技术创新和制度创新的动态演化博弈过程。赵玉林、谷军健（2018）分析了技术与制度协同创新作用机制，通过构建高技术产业制度创新指数，运用联立方程模型实证了技术创新与制度创新的协同关系，测算了两者对高技术产业升级的协同效应，并提出市场发育与技术创新协同效应最大，产权制度创新与技术创新协同效应次之，政府干预下降与技术创新协同效应最小，除政府干预下降与技术创新外，"技术→制度"路径协同效应大于"制度→技术"路径协同效应。沈琼、王少朋（2019）提出，制度创新在产业转型升级进程中的作用大于技术创新的作用。应当扩大创新活动规模，增加创新政策供给。肖冰等（2019）认为，面对企业创新活动引发的新社会关系与社会需求，司法活动必须通过适当的途径与方式克服法律的滞后性，以适应社会经济发展的客观变化。因此，制度创新与技术创新之间并非单向的影响与被影响关系，而是相互影响与相互制约的关系。揭示两者之间的互动机制对于规范企业创新活动、完善相关制度等问题均具有重要意义。

创新政策的内容和构成。20世纪80年代后期出现的创新理论开始从一个社会系统的角度来展开研究，将创新看作一个由多种要素及其相互关系组成的系统。Rothwell & Zegveld（1982）认为，产业政策与科技政策常常交互影响，其将产业政策与科技政策合称为创新政策，并根据政策对科技活动的作用层面，将政策分为供给面（Supply）、需求面（Demand）及环境面（Environmental）等三类政策。纳尔逊（1992）分析了美国的国家创新系统，认为创新政策体系主要是由市场制度、专利制度、研究与开发制度、大学和政府支持产业技术进步的政策等制度安排构成的。伦德瓦尔（1992）则认为，除了包括"有组织的市场"制度，还应包括某些非正式的制度（如相互信任和尊重的行为准则）和政府的产业与技术政策等制度安排。Wegloop（1995）在探讨政府协助产业技术发展时，将政府的施政行为总括为创新政策。连燕华（1999）认为，技术创新政策是一个政策体系，是一个国家为促进技术创新活动、规范技术创新行为而采取的各种直接或间接的政策与措施的总和。伍蓓和陈劲等（2007）对科学、技术和创新政策的内涵进行了系统比较，但并没有给出三类政策的具体定义，其研究认为：科学政策倾向于科学与研究方面，偏重于科学前沿、重大理论研究；技术政策倾向于应用技术和高技术方面，偏重于技术的实际应用领域；创新政策侧重于鼓励企业创新，支持创新者，推动创新，使创新的产生和扩散过程的时间与成本最小化，创新收益最大化。李钢和马丽梅（2011）提出，国家创新政策体系包括市场机制与非市场机制的彼此相互协调的两种激励手段。从创新政策所包括的促进因素的构成来看，Castellacci & Natera（2013）以动态系统观点探讨国家创新系统，认为其两个主要的构面包含创新产能与接收能力。创新产能包含创新投入、科学产出、技术产出；接收能力包含基础建设、国际贸易、人力资源。Marxt & Brunner（2013）认为，社会创新氛围（Social Climate for Innovation）也是环境面可以考虑的要素。历史面因素也可能造成环境模式的不同，促使创新系统的效益改变，国家历史因素验证以及脉络说明相对复杂，但大体上还是被认为具有价值以及一般通用性（Nuvolari & Vasta，2015）。Lyasnikov 等（2014）在探讨国家创新发展要素的基础上提出，除上述构面之外，经济财政资源、创新的法规与法令规范等也是发展国家创新系统中的影响结果要素。Gokhberg & Roud（2016）以俄罗斯为个案，探讨国家创新政策系统在结构改变下应促进包含内部资源、供应者、知识提供者、市场端的角色改变，创新的产出模式包含国际型创新者、国家/区域创新者、国际型仿效者、国家/区域仿效者、技术采用者等。Edler & Fagerberg（2017）总结近 30 年创新政策的研究成果，总结提出创新政策包括 3 种类型，即以任务为导向的政策（Mazzucato，2013）、以发明为导向的政策和面向系统的政策。我国有许多专家学者在这方面也进行了研究。袁永等（2017）也提出了基于创新过程的创新政策体系的内容。代栓平（2018）提出，创新不仅是教育和研发投入的结果，更是多样化的异质性个体互动下的系统性涌现现象。理解创新涌现的基本框架是"异质性个体—社会系统—制度性特征—创造性决策"交互影响的结构体系。创新政策系统在引导和扶持创新活动时，应将创新的复杂性特征纳入考虑，将政策作为一种重要的知识资源与其他创新资源进行互联，并嵌入创新活动过程。田志龙等（2019）通过创新政策文本及体系的分析，辨别出创新政策的要素、特征及作用机制。研究发现，我国政府的创新政策包括政策目的、政策诉求、政策资源和政策过程等，它具有行政导向性、竞争性和稀缺性的特征；创新政策及政策体系通过竞争性政策过程而非单一的直接政府补贴，激发地方政府间和企业间对政策资源的竞争，推动企业创新和产业发展。

创新政策的体系结构。Kuznets(1973)通过对历史的研究得出结论，经济发展不仅要求以技术为推动，还必须对现存的制度结构和意识形态进行调整。Nelson(1982)在 *Government and Technical Progress* 一书中使用了"技术进步的制度结构"的概念，指出影响技术进步的制度结构因素所发挥的重要作用。Foster(1981)认为，制度调整就是改变现行的制度体系，这种调整必须以"工具效率"为标准。Tidd 等(2005)指出，许多创新没有实现预期的最佳效益的一个重要原因正是没有采用系统的方法，忽略了系统中各要素间的相互关系。Nielsen & Johnson(1998)总结认为，创新理论学家虽然强调制度的重要性，但他们使用制度的概念过于狭隘和机械，这阻碍了他们对创新过程的深入理解。他们建议，现在创新理论应更认真地对待制度，并比以往从更宽泛和更复杂的方式上使用制度概念。我国一些学者也对国家创新系统中的制度结构问题进行了研究。庄子银和邹薇(1995)对市场经济的制度结构进行了静态分析。陈向东等(2004)考察了我国 1985—2000 年的 151 项技术创新政策，提出我国技术创新政策的整体发展正在从个体创新激励转向机制创新激励。吴汉东(2007)提出，中国要走建立自主创新体系、建设创新型国家的发展道路，知识产权是一项最重要的战略支撑。建立以知识产权为导向的公共政策体系，知识产权制度应与国家的文化政策、教育政策、科技政策、产业政策、对外贸易政策相互配合。刘凤朝等(2007)基于我国 289 项创新政策的实证分析，提出应当注重不同层面和等级的创新政策的协调统一和经济政策与科技政策的协调统一。彭纪生等(2008)收集了 1978—2006 年国家颁布的技术政策，并从中选择与科技创新最为相关的 423 条政策进行量化分析，定量描述了 1978 年以来我国技术创新政策的演变轨迹，探讨科技政策对经济与技术绩效的影响，研究发现：政府不同部门在技术创新目标取向上的政策协同显示出显著的阶段性特征；随着国家对技术的高度重视，政策协同程度也在迅速提高。创新政策体系结构的协同研究近年来受到越来越多的关注，也成为创新政策研究的重点领域之一(仲为国等，2009；孙斌等，2010；周莹等，2010；郭淑芬等，2017)。王超和王光志(2019)提出，政策研究需求主要涉及两个方面：面向政府的政策评估反馈和面向科技工作者的政策服务。他们结合创新链相关理论，提出以满足科技智库对创新政策研究为目标的政策内容分析框架以及在该框架下开展政策内容分析的流程及方法。近年来，国外创新研究中倾向于对"创新"一词采用更为宽泛的解释。基于此，Fagerberg(2003)认为，创新作为一种社会现象，其后果不仅取决于企业内部发生的事情，还取决于更广泛的社会和经济环境。Weber &

Truffer(2017)将创新描述为一种互动现象，而创新政策结构设计的目的就是支持和促进这种互动能力(Dodgson，2017)。Edler & Fagerberg(2017)进一步提出，如果要最大限度地发挥创新对经济和社会变革的贡献，不仅需要关注、解释和促进新事物产生的因素，还需要了解这些新事物后续利用的路径和动力，即创新政策需要关注创新过程各个阶段的互动与反馈。

创新政策系统及其运行。20世纪80年代以来，创新政策领域发生了明显的变化。最初，政策以线性创新模式启发"技术推动"方式为主导。这种第一代创新政策(Jakobsen & Onsager，2008)将创新视为研发活动的直接结果，政策的重点是支持公司和研发机构的研发活动。第一代创新政策的基础是创新的线性过程，这一过程从实验室科学开始，经过后续阶段直到新知识被投入商业应用，再扩散到整个经济体系。20世纪90年代制定的第二代创新政策更多地强调了众多行为者之间的互动学习，将市场信号和客户要求作为创新的重要触发因素。因此，政策的特征是市场拉动，其重点是刺激各组织之间的相互作用和知识交流。第二代创新政策认识到了创新系统的复杂性，注意到了创新过程中的反馈环(feedback loops)。尽管在许多国家的政府机构中，第二代创新政策仍有待进一步深化，但第三代创新政策的轮廓正变得越来越清晰。创新"系统性失灵"的概念是受制度经济学的启发(Niosi，2010)，将创新过程视为各种行为者之间的合作(Liu & White，2001)，强调如果系统运行不佳，创新过程将受到阻碍。此外，伴随经济和社会的发展，人们对"创新"的理论认识不断深化，创新政策的内涵和范围也发生了较大变化。Lynn & Akgün(2001)研究了19世纪70年代后期以来的创新理论和创新政策实践，发现创新理论与创新政策之间存在紧密联系，二者之间存在一个由问题驱动或是危机驱动的互动学习过程。Lengrand(2003)认为，欧盟应发展出"第三代创新政策"(the third generation innovion policy)，将创新放在各个政策(如研究、教育、产业、竞争、区域、贸易等政策)领域的中心位置，并注重不同政策领域之间协调行动。因此，我们对创新政策需要基于系统的理解，并采取"整体"的观点(Edquist，2011)，以及政府各部门之间的有效协调(Fagerberg，2016)。国家创新政策系统被认为是一种制度，带动国家整体的发展，走向经济成长、复苏并建立国家的竞争优势。针对国家创新系统对创新发展的作用，虽有部分研究显示不同看法，但大体上文献皆认同创新系统对产业创新发展具有正向影响(Nuvolari & Vasta，2015)。我国学者贺德方等(2019)提出，创新政策工具越来越多样，迫切需要一个系统性框架为政策制定提供指引。现有关于创新政策体系框架的研究难以应对科技创新政策的复杂性和相互交织的特征。因此需要从国家创新体系理论出发，建立包含要素、主体、关联、产业、区域、环境、开放和反馈的创新政策系统框架。

1.2.2　数字经济下的创新与创新政策研究

数字经济的特征。20 世纪 90 年代中期入选全球最具影响力 50 位思想家的美国经济学家 Don Tapscott（1996）在《数字经济：网络智慧时代的承诺与危机》(*The Digital Economy*：*Promise and Peril in the Age of Networked Intelligence*) 一书中总结了数字经济的 12 个特征，并提议重新考虑对经济发展、财富创造、商业组织等制度结构的传统定义和看法。数字技术已经极大地影响了企业的经营方式和传统的商业模式，使企业不得不寻找新的投资回报途径，即越来越多地依靠个性化和间接资金（Shapiro et al.，1999）。此外，数字经济中的商品特征也是学者研究的重点，Quah（2003）详细分析了数字产品的公共性质。Rayna（2008）认为，三大经济中数字商品的特点既有相似的根源，也有交互作用，并针对数字商品的三个主要特征进行了分析。基思·威利茨（2013）将数字经济体系描绘为一个数字生态系统，对其各个组成部分的特征进行了分析，并据此提出了一套积极推进战略转型的解决方案。Zimmermann 等（2015）从战略管理的角度分析了数字经济的特点及其带来的变化，并特别分析了商业环境、网络基础设施和竞争性质的具体特征。Barefoot 等（2018）认为，数字经济这一现象背后的驱动力是经济和政治，但它们当然也植根于技术创新（其本身由更广泛的力量塑造）。在 20 世纪 90 年代，经济的变化主要与互联网的出现有关，这仍然是数字经济发展的基础。但在 21 世纪初，一系列新的信息和通信技术（ICT）已经扩散并支撑了经济变革，这包括将连接的传感器嵌入越来越多的对象（物联网）；新的终端用户设备（移动电话、智能手机、平板电脑、上网本、笔记本电脑、3D 打印机）；新的数字模型（云计算、数字平台、数字服务）；通过大数据的传播，数据使用强度不断提高，数据分析和算法决策；以及新的自动化和机器人技术。Heeks（2017）提出，在数字经济中，个人或有目的的组织可以在其工作环境中通过数字系统采取的潜在行动。其中包括数据化（数据保存现象的扩展）、数字化（将信息价值链的所有部分从模拟转换为数字）、虚拟化（过程的物理分离）和生成性（通过重新编程，以非计划的方式使用数据和技术）重组。任何技术的影响都可以理解为数字经济扩散规模和影响深度的产物（Handel，2015）。随着包括发展中国家在内的数字技术的快速传播，以及越来越强的可承受性，数字技术对经济的影响越来越大。这种影响可以理解为对现有经济过程、系统和部门的破坏，重新塑造现有的消费者行为、商业互动方式和商业模式（Dahlman et al.，2016）。

数字经济下的创新范式与创新政策。数字经济中的创新是复杂和相互依赖的，主要是以分散、协同的方式进行（Yoo et al.，2012）。由于数字经济下许多产品都显示出非竞争性及互用性的特性，因此，需要重新评估基于传统经济模式下的创新规则（Zinnbauer，2004）。首先，在数字经济下创新范式研究方面，我国学者赵志耘、杨朝峰（2015）认为，在信息技术快速发展的背景下，独立创新已无法满足让企业获得持续竞争优势。企业需要转变创新范式，以共生的理念整合企业内外创新资源，通过共创、共享与利益相关方实现共同发展。埃米·威尔金森（2015）提出，在相互联结且相互依存的数字经济背景下，创新已经不是单个企业的行为，企业只有通过互补性协作，才能形成持续的创新能力。我国学者张昕蔚（2019）提出，数字经济条件下技术范式的变革一方面推动了产业组织方式的变革，另一方面拓展了网络空间功能和创新资源配置的空间范围，并使创新组织方式朝网络化、协同化和生态化方向演变。同时，不同类型平台企业的兴起及平台主导的创新生态系统的发展也为创新活动的开展和创新模式的演化提供了更多可能性和发展空间。其分析了数字经济条件下创新资源配置方式和创新组织方式的变革过程，并从创新生态系统演化的视角对政府主导型和异质性平台企业主导型的创新生态系统运行模式进行了总结。其次，在数字经济下的创新政策研究方面，Singh（2004）认为信息革命对各种利益群体都有深远的影响，公司的组织及其与消费者的互动随着信息的存储、处理和传输而发生变化，这种信息革命的技术发展对知识产权（特别是专利和版权所涵盖的知识产权）和合同产生了影响。政府必须调整合同、隐私、反托拉斯和国际贸易等领域的政策。Teece（1986，2006）提出，创新政策是数字经济中确保创新者将其创新商业化的工具。数字经济下的行业通常基于平台的生态系统进行协作和竞争，在这种背景下，创新政策相较于传统经济环境，将变得更加重要（Gawer & Cusumano，2002）。王太平（2011）认为，数字网络的兴起深刻改变了知识产权制度的生态环境，只有多元化的知识创新激励制度体系才能适应知识经济时代激励知识创新的需要。2013年，美国商务部互联网政策工作组（IPTF）发布绿皮书指出，数字技术、互联网与创意产业之间已形成共生关系，需要关注知识产权保护与产业发展、技术创新的目标兼容和协作努力。Nylén &
Holmström（2015）认为，数字技术在实现商业目标方面越来越重要，其普遍影响导致了整个行业的彻底重组，并进一步提出了支持数字创新管理持续改进的 5 个关键领域：用户体验、价值主张、数字进化扫描、技能和即兴发挥。我国学者张穹和曾雄（2019）指出，我国互联网行业的发展正逐步进入转型阶段，在供给侧结构性改革和经济转型升级的大背景下，更需要在专项领域深耕，进行提升技术实力的纵向创新，而非华而不实的横向创新。数字经济领域具有强动态性和密集创新的特征，探讨数字经济领域的公共政策就是研究数字经济领域中竞争与创新之间如何实现动态平衡，以及设计何种监管政策既能维护公平竞争秩序又能促进创新。由此看出，数字经济下的创新范式转变，必然带来传统经济模式下创新政策体系的革命性变化。

1.2.3　促进创新的"政策组合"研究

20 世纪初，"政策组合"概念被引入创新领域。近年来，创新研究中的政策组合问题受到国内外学者的广泛关注。面对多元的市场以及日益复杂的创新治理结构带来的政策问题。很多学者呼吁对政策组合进行重新认识（Flanagan et al.，2011；Lehmann，2010；Twomey，2012；Weber & Rohracher，2012；Flanagan & Uyarra，2016；Reichardt & Rogge，2016；Rogge & Reichardt，2016），学者们亦从不同的角度对创新领域的政策组合进行了研究。

政策组合的理论研究和概念分析。OECD（2010）提出了包括政策领域、原理、策略任务和工具的政策组合分析框架。Flanagan 等（2011）重构了为了实现创新的政策组合的概念，强调了政策组合对创新过程的影响及政策相互作用的动态性；Magro & Wilson（2013）对政策组合提出了更广泛的解释，增加了政策目标和基本原则，以及政策制定和实施过程。Rogge & Reichardt（2013，2016）扩展了政策组合概念的关键要素、流程、特征和维度，并强调政策组合的目标一致性和运行协调性。总结学者们对政策组合的定义，有以下 3 个特征：第一，需包含政策组合的最终目标（Kern & Howlett，2009），或者作为某一政策领域的具体目标（Boekholt，2010；Nauwelaers et al.，2009）；第二，互动是现有政策组合定义的核心特征（Boekholt，2010；de Heide，2011；Nauwelaers et al.，2009），其重点是强调政策组合中工具的有效性及效率的影响（Chandler，2011；Sorrell et al.，2003）；第三，指出政策组合具有"演变"的动态性质（Ring & Schröter-Schlaack，2011）并且"多年来逐渐发展"（Kern & Howlett，2009），即工具及其含义可能随时间而变化，并导致它们之间的相互作用发生变化

（Chandler，2011；Sorrell et al.，2003）。

政策组合的特征及对创新的影响分析。根据现有研究，政策组合可以总结为以下 4 个特征。首先，政策组合具有复杂性，因而超越单项政策工具的作用而形成相互作用的组合功能（Flanagan et al.，2011）。其次，政策组合具有动态的过程性。Ring & Schröter-Schlaack（2011）指出，促进创新活动的政策组合具有"演变"的动态性质。由于政策的制定和相关政治动态有助于解释政策组合的演变，所以需要更明确地纳入"政策出现、相互作用和产生影响"的政策过程（Flanagan et al.，2011；Foxon & Pearson，2008；Flanagan & Uyarra，2016）。再次，政策组合具有战略性。促进转型的政策组合理念应该包括战略部分（Jänicke，2009），尽管早期就有关于战略方针在环境政策中作用的研究，但这种倾向往往被忽视，因此保有对促进转型与创新发展的长期视野是非常必要的（Markard et al.，2012），而近年来关于长期目标对创新战略重要性的实证研究也证明了这一点（Rogge et al.，2011；Schmidt et al.，2012；Rogge & Reichardt，2016）。最后，政策组合具有互动性。Boekholt（2010）指出，"互动"是促进创新活动的政策组合的核心特征。Costantini（2015）发现，政策组合的综合性对创新有促进作用，非一致性和离散性则呈消极的抑制作用，政策组合内部均衡性越高对技术动态性的促进作用越强。Guerzoni & Raiteri（2015）的研究为政策组合中的不同技术政策对企业创新行为的影响提供了新的实证证据，他们的研究不仅考虑到政策组合在创新活动中的作用，而且注重其相互作用的过程：在控制与其他政策的互动时，供给侧补贴不再像以前那样有效，而创新的公共采购政策似乎比其他工具更有效；当政策组合中的不同政策相互作用时，技术政策的影响最大。Bouma 等（2017）提出，政策组合的设计和评估需要多种方法的组合，因为没有单一的方法能够有效地评估不同政策工具对创新的影响，因此建议政策组合评估应首先将不同的政策目标和手段分开，以便能够界定、证明和评估政策工具设计的社会影响和成本效益。Dumont（2017）发现，无论是短期还是长期，跨工具的政策组合对创新的积极影响大于一般创新政策工具的影响。Rogge & Schleich（2018）运用双变量 Tobit 模型，发现政策组合的一致性和可信度与企业在可再生能源方面的创新支出呈正相关，并且当这些政策组合呈现相互依赖性的特征时，这种积极联系会加强。相比之下，无论是政策工具的全面性还是政策过程的连贯性，都没有发现与创新支出有关。这些研究结果表明，我们应该更多地关注政策组合的特点，而不是只关注政策工具本身。近年来，我国学者也已经开始关注促进创新的政策组合问题。仲为国等（2009）在对 1978—2006 年创新政策进行量化分析的基础上，利用计量模型证明了政策协同对创新的显著影响。刘凤朝和马荣康（2012）认为，选择适应科技需求的政策组合能使政策实现最大的激励效应。徐喆和李春艳（2017）在政策量化的基础上，对科技政策组合特征进行了测算与趋势分析。王昶等（2020）认为，产业政策工具如何组合匹配是一项复杂的系统工程，现已成为地方政府制定战略性新兴产业政策亟待解决的战略问题。他们研究发现，政策组合是由战略与工具两部分构成的有机整体，政策战略指引政策行动及保障政策工具实施过程；政策战略包括产业定位、业务路线和目标规划等要素，并存在"自上而下"预定战略与"自下而上"应急战略两种形成模式；政策行动与保障之间存在"主—辅"协同关系，政策行动作为主导性活动基本围绕企业价值链展开，需要得到相应要素资源等政策保障支持。

1.2.4　数字文化产业创新研究

国外有关文化产业的研究积累丰富，涉及法学、政治学、经济学、管理学、文艺学等不同学科视角。2004 年的《创意产业经济学》（理查德·E. 凯夫斯著）、2006 年的《创意经济》（理查德·弗罗里达著）、《创意经济：如何点石成金》（约翰·霍金斯著）、《重新思考文化政策》（吉姆·麦圭根著）、《建立一个创新的欧洲报告》（伊斯克·阿霍著），2009 年欧盟的《文化对创造力的影响报告》，2010 年的《抛弃版权：文化产业的未来》（斯密尔斯、斯海恩德尔著）等著作和报告亦从国外实证的视角丰富了对文化产业的认识和解读。此外，还有 John Banks 的《创意产业的关键概念》（2013），Chris Mathieu 的《创意产业的职业》（2015）；Bonita Kolb 的《创意和文化产业的创业》（2015）等。国外对数字出版产业政策研究多以数字内容产业为主题，代表性研究有 Adam 于 2010 年在 *Government Policy and the Performance of Content Industries in East Asia* 一文中对韩国、日本这两个东亚国家对数字内容产业颁布的政府政策进行了研究，并分析了政策效果。还有昆士兰理工大学 O'Rega 等在 2006 年的 *From Multimedia to Digital Contentand Applications：Remaking Policy for the Digital Content Industries* 一文中，研究澳大利亚政府不同时期颁布的关于数字内容产业的政策，采用定量研究方法，利用量化的各项指标来评估不同政府政策对数字内容产业发展的影响效果，分析这两个时期政策的优缺点。

我国文化产业发展。在文化产业发展的研究上，陈少峰、朱嘉的《中国文化产业十年（1999—2009）》（2009）一书对近几年来中国文化产业政策进行了详尽的介绍，并针对体制改革、学科建设、区域发展、产业集聚、对外竞争和产业未来举例介绍并给予建议。祁述裕的《中国文化产业发展战略研究》(2010)则是以发展战略角度来研究并预测中国文化产业2005—2020年的发展，研究中国现行文化产业状况，并通过对文化产业现状的评估，预测文化产业未来发展，并探讨文化产业发展的所需条件。张晓明、胡惠林、章建刚主编的《2010年中国文化产业发展报告》(2010)则是将中国2009年的文化产业发展进行调查以及统计，内容分为各行业报告、地区及其他国家报告，并有学者专家专文对于2009年中国境内文化产业值得关注的议题做分析。王国华在《完善文化产业市场主体的方法与路径》(2010)一文中认为，中国文化产业市场常因为政策重叠性造成资源浪费，并使得补助无法有效提升产业竞争力。政府的角色应该以引导代替指导，重点则是在法律制定、人才培育及资金供给上。夏学理在《文化创意产业概论》(2012)中对各国文化产业政策进行比较，并对中国文化产业政策加以分析，认为中国之所以大力推行文化产业，是为了克服产业变迁导致的生产过剩、产业结构改变以及全球竞争下产业转型等问题。黄芙蓉(2015)从"互联网+"文化产业的概念、分类及特点入手，引用相关数据图表，对"十二五"期间我国文化产业的发展现状进行了回顾梳理与分析，探讨了引领、推动文化产业升级转型和快速发展的四大优势。叶文辉(2016)提出，文化产业在我国发展时间较短，需要政府进行引导和管理，促进其健康有序发展，他从创新角度出发，在研究本国政府管理现状和学习国外政府管理经验的基础上，提出我国文化产业发展的优化建议。邱金龙等(2018)从文化产业的社会效益和经济效益出发，探讨了政府的角色定位和补位问题，并提出政府应成为文化产业的引导者和监管者，同时要遵循市场规律，以法律手段和经济手段支持文化产业发展。

文化产业创新及其发展趋势。联合国贸易和发展会议(UNCTAD)(2008)对文化产业的定义是："创意的循环，使用创意与智力资本作为其产品和服务的初始投入，通过贸易和知识产权获利……"创造力，超过劳动力和资本，甚至是传统的技术，深深植根于每一个国家的文化背景……创造力的开发为发展中国家增加了新的机会，"蛙跳"进入新的财富创造领域(UNCTAD，2004)。Power(2002)提出，文化产业离不开创造力(creativity)与创新(innovation)，并将创造力与创新当作生产制作文化产品的最主要核心能力。文化产业从文化资产中寻求文化素材的新意义，通过创新提高文化产品的附加价值，以创新整合生产制作程序，因而生产出文化产品。然而，将一般技术创新理论对创新带来的交易特性与限制，整合至以创意为本质的文化创意产业时，评价困难及其与制度环境的高度关联，往往使得生产制作过程中所牵涉的成员合作互动更添复杂性。Westwood & Low（2003）认为，不同文化会形成创造力概念与社会结构因素的不同特性，这会对创造与革新途径有所影响。也因此，由于创造和革新都是复杂的心理过程，会受到多种因素的影响，而文化就是其中一项重要的影响因素。文化创意产业以文化为发展基础，不同文化背景下，创新发展的条件特性各异，也使得各国的创意产业具有不同的文化特征。在此观点下，文化产业以文化为资产发展创意，文化体制环境也成为酝酿创意发展的主要凭借，因而影响创意与创新活动的实质。国内以文化产业创新为主题的研究主要涉及从宏观视角讨论创新对文化产业发展的影响以及文化产业创新的发展趋势研究（吴忠泽，2006；徐俊等，2006；顾江等，2010；常莉，2010）、文化产业与科技创新发展的演化规律和内在机理研究（解学芳，2007，2008）、文化产业技术创新管理体系研究（戎宁等，2008）、文化产业发展与科技创新的融合路径研究（朱峰，2011；王志刚，2012，王国成等，2013；向勇，2013；郭金花等，2019）。此外，《文化、技术、市场：国家竞争与城市发展》（范周，2011）、《文化科技创新发展报告》（于平等，2013）、《文化科技创新：理论建构与实证分析》（肖庆，2013）等著作和报告讨论了文化科技融合背景下产业转型、产业结构优化、城市发展等问题。李露（2019）提出，与金融供给侧协同发展是文化产业科技创新能力提高的关键点，并指出文化产业在科技创新过程中与金融供给侧存在共生协同、耦合协同、聚合扩散协同。

文化产业技术创新能力和升级路径。在文化产业技术创新能力研究方面，李敏鹤（2007）研究认为，我国文化产品的生产从总体上说还是以传统工艺技术为主，创新能力不强，从而导致产品质量档次、科技含量不高，经济效益不明显，在国内外市场缺乏竞争力。朱喆（2009）研究认为，科技含量不高、科技在我国文化产业运用程度低是我国文化产业竞争力不强的一个重要原因。张洁（2013）提出，以文化产业和技术创新分类界定为基础，技术创新与文化产业相互之间存在互相促进作用。费瑞波（2017）对文化科技融合创新关键影响因素进行了实证分析。在文化产业升级路径研究方面，张彩凤（2006）认为，我国文化产业发展需借鉴的国际经验之一即是以先进的科技为支撑，提升文化产业的高科技含量。高阳（2008）认为，要运用高科技手段改造、提升传统文化产业，开发新兴文化产业，要制定政策引导高新技术进入文化领域，不断实现科技创新。常莉（2010）研究认为，现代文化产业发展应结合文化产品生产和消费领域技术创新的特征，积极利用技术创新对文化产业的加速推动效应，制定技术创新主导模式下的新型产业发展战略。丛艳伟（2011）提出，我国文化产业要不断提高文化产品的技术含量，开发出技术含量高、应用性强的文化产品，要注重高新技术的引进和自主开发，以提升企业的市场竞争力。在我国文化产业竞争力及知识产权保护方面，李冬（2007）提出，文化创意产业应将知识产权作为追求目标，视其为重要的商业资源加以发掘，以强化自己的竞争优势和技术优势。范娟霞（2008）研究了文化产业竞争力评价的指标体系，并将拥有技术专利数作为评价技术型文化产业创新能力的主要指标之一。赵娇美（2009）从著作权、商标、地理标志、专利、商业秘密和传统文化资源等方面阐述了我国文化产业知识产权保护的现状，并提出了相应的法律保护建议。此外，安娜、张文松（2019）提出，在秉持国家经济领域供给侧结构性改革的思路要求，开展文化产业供给侧结构性改革的同时，要注意把握文化产业供给侧结构性改革的特殊性。完善文化产业体制机制是新时代中国文化产业供给侧结构性改革的路径选择。其中，以人民为中心是价值导向，创新要素供给是动力引擎，优化结构布局是有效抓手，完善体制机制是重要保障。

　　数字文化产业发展与创新模式。方卿（2011）认为，应以数字技术为突破口，通过数字出版技术的创新，形成具有良好竞争力的数字出版赢利模式。罗昕（2011）提出，推进技术创新和制度创新，以确保数据安全，打造产业链，形成共赢的商业模式。陈丹等（2011）通过分析数字出版产业链上典型企业的创新特点，提出数字出版创新要素，构建数字出版创新体系，并对几种典型数字出版创新模式展开差异化分析，由此对未来我国数字出版创新走向进行展望。莫林虎（2012）认为，数字出版业发展应坚持技术创新为先导、产品与服务创新为依托、市场创新为抓手的发展战略。周红等（2012）通过对数字文化产业创新、区域创新和国家创新等三个创新体系进行分析，从宏观、中观和微观三个不同视角探讨目前数字出版的几种创新模式。朱云（2014）从产业链视角对我国数字文化产业赢利模式进行比较、分析与选择的研究探讨，以期促进我国数字文化产业持续健康发展。臧志彭（2018）提出，当前中国数字创意产业面临内容创意环节竞争力不足、技术开发环节势单力薄、核心分发渠道被美国掌控等关键竞争劣势，但同时也在移动游戏和网络媒体等细分领域取得一定的优势。建议从文化资源开发、竞争策略组合、"一带一路"价值链、自由贸易区以及知识产权保护等方面构建中国重构数字创意产业全球价值链的策略体系。

数字经济中，创新活动与知识传播为主要竞争条件，故国家创新政策在产业发展过程中居重要地位，引领产业创新、再生。国家创新政策系统应用不仅止于科技产业，也包含文化创意产业等新兴产业，凡具有创新需求本质的产业，都可利用国家创新政策系统来探讨政策面与产业面发展。

1.2.5　对前述研究的评述

①从创新政策及其对创新的影响研究来看，创新政策是政府协助产业创新发展的施政行为的总和。许多创新没有实现其预期的最佳效益的一个重要原因正是没有采用系统的方法，忽略了系统中各要素间的相互关系。只有政策之间相互配合，创新政策才具有可操作性，反之，将直接影响创新政策的执行和绩效。我国创新政策的整体发展正在从个体创新激励转向机制创新激励，不同层面和等级的创新政策的协调统一决定着创新系统中各种组织及其互动效率，而这种协调统一的关键在于一个有利于创新的激励机制的建立。这就需要我们研究各项政策之间的互动关系，以提高创新政策的可操作性及实施的绩效。

②现有国内外对创新领域的研究，体现两种融合和扩展的趋势：一是，产业创新与制度创新的融合，从对产业创新的研究扩展到对制度创新的研究，扩展到对产业创新与制度创新互动关系的研究；二是，法律形态的制度与非法律形态的制度(行政政策)的融合，更多的学者注意到，政策比法律具有灵活性，更容易适应不断发展的产业创新的需要，因而对国家创新系统的研究也"比以前从更宽泛和更复杂的方式上使用制度概念"，从对促进产业创新的制度研究来看，技术政策、产业政策与法律制度共同产生一种合力影响产业的发展水平和方向。研究产业创新政策系统中各个子系统之间相互影响、相互制约的关系所产生的激励结构和功能对产业创新发展具有重要意义。

③从促进创新的政策组合研究来看，很多研究已经关注到数字经济下创新的本质、规律和发展变化，并对传统经济模式下的创新政策进行重新审视。政策组合的相关研究注意到创新治理结构的分散和管理层次的复杂带来的政策系统问题，为新经济下的创新政策模式的转型提供了新的思路，但从现有政策组合研究来看，检查政策工具之间的配置关系及其互动效率对创新发展的影响，并以此破除传统经济模式下的路径锁定和制度障碍等方面的研究尚不多见。

④从数字经济下的创新绩效及其政策影响研究来看，很多研究者都研究了各类政策对产业创新的影响，并针对各类产业政策、科技政策以及法

律制度的制定提出建议，但很少有研究从政策的激励结构和互动关系的角度进行分析，对政策之间的配置和互动效率对数字经济下的产业创新发展的影响，以及如何建立激励产业创新的政策运行机制还缺少进一步的研究。当前，我国数字经济发展令人瞩目，但促进产业发展与创新的政策体系仍然带有传统经济模式下的政策特征，使得数字经济与传统经济融合不足，原有的政策运行机制已经不适应产业创新发展的迫切需求，深入研究数字经济下推动产业创新的政策运行机制尤为重要。

因此，本书将在现有文献及成果的基础上，以我国数字经济下产业创新的政策体系及其问题为经验案例，运用创新政策相关理论对数字经济下的创新政策组合进行理论研究和实证分析。

1.3　相关概念界定

在对数字经济下的创新政策组合进行理论研究以及实证分析之前，有必要将所研究的对象，即数字经济、创新政策、政策组合和数字文化产业的定义予以明确，从而界定本书的研究范围。

1.3.1　数字经济

根据维基百科的定义，数字经济是指基于数字计算技术的经济。数字经济有时也被称为"互联网经济""新经济"或"网络经济"，随着越来越多的数字经济与传统经济交织在一起，对其很难有更加明确的界定。

对于数字经济最早的研究出现在 20 世纪 90 年代中期。1996 年美国经济学家 Don Tapscott 的著作《数字经济：网络智慧时代的承诺与危机》，被认为是"数字经济下重新考虑互联网如何改变我们的业务方式"的第一本书。20 世纪 90 年代是数字技术发展的高潮，随着 Manuel Castells 在 1996 年发表的《信息时代：经济、社会与文化》以及 Nicholas Negroponte 的《数字化生存》等著作的出版和畅销，数字经济理念在全世界流行开来。Mesenbourg(2001)提出确定数字经济概念的 3 个主要组成部分：电子商务基础设施(硬件、软件、电信、网络、人力资本等)；电子商务模式(业务如何进行，组织通过计算机网络进行的任何流程)；电子商务业务(货物转移，例如书籍在线销售)。但是，Imlah(2015)认为，新的应用技术正在模糊 Mesenbourg 所提出的边界，并增加了复杂性，在这个新经济中，数字网络和通信基础设施提供了一个全球性的平台，也成了一种零边际成本无形商品的经济学分支。

　　本书采用受到广泛认可的 2016 年二十国集团对数字经济的定义："数字经济是指以使用数字化的知识和信息作为关键生产要素、以现代信息网络作为重要载体、以信息通信技术的有效使用作为效率提升和经济结构优化的重要推动力的一系列经济活动。"这一定义超出了狭义的信息产业范畴，泛指以网络信息技术为重要内容的经济活动。

1.3.2　创新政策

　　"创新政策包括科技政策与产业政策。"[1]科技政策，依据联合国教育科学文化组织(UNESCO)报告书的定义为："一个国家为强化其科技潜力，以达成其综合开发之目标和提高其国家地位，而建立的组织、制度及执行方向。"科技政策是政府为促进科技有效发展，以达成国家整体建设目标，所采行的重要制度及施政方针。产业政策是泛指政府运用各种财政、金融、贸易等政策工具，直接或间接介入产业活动，以引导产业发展及结构调整的各项政策的统称。一般而言，"产业政策是政府通过公权力的运作，积极介入某些产业发展或调整的相关活动，并以此促进某些特定产业的发展，进而达到提升国家经济发展，促进全民福祉的目标"[2]。过去，许多国家将其产业政策和科技政策视为两个不同的领域，但在知识经济时代，受到科技国际化与技术创新竞争激烈的影响，产业创新需要科技的强力支援；而创新的科技能否被快速商品化更是一个国家能否拥有全球竞争力的关键，因此越来越多的国家努力将其产业政策与科技政策加以整合，希望两者能相互配合，成为一体的两面。因此，本书将创新政策定义为：为达成国民经济发展的总体目标，促进产业发展和创新，所制定和实施的重要制度及措施，包括宏观战略、发展规划、法律制度以及各种财税、金融、消费等政策工具所构成的一整套政策系统。

1.3.3　政策组合

　　近年来，创新研究中政策组合的问题受到越来越多的关注。虽然长期以来人们承认激励创新和技术变革可以使用许多不同类型的政策工具，而

---

① Rothwell R, Zegveld W. Industrial Innovation and Public Policy：Preparing for the 1980s and the 1990s[M]. London：Frances Finter, 1981：15.

② Rothwell R, Zegveld W. The General Problem of Government Intervention and the Main Forms of Government Influence on Technical Innovation[J]. Industrial Innovation and Public Policy, 1982, 10：46-54.

最适当的工具类型取决于创新过程中所处的发展阶段或相应产业部门的特征(Pavitt，1984)，但这些政策工具如何形成政策组合，以及如何适应特定的产业特征和需求是需要进一步研究的问题。

基于不同理由、在不同领域形成的多种政策工具，导致创新的治理结构更加分散和管理层次愈发复杂，因此，政策组合的概念应运而生，Borrás & Edquist(2013)将政策组合定义为"一套不同而互补的政策工具以解决国家或地区创新体系中发现的问题"①。Flanagan 等人(2011)强调，政策组合不仅仅包括政策工具的组合，还应包括这些工具出现和相互作用的过程。Magro & Wilson(2013)提出了更广泛的解释，增加了政策目标和基本原理，以及政策制定和实施过程。本书借鉴 Rogge & Reichardt(2013)的定义，"政策组合主要是指政策工具的组合"②，并融合其他学者提出的观点，将政策组合定义进行进一步扩展："为促进创新以及解决创新过程中的问题而形成的一整套具有目标的一致性和运行协调性的政策工具的组合。"

1.3.4　数字文化产业

数字文化产业是数字经济下的典型产业形态，也是本书实证分析的对象，因此有必要对数字文化产业的概念进行研究界定。在我国早期发布的政策中一般采用"数字出版业"的表述，而后又逐步提出"数字创意产业""数字内容产业"等，本书采用 2017 年文化部提出的"数字文化产业"的表述。

数字技术手段和技术环境的迅猛发展催生了"数字文化产业"这个全新的概念。随着数字技术的不断完善，数字文化概念本身的内涵和外延也在不断地调整。由于数字文化产业尚处于初创和发展阶段，理论界和实务界尚未给出精确的概念，也存不同的看法。大体而言有如下几种观点。一是，数字介质说。该学说从强调需要凭借的载体和介质出发来定义数字文化的概念，强调必须由数字化设备作为载体，出版物以二进制代码的形式存在，如"所有信息都以统一的二进制代码的数字化形式存储于光、磁等

---

① Borrás S, Edquist C. The Choice of Innovation Policy Instruments[J]. Technological Forecasting and Social Change, 2013, 80(8): 1513-1522.
② Rogge K S, Reichardt K. Policy Mixes for Sustainability Transitions: an Extended Concept and Framework for Analysis[J]. Research Policy, 2016, 45(8): 1620-1635.

介质中，信息的处理与传递必须借助计算机或类似设备来进行的一种形式"①。二是，数字传播说。该学说强调从传播所借助的通道或途径出发来定义概念，强调数字出版物的传播需要通过网络环境或其他数字化的通道实现，如"以互联网为流通渠道以数字内容为流通介质，以网上支付为主要交易手段的出版和发行方式"②。三是，综合过程说。该学说将其定位为一个过程性的概念，而非单纯以介质或手段来定义，认为这是一个综合运用数字手段实现文化创造与传播目的的过程，包括了数字化的内容、数字化的传播、数字化的应用等全过程，如"包括原创作品的数字化、编辑加工的数字化、印刷复制的数字化、发行销售的数字化和阅读消费的数字化，在这里强调的不只是介质，还包括流程"③。再如，新闻出版总署在《关于加快我国数字出版产业发展的若干意见》的文件中指出，"数字出版是指利用数字技术进行内容编辑加工，并通过网络传播数字内容产品的一种新型出版方式，其主要特征为内容生产数字化、管理过程数字化、产品形态数字化和传播渠道网络化"。

数字文化产业与数字内容产业的区别。传统上将数字内容定义为数字格式的产品，如代码，字母，语音，声学和通过信息网络、数字广播网络和数字存储媒体传送的图像（Chiu & Lin，2012）。目前，数字内容的范围扩展到产品和服务包。在其更广泛的定义中，数字内容包括通过多个交付平台和渠道（包括 ICT 硬件和基础设施，消费电子以及移动和手持设备）管理和分发的数字产品和服务的创建和设计。因此，数字内容产业是数字化和网络化的内容产业，它包括传统内容、媒体和娱乐、软件和多媒体以及电子硬件和电信行业的公司。这些部门之间的融合在很大程度上是通过信息通信技术的快速发展，以及互联网、宽带固定和无线接入及相关设备引发内容的电子分配（Jia & Kim，2010）。本书认为，数字文化产业与数字内容产业最关键的区别在于数字内容产业强调信息通信技术及其设备设施的技术驱动型创新，而数字文化产业则更加关注基于数字化技术的需求和服务驱动型的创新，两者的侧重点与创新驱动有本质的区别。

根据 2017 年文化部的定义，数字文化产业是以文化创意内容为核心，依托数字技术进行创作、生产、传播和服务的新型文化业态。因此广义的

① 孙延凤. 从"源数据中心论"到"数字出版介质中心论"——关于数字出版若干问题的思考[J]. 中国出版，2007(11)：40-42.
② 张立. 数字出版相关概念的比较分析[J]. 中国出版，2007(2)：11-14.
③ 张建明. 论数字出版泛化的出版概念对出版产业的影响[J]. 出版发行研究，2009(3)：52-54.

数字文化产业包括数字网络技术条件下的一切传播行为，而狭义的数字文化产业则主要是数字网络技术条件下的内容创造与传播，主要包括电子书、数字期刊、数字报、网络游戏、网络广告、手机出版等(见表1-1)。

表 1-1   **广义与狭义数字文化产业的具体内容**

角度	具体内容
广义	广义的数字文化产业是指人类文化的数字化传承，它是建立在计算机技术、通信技术、网络技术、流媒体技术、存储技术、显示技术等高新技术基础上，融合并超越了传统出版内容而发展起来的新兴产业 广义的数字文化产业包括数字网络技术条件下的一切传播行为，只要是用二进制这种技术手段对出版的任何环节进行的操作，都是数字文化产业的一部分，主要包括原创作品的数字化、编辑加工的数字化、印刷复制的数字化、发行销售的数字化和阅读消费的数字化①
狭义	狭义的数字文化产业专指传统的电子书籍、数字期刊和互动杂志等通过互联网(包括移动互联网)的文化创造与传播的数字化，主要包括电子书、数字期刊、数字报、网络游戏、网络广告、手机出版(包括手机音乐、手机游戏、手机动漫、手机阅读)等

资料来源：根据前瞻产业研究院发布的《中国数字出版行业分析报告》(2015年、2016年)整理修改，https://bg. qianzhan. com/report/。

本书的数字文化产业主要限于狭义的概念，即针对数字化的文化创造与传播的相关产业进行探讨。

1.4   研究技术路线及创新

本书基于创新政策理论及研究方法，以数字经济下的创新政策组合为研究主题，以我国数字文化产业创新政策体系及其问题为实证对象，采用历史研究法、实证研究法、文献研究法等研究方法，通过数据统计分析、深度案例分析等工具进行实证研究。本书分析了数字经济的创新范式转变，促进系统转型的创新政策组合原则，通过实证分析我国数字文化产业创新政策系统对产业发展与创新的制约因素，得出了具有一定理论和实践

---

① 　参见张立. 数字出版相关概念的比较分析[J]. 中国出版，2007(2)：11-14.

价值的观点和结论，并提出了相应的理论模式和核心机制。

1.4.1　研究方法和技术路线

本书主要采用理论与实证分析相结合的方法，以理论分析为基础，以实证分析为重点。

本书的技术路线，如图 1-1 所示。

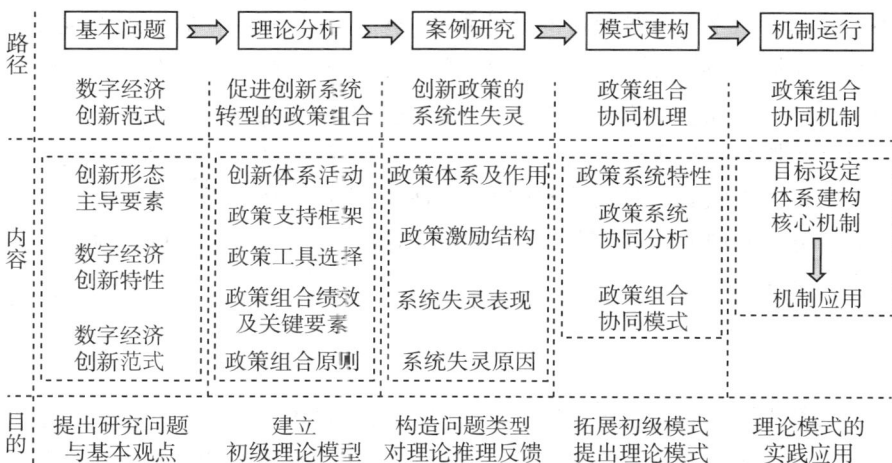

路径	基本问题 ⇒	理论分析 ⇒	案例研究 ⇒	模式建构 ⇒	机制运行
	数字经济创新范式	促进创新系统转型的政策组合	创新政策的系统性失灵	政策组合协同机理	政策组合协同机制
内容	创新形态主导要素 数字经济创新特性 数字经济创新范式	创新体系活动 政策支持框架 政策工具选择 政策组合绩效及关键要素 政策组合原则	政策体系及作用 政策激励结构 系统失灵表现 系统失灵原因	政策系统特性 政策系统协同分析 政策组合协同模式	目标设定 体系建构 核心机制 ↓ 机制应用
目的	提出研究问题与基本观点	建立初级理论模型	构造问题类型对理论推理反馈	拓展初级模式提出理论模式	理论模式的实践应用

图 1-1　技术路线

本书的研究方法主要包括：

①文献研究。本书涉及创新理论、创新政策、政策组合等理论研究，对所涉领域的国内外文献进行认真、全面的梳理、总结和研究，力求把握研究领域最新的动态、研究方法和思路；对它们之间的相互联系、作用和影响进行深入分析和理解，把握问题的关键，找出解决问题的有效措施。

②类型化分析。采用类型化方法对各种创新政策系统失灵表现的特点、状态进行归纳总结，从个体和现象中找寻规律，通过综合分析、归纳、演绎，得出创新政策组合模式与机制的基本理论、组合模式及其运行机制。此外，本书将创新政策也进行科学分类并实施类别化研究，突出问题意识，集中解决迫切需要解决的理论和实践问题。

③实证分析。一是运用案例分析、数据分析等方法发现和挖掘数字文化领域创新政策运行实践中存在的各种障碍、困境，从而提供可以解决实践问题的普遍性思路和具体对策；二是运用扎根理论（Grounded Theory）这一探索性研究方法，通过对文本资料进行开放式编码（Open coding）、主

轴编码(Axial coding)、选择性编码(Selective coding)，分析数字文化产业创新的政策激励结构及其构成要素。

1.4.2　创新之处

(1)问题选择上的创新

数字经济、创新政策以及数字文化产业是当前我国理论与实务探讨的焦点议题，但学科分野使得问题的解决呈现碎片化倾向，失去理论对实践的有效诠释和指导作用，因此，本书以数字经济下的典型产业为实证对象，研究数字经济下创新政策组合的基本理论、构建基础、模式机制，希望以创新体系中的重要活动、创新工具的类型和选择等重要过程和关键环节为线索，串联起创新政策基础理论与模式构建、产业需求、实践运行等方面的分析和研究，问题导向和逻辑导向兼顾，努力实现在问题选择上的一次尝试性创新。

(2)学术观点的创新

①基于数字经济下创新范式转变的本质和要求，提出创新系统转型中政策组合的导向和原则。通过明确创新体系中的重要活动，探讨促进创新的政策支持框架，提出促进创新的政策设计和工具选择的理论标准以及促进创新系统转型的政策组合原则。②建构创新政策系统失灵的分析框架。以创新政策系统的主要行为者，即政策制定部门为研究对象，以影响数字文化产业创新的主要政策因素为研究内容，以行为者—行为结果—障碍为分析路线，建构创新政策系统失灵的分析框架，不仅为系统失灵原因提供一个详细的说明，分析并指出创新的政策瓶颈环节，也为创新政策的研究以及政府制定的相关对策提供一个理论上的分析工具。③运用协同学基本理论分析政策系统协同运行机理，提出形成或影响政策系统序参量，促进政策系统的自组织形成和维持的创新政策协同组合模式，目的在于解决因创新治理结构分散和管理层次复杂带来的政策系统失灵问题。最后根据模型框架展开分析，提出数字经济下创新政策组合协同运行的核心机制。

(3)研究方法的创新

①以创新政策理论为本位的交叉学科和跨学科研究方法。本书以创新政策理论为核心和本位，以系统论思维方法贯穿整个研究过程，并结合法学、经济学、管理学等学科进行多视角、同主题的探讨和研究，以期在关

键领域和重要环节对一些重、难点问题进行突破和创新。②理论研究与实证研究互动的方法。理论创新需要实证验证，创新系统以及创新政策理论是构建系统、有效、协同的创新政策组合的理论基础，但数字经济发展实践中产业创新的环境和现状、政策体系的缺失和障碍是创新政策系统构建及运行的实践基础，理论与实务的互动研究关键在于通过理论创新指导实践中重点问题的突破，通过实践中的经验回馈不断修正理论的研究方向，以实现理论研究与实务研究贯通。

2. 基本问题：数字经济下的价值创造与创新范式转变

本部分内容的主要目的是提出研究的基本问题，探讨不同经济模式下的不同创新，是否应以不同政策组合模式来进行规范、管理和激励。这一部分以创新理论及创新政策理论为基础，并以此作为研究展开的观念框架，通过对创新的含义及分类相关的文献的回顾、梳理和总结，以数字经济的典型产业形态——数字文化产业的创新特性及驱动要素的理论分析为依托，得出数字经济下创新范式的基本特征，并以此作为研究展开的观念基础：数字经济带来的是革命性的创新系统转型。

2.1　创新及其形态

根据韦氏字典对创新的定义，创新是指引进新奇的事物，即一种新观念、新方法或新设备。Schumpeter(1942，1951)提出，创新是驱动经济成长的主要动力，并且主张创新可以产生创造性破坏(Creative Destruction)的效果，并以此驱动产业技术的更新。创新一直以来都是各国讨论政策面、社会发展、经济成长中一个重要的环节，针对创新的探讨也是学术界着重的范畴。从国家发展角度、国家创新系统或者区域创新系统探讨包含政府、产业、学校、研究机构等对创新的促进、开拓、发展，形成知识、技术、人才的网络关系。创新政策则是政府通过政策的执行，对产业创新的协助与带动。创新系统包含技术系统与产业环境。随着时代的发展，经过全球化、信息网络普及与知识经济时代，创新政策、创新系统因应产业的变化，呈现了不同的发展面貌。产业创新过程，通过区域内组织网络进行交流，包含区域研发、知识分享、群体学习、知识外溢等。不论是国家创新系统、产业创新系统还是区域创新系统，理论探讨多偏向单一国家、由上而下的创新发展。但创新系统针对不同经济模式下的演变，仍然缺乏充足的研究，特别是架构性的研讨。

2.1.1　创新的含义

创新是解决新问题过程中的一种变革。Wolfe（2003）认为，创新是一种组织创造以及定义问题且主动发展新知识以解决问题的过程，强调人、事、物以及相关部门的互动与信息的反馈（feedback）。Christensen（1997）指出，创新涉及工程、制造、营销、投资和管理流程中的任何一种变革。Watkins 等（1999）提出多元创新定义：采用某种新事物的一种改变的形式。而所谓的新事物可能是一种产品、服务或是一项技术，或者也可以是新管理或新的行政活动或是组织文化中其他部分的改变。因此这项定义包含组织采用外部与内部产生的创意、产品或过程（Scott & Bruce，1995；Spender & Kessler，1995）。上述定义中强调的是创新在于发现新问题，并在解决新问题的过程中产生的一种变革。

创新服务于经济和产业发展。Freeman（1982）以及 Robert（1988）则给予创新一个简洁的定义：创新＝发明＋商业化。根据 Edosomwan（1989）的定义，创新是将新的产品、产制过程及服务导入市场。而 Urabe 等（1988）指出：创新是由一个新想法产生并加以组合而成，且将之应用于新的产品、产制过程或服务，使得国家呈现动态成长，增加就业机会进而使创新企业家获取利润。从上述定义中可以看出，创新的主要目的是"商业化""导入市场""获取利润""增加就业机会"等，也就是说，从社会发展的层面来看，创新的目的在于服务于经济和产业发展，这是从国家创新系统的角度阐述对创新的认识。

创新涵盖价值创造的全过程及各个层面。Schumpeter（1934）提出，创新是经济成长中的一环，狭义定义上的创新概念，包含创新活动的样貌，也开始被广泛地研究。创新是使用新知识、技术，提供顾客所需的新产品与促进新服务发展（Afuah，1998）。Damanpour & Evan（1984）区分了技术创新和管理创新：技术创新的是有关组织的产品或服务，以及生产产品或提供服务所需的技术；管理创新指发生在组织的社会系统中，包含用人、奖励制度、管理流程以及组织结构等因素。管理大师 Drucker（1985）指出，创新不仅是技术的，也是经济的或社会的词汇，其范围包含管理知识或经济制度的变迁等。因此广义的创新是指技术创新与非技术创新两类。技术创新指对产品或制程的创新或改良，非技术创新则指不同技术创新类型及知识管理类型，其所对应的是理念上和观念上的突破或组织制度的改变等。Sawhney 等（2006）认为，过去把创新跟新产品开发几乎画上等号，如此定义会造成企业竞争优势的损害，因此提出 12 个面向的创新雷达，包含"产品/服务（Offerings）""平台（Platform）""解决方案（Solutions）""客户经验（Customer Experience）""价值撷取（Value Capture）""营运流程（Processes）""组织活动（Organization）""供应链（Supply Chain）""顾客通路（Presence）""网络中心（Networking）""品牌效益（Brand）"，这个创新雷达虽相对更加全面，但其探讨的仍偏向企业或组织内部的创新来源。Perkmann & Walsh（2007）则认为，创新活动面临新的转型过程，创新与成长应该不仅止于内部的研发，还要包含外部资源的创新。因此，转变后的创新含义横跨既有的研发部门到其他单位，从组织内部扩及组织外部。综合以上文献，可知创新所涵盖的范围：从纵向来看，包含创造过程中的制造、营销、投资和管理等整个过程；从横向来看，包括观念、技术、管理、制度等不同构面。特别是针对发展中国家，产业需要政府政策性扶植，政策工具直接或间接影响国家创新系统中技术系统与钻石系统的形成与发展，因此在一个统合疆域中，借由创新系统的建立，通过例如产业群聚、跨区企业、产学研合作等方式，链接创新系统与经济发展，这其中包含了技术系统与产业环境两个面向（Abramov & Sokolov，2017）。

创新含义的进一步扩展。Slaper 等（2011）将创新定义为"采取既定的措施，引入新的理念，创造一个新的性能维度的方法或增加价值"，创新是现有知识、能力和资源的新的结合的结果。创新应被理解为，为应对社会和/或经济环境中出现的问题、挑战或机遇而引入新的解决方案，应被视为所有经济活动变革的主要来源（Edler & Fagerberg，2017）。创新通常是多维的（Demircioglu & Audretsch，2020），因此有许多不同类型的创新活动，如产品创新、流程创新和组织创新（Gault，2018）。熊彼特曾提出，之所以区分发明和创新，一个主要原因是认识到"在经济和社会方面，重要的不是创意本身，而是在经济和社会系统中的开发利用"①。经济史学家和创新学者纳森·罗森伯格（Nathan Rosenberg）也强调了开发利用阶段的重要性，他指出："许多创新的改进都发生在发明的扩散阶段，通过与客户和供应商等各方相互作用产生，发明的后续改进在经济上可能比发明本身的初始可用性更为重要。"②因此，如果我们想最大限度地发挥创新对

① Schumpeter J A. The Theory of Economic Development：an Inquiry into Profits，Capita I，Credit，Interest，and the Business Cycle[M]. Routledge，2017：121.

② Kline S J，Rosenberg N. An Overview of Innovation. In R Landau，N Rosenberg（eds）. The Positive Sum Strategy：Harnessing Technology for Economic Growth[M]. Washington DC：National Academy Press，1986：283.

经济和社会变革的贡献，那么仅仅关注和解释新事物产生的因素是不够的，还需要深入了解新事物的采用和应用情况。根据当代创新研究中对创新含义的认识，我们认为，创新政策需要关注创造新的解决方案及其利用和传播，包括在创新过程的各个阶段之间来回反复地多次反馈。而对于创新含义的扩展观点反映在政策上则提出了对创新政策的一个更广泛、更全面的视角，强调了创新政策应作用于从创造新思想到实施和传播的整个创新周期。

2.1.2　创新的形态

正如《奥斯陆手册》所述，"仅仅知道企业是否具有创新能力是不够的，还需要了解企业如何创新以及它们实施了何种类型的创新"①。

（1）基于程度的分类

Abernathy & Clark（1985）区分了两种技术创新的形态：重大产品创新及改良式产制过程创新。前者是以产品绩效最大化为导向，而后者是以改善产品制程为导向，使得成本最小、生产力提高及质量水平提高。此外，根据创新对现有能力冲击程度大小可分为渐进性创新（Incremental Innovation）与剧变性创新（Radical Innovation）两种类型，前者是在既有知识基础上进行创新，后者是在与现有知识几乎完全不同的新知识基础上进行创新，对既有核心能力产生替代破坏的效果。Tushman（1986）将渐进性创新称为"competence enhancing"，将剧变性创新称为"competence destroying"，并认为两种创新类型的差异在于新知识内涵的差异以及使用知识方式上的差异。他的研究也显示，知识管理与技术创新的类型之间具有互动关系。Bower & Christensen（1996）提出"延续性创新"（sustaining innovation）与"突破性创新"（disruptive innovation），认为延续性的创新是利用主流市场顾客早已肯定的方式，提供更好的产品或服务。突破性的创新则是以推出新产品或新服务的方式，创造出全新的市场。Marquis（1969）定义了 3 种创新的形态：①重大创新（radical innovation），导致整个工业有意义的改变或冲击的创新；②改良式创新（incremental innovation），突破某关键的问题或困难，使产品、制程或服务能获得改善的创新；③系统创新（system innovation），需要整合不同的资源及专业人

---

① OECD/Eurostat. Oslo Manual：Guidelines for Collecting and Interpreting Innovation Data[R]. Paris：OECD，2005：13.

士的观念去完成的创新。

Henderson & Clark(1990)认为，创新活动所运用的新知识可能强化现有知识或摧毁现有知识，其采用组件知识(Component Knowledge)与架构知识(Architectural Knowledge)两个构面，将创新活动的类型依据创新对现有知识破坏的程度加以区分，分为渐进性创新、架构性创新、模块性创新、剧烈性创新等四类。

①渐进性创新：针对现有产品做细微的改变，强化并补充现有产品设计的功能，至于产品架构及组件之间的链接则并未改变。

②架构性创新：针对现有成分的大小、功能进行强化，或是针对附属产品设计做出改变，然而就整体而言，每种组件设计上的 know-how、基本的科学发明则没有改变。

③模块性创新：针对核心设计做摧毁式创新改变，但产品架构及组件之间的链接则并未改变。

④剧烈性创新：创造出新的核心设计概念，同时基于其核心设计创新组件，以及以新的架构加以联结。此类创新会有新的主宰设计产生。

(2)基于作用层面的分类

Abernathy & Clark(1985)进一步将剧烈性创新分为对市场能力破坏与技术能力破坏两类，并说明除非两种能力均招致创新的破坏，否则原有厂商仍有机会维持领导地位。他们将创新的形态依此两个构面的应用变异作用层面分为 4 种创新形态。

①架构式的创新：指创新活动既不是以现有制造或技术为基础，也不针对现有的市场或顾客。

②改革式的创新：指创新活动不是以现有制造或技术为基础，但针对现有的市场或顾客。

③利基创造式创新(niche creation innovations)：指创新活动是以现有制造或技术为基础，主要区隔现有的市场或顾客。

④规律性创新：指创新活动是以现有的制造或技术为基础，同时针对现有的市场或顾客。

(3)基于功能的分类

Betz(1997)提及 4 种基于功能的创新模式。

①成长式创新：改善目前科技的功能，并因此改善其性能、安全性质量和降低价格，也就是说，成长革新可以保持某些工业的竞争力。

②激进式创新：为不连续的科技潜能提供了一个崭新的功能，而新的功能又为新的商业风险和新的产业提供机会。因此，激进式创新可能创造新产业。

③系统性创新：重新架构现存科技并提供新的功能。因此，基本的系统性创新也可能产生工业革新。

④次生代科技创新（Next-Generation Technology Innovation）：在一个系统中，成长式创新有时也会有新科技时代的产生，因此也是系统性创新的一种。次生代科技创新可以改变既存工业的优势。

（4）基于创新基础的分类

基于创新基础的分类是以创新发展的支撑为基础划分为线性创新与非线性创新。线性模式最典型的代表观点反映在1945年美国罗斯福总统的科学顾问万尼瓦尔·布什（Wannevar Bush）的《科学：无尽的前沿》的报告中。该报告有两个基本观点：基础研究或纯研究本身是不考虑实际后果的；基础科学有长远的根本性的意义，是技术创新的源泉。受布什思想范式的影响，产生了由基础科学到技术创新，再转化为开发、生产和经济发展的创新模式。这种模式是一种代表动态形式的一维的"线性模式"，即基础研究引发应用研究与开发，再依据创新是一种产品或是工艺，相应转到生产或经营。

①线性创新模式：创新过程是一个"基础科学→应用科学→设计试制→制造→销售"单向的、逐次渐进的过程。

②非线性创新模式：强调价值实现在创新活动中的本源地位，并以此为基点所形成的替代线性模式与动态非线性交互创新模式，其突出了创新的多层次、多环节和多主体参与。创新进一步被放置于复杂性科学的视野，被认为是各创新主体、创新要素交互复杂作用下的一种复杂涌现现象，是创新生态下技术进步与应用创新共同演进的产物。

Chesbrough（2003）提出了开放式创新（Open Innovation）的概念。开放式创新的核心是突破企业边界，企业可以将自己的创意和合作伙伴的创新成果商业化，也可以通过与外部合作伙伴的合作将内部创新活动推向市场。传统组织内部创新的模式偏向线性基础（linear-based），在开放式创新形态下，创新的流程涵盖了部门、组织内外、多元系统间的线性与非线性模式。开放式创新是利用有目的的知识流入和流出来加速内部创新，并分别为外部利用创新拓展市场。开放式创新是一种范式，它假设企业可以而且应该使用外部理念以及内部和外部市场路径，因为企业希望提升其技术(Chesbrough, 2003)。传统上,企业是创新的中心,所有的创新过程都与外部其他创新保持距离,以确保技术和知识保持在企业内部。公司专注于内部研发,开发新产品,然后制造、投放市场、分销和提供服务。当这些创新离开研发实验室时,成功的创新能够为随后的内部研发活动提供资金。然而,当企业面临成本上升、产品生命周期缩短和技术复杂程度更高的环境时,内部的创新模式不再符合竞争模式。许多有价值的想法都是从外部知识和技术中创造出来的,比如客户、市场和竞争对手。这时,这些外部知识和技术应与内部知识和技术同等重要。

开放式创新提出 10 年后,开放式创新的定义采用了非货币性的知识流,并改为:一种分布式创新过程,基于有目的地管理跨组织边界的知识流,使用符合组织的货币和非货币机制商业模式(Chesbrough & Bogers, 2014)。在开放式创新这种创新形态中,企业与外部环境的边界是可相互渗透的。因此,创新可以很容易地向内或向外转移。有价值的想法和创造力以及知识产权也可以分享,以促进创新。企业可以利用内部和外部的知识来开发新的机会。一旦一个有价值的想法出现,公司就可以很容易地获得它,并且可以从公司内部或外部进行商业化。创新不再是一个企业单独进行的,而是可以通过合作网络来实现的。开放式创新为研发带来了新的视角。另外,还有一些学者研究了企业与外部环境的相互作用。West & Bogers(2017)回顾了开放式创新的相关研究,探讨企业如何利用外部创新资源:这是一个非线性过程,包括以下步骤,即获得、整合、商业化、公司与其合作者之间的互动。第一步,获得创新,包括搜索、启用、过滤和获取;第二步,整合创新,主要是从吸收能力的角度来研究;第三步,创新商业化,强调外部创新如何创造价值,而不是企业如何从这些创新中获取价值;第四步,交互阶段,考虑线性过程的反馈和交互创新过程,如共同创造、网络协作和社区创新。

(5)基于过程和系统的分类

Hovgaard & Hansen(2004)提供了另一种创新形态的分类。他们的分类是基于 3 种类型的系统创新:产品系统、流程系统和业务系统。Trott & Hartmann(2009)在产品、流程和服务创新之外,还指出了组织创新是一个新的创业分工,一个新的内部通信系统;管理创新代表全面质量管理等系统和业务流程再造系统,而且还包括生产创新和商业/营销创新。此外,还需提及的两个关于创新形态的重要研究是 Oke 等(2007)和 Francis & Bessant(2005)提出的,Oke 等确定了 3 种主要的创新形态,即流程创新、产品创新和服务创新，他们认为产品创新导致增量或激进创新，而服务创新导致"核心产品"的改进对客户更具吸引力，流程创新则涉及生产、服务或行政工作的改进。Francis & Bessant（2005）主要从变革的角度对创新进行分类，在此基础上，Bessant & Tidd（2007）提出了4类创新，Rowley等（2011）则在此基础上强调了范式创新的重要性：

①产品创新，由组织所提供的事物（产品/服务）发生变化；

②流程创新，事物（产品/服务）的创造和交付方式发生变化；

③定位创新，改变事物（产品/服务）的背景；

④范式创新，组织建构的基础心理模型的变化。

此外，《奥斯陆手册》由经合组织和欧盟统计局编制，旨在衡量和分析创新活动的影响。根据经合组织的说法，产品创新包括商品和服务创新两个维度，这两个维度都引入了"就其特性或预期用途而言是新的或显著改进的商品或服务"。流程创新是"实施新的或显著改进的生产或交付方法，例如技术或软件"，而营销创新是"实施一种新的营销方法，涉及产品设计或包装、产品植入等方面的重大变化，产品促销或定价"（OECD/Eurostat，2018）。

所有这些形态的创新对组织来说都是至关重要的。例如，产品创新导致企业盈利能力的提高，因为购买者倾向于购买成本更低的新产品或更新产品，而工艺创新通常会导致方法的改进和成本的降低。流程创新可以为企业创造竞争优势、提高效率和产品增长，证明政府支持创新的合理性，并有助于经济增长（Terjesen & Patel，2017）。营销创新可以提高组织的生存率，特别是在经济危机期间，并将提高其竞争优势，例如，降低产品成本，增加差异化程度，提高其关注度（Gault，2018）。

（6）基于流程的分类

从创新的两难到创新的悖论，Christensen 等（2019）持续推进和应用"创造性破坏"的观念。在其最新著作当中所提出的最重要的概念是"创造市场的创新"（market-creating innovation），其定义是把复杂又昂贵的产品和服务变得简单又平价，让社会的全新客群也能享用。这里所称的全新客群也是其创新理论最关键的概念之一，即"零消费者"。这个概念和创新扩散理论正好反其道而行，通过寻找比落后者更不容易采纳创新事物的零消费者，提出适合他们的解决方案，将可以发动一场"创造市场的创新"，进而启动一个国家的经济引擎。

"零消费者"的概念翻转了创新扩散理论里隐含的上对下的阶层关系。

Christensen 等(2019)指出，我们该问的问题是：民众为何不消费？破坏性创新理论将社会创新的意涵带入资本市场的游戏规则，尝试重新论证经济学里的那一只"看不见的手"建立在利他主义的经济学基础上。该理论尝试把商业组织的生存与国家经济发展通过"创造新市场的创新"的创新行动，把两者的共同利益整合在一起。证明企业组织的创新行动，可以为一个国家或地区带来高效益的经济收益以及足以支撑一国发展的社会影响力。

Christensen 等(2019)指出，创新是指一个组织将劳力、资本、材料、信息转化为产品和服务的流程。他把基于流程创新分为"持续性创新""效率性创新"和"创造市场的创新"三种类别。

①持续性创新：通过提供优化的替代方案，包括增加产品的新功能和附加价值给原有市场的消费者。

②效率性创新：大多是通过流程创新来降低价值活动的成本，以获得较佳的报酬。效率性创新通常不会促成蓬勃的经济发展，只能让组织的营运更有效率，为投资者带来资金流和贡献税收给当地经济，但无法创造出足够大的市场。在短期内能够创造就业机会，但其所创造的工作机会可以轻易转移到其他地方。

③创造市场的创新：把复杂又昂贵的产品和服务变得简单又平价，让社会里的全新客群也能享用。

"表面上看似无望的东西，实际上往往是创造蓬勃新市场的机会"这句话背后的经济意义是，如果从持续性创新或效率性创新的经济观点来看待创造市场的创新标的，因为其看待经济价值的角度不同，极容易认为创造市场创新的标的毫无经济价值。但实际上，对前面两种创新模式而言是零消费者的族群，并非没有消费能力或意愿，而是当他们急于在生活的某方面寻求改善时，却找不到他们负担得起且可接近取得的解决方案。所以他们可能选择放弃使用或者将就使用变通的方案。也因此，现行的各种消费评估指标都无法发现他们的需求，而这些客群的数量和需求量可能远超过现有消费市场能够观察到的客群总和。

该理论的另一个重要的概念是"繁荣"。在其理论架构中，繁荣的定义是：一个地区越来越多的人用来改善其经济、社会、政治福祉的流程。富国不一定繁荣，如果一个国家的富裕基础是建立在销售宝贵的自然资源之上，并未借由其财富孕育出具有文化、创新和多元的市场，也没有为人们带来自由和政经流动性，一旦自然资源耗尽或失去价值，看似富裕的荣景也会跟着消失。与核心资产与核心活动的概念相似，一旦核心资产失去价值，如果产业没有建立稳定且可持续创造价值的核心活动，将快速衰退。我们再回到破坏性创新里关于创新的定义："组织把劳动、资本、材料、信息转变成更有价值的产品和服务时，其转变的流程都是创新。"创新不一定需要高科技，且创新是过程，获利是手段，企业组织的生存才是企业经营的终极目标。而对于破坏性创新里所讨论的"破坏"，Christensen在响应哈佛大学历史系教授对破坏性创新的质疑时曾说明："破坏是一连串的过程，不能用单一事件解释，世界上更没有永久成功的企业。"同时提出理论修正及需要探讨的要素包括：在分析产业时，需定义被破坏的对象(族群或市场)是谁？谁才是竞争对手？破坏性创新理论呈现的是一个在特定时空条件下的动态过程。在创新的两难里所描述的是破坏性创新的第一个阶段，创新者通过发现消费市场的缺口，通过低阶和相对平价的技术发展能够满足市场缺口的商业模式，进而破坏原有市场的平衡，再通过不断提升产品价值，逐渐取代原本主流市场的主导者。然而当创新者逐渐主导市场，容易陷入过度关注现有客户需求，而失去原本通过发现未来消费市场缺口进行破坏性创新的驱动力，而导致失败的窘境。

在繁荣的悖论(Christensen et al.，2019)里，创新可分为4个阶段：①创造市场的创新，即在市场边缘寻找零消费者，建立零消费的商业模式；②持续成长的阶梯，即聚焦本地市场，打造价值网络；③有效应对环境障碍，即在创造市场创新的前提下，创造蓬勃的市场，进而对社会里的文化和规范产生影响，再以此建立符合社会需求的新制度；④迈向真正的繁荣，即开发必要的流程，把复杂又昂贵的服务转变为更简单、实惠的服务，让更多人能够享有。破坏性创新理论提出了零消费者的全新视野，并且通过"创造市场的创新"来锁定"零消费者"的商业模式，再通过流程创新发展符合当地社会文化习惯且满足市场需求的商品或服务，创造出过去未曾出现的蓬勃市场，进而通过市场的拉力，改变社会系统里的文化和规范，并持续发展能够维系经济持续发展的制度以及创新流程，以带来真正的繁荣。因此，我们可以从破坏性创新理论的观点出发，观察在核心能力与社会资本积累的动态选择过程中，追踪与归纳产业创新演化历程及其创新模式。

前述对创新形态的研究可以看出，对创新的认识也经历了一个从微观到宏观，从个体认识到系统认识的过程，这提示我们，创新是任何组织的核心更新过程，而创新政策亦需要进行创新，以响应不断变化的社会需求，并利用技术和技术所提供的机会改变市场环境、组织结构和创新系统。

国家创新系统发展下，创新政策逐渐受到重视，国家的差异会影响创新的形态，然而政策执行实施却有其一致性（Dodgson et al.，2011）。对创新形态的梳理和总结，其目的是提升创新政策研究的严谨性和可及性。在关注不同类型的创新的同时，也需要突出和明确地表明创新形态发展与创新政策变化之间的关系。创新的分类为我们对数字经济下的创新特性分析提供了一个基本的概念框架，同时，对数字经济下的创新进行分类研究并寻找其对应的政策工具，进而构建政策组合模式提供了理论基础。

2.2 数字经济下产业的价值创造与创新特性
——以数字文化产业为例

数字文化产业是数字经济下的典型产业形态，其以文化创意内容为核心，依托数字技术进行创作、生产、传播和服务，呈现了技术更迭快、生产数字化、传播网络化、消费个性化等数字经济下产业发展的主要特点。数字文化产业的一个重要组成部分就是传统文化产业的数字化转型，数字经济与传统产业的相互融合衔接在数字文化产业中的表现极具代表性。因此，我们以数字文化产业为例，分析数字经济下产业的价值创造过程及其创新特性，并以此分析数字经济下的创新形态的特征和创新范式转变。

2.2.1 产业价值创造过程及主要环节

基于不同的背景和需求，每个国家和地区对文化产业发展的侧重点不同，因而其称谓也不尽相同。如英国的创意产业（creative industry），美国的版权产业（copyright industry），欧盟的内容产业（content industry），日本的感性产业（sensible industry），我国台湾地区的文化创意产业（cultural and creative industry），以及韩国、芬兰和我国的文化产业等。我们认为，时代技术更新及价值观转变，使得文化产业的内容不断地被改写，而我们需要关注的是各种文化产业定义的内涵、范畴及其共性的整体框架，因此本书仍采用我国文化产业的称谓，作为后续讨论的依据，并整理文化产业的定义，见表2-1。

表 2-1　　　　　　　　　　文化产业定义比较

组织/国家(地区)	定　　义
联合国教科文组织 （UNESCO）	结合创意生产和商品化等方式，运用本质为无形的文化内涵，这些内容基本上受著作权保障，形式可以是物质的商品或非物质的服务
联合国贸发会议 （UNCTAD）	创意与知识资本的投入，由一系列以知识为基础的经济活动构成，包含产品与服务的创作、生产和销售的循环过程，生产具有创意内容、经济价值与市场目标的智力或艺术服务
英国	那些源于个人创造力、技能与才华的活动，这些活动有创造财富与就业的潜力，通过知识产权的开发和生成而实现的产业
韩国	文化内容产业包括各类经济活动，如创作、生产、制造、流通等，而其活动内容源自任何知识、信息及文化相关的基础资源
芬兰	文化产业是文化与经济的结合，包括意义内容的生产；传统与现代的文化艺术；结合成功的商业机制、大众阅听者与近代电子生产；文化的创业精神
中国	从事文化产品生产和提供文化服务的经营性行业。为社会公众提供文化、娱乐产品和服务的活动，以及与这些活动有关联的活动的集合

上述定义显示，各组织或国家(地区)所定义的称谓虽略有出入，但可归纳出这些定义的内涵，表明文化产业是在以文化积累为基础，与个人创造力、技艺、才华等相结合，通过知识产权的形成与应用，创造文化产品(包括文化服务)的经济活动中实现其价值创造过程，包括以下 4 个主要环节。

第一，文化积累与个体创造力相结合产生创意。依据各种定义，文化产业的来源可归纳为两种：传统文化、艺术或者个人的创造力与知识才能。"每种发明或发现都只不过是以往经验与当前经验在文化积累过程中的一种综合，文化积累为新的综合提供出种种物质与观念的必要前提"①，

---

① Pratt A. The Cultural Industries Production System：a Case Study of Employment Change in Britain，1984-1991[J]. Environment and Planning A，1997，29(11)：1953-1974.

而"创意只是将一系列事物相互联接起来而已"①。文化积累不仅是创意产生的一种必需素材，也是影响创造者和创造环境的重要因素，因此，以文化积累为基础，与个人创造力、技艺、才华等相结合产生创意是文化产业价值创造过程中的价值基础环节。

第二，创意通过知识产权转化为可商品化形式。在创意价值实现过程中，"创意并不是以一种实物形态投入，而是通过将创意这一基本元素渗透到传统产业具体的实践环节中实现经济效益"②。文化产业源自创意和文化，但是其产品必须具有可商品化的性质。霍金斯认为，"创意产业是其产品均在知识产权法范围之内的经济部门，知识产权法的每一形式都有庞大的工业与之相应"③。因此，创意需要以知识产权的形式进行资本化，转化为可商品化形式渗透到产业实践环节中去实现经济价值，这是文化产业价值创造过程中的价值转换环节。

第三，可商品化形式的创意通过生产制作形成文化产品。为寻求文化产品创新，文化产业通过复杂的生产系统运作，将个人创意转化为具体商品。各国的文化产业定义均表明文化产业是一种经济活动，并强调其经济属性，因为这是创意经过商业化形式的转换，通过科学效率的生产制作流程加以量化生产而形成产品形式的过程，也是文化产业价值创造过程中的价值实现和增值环节。

第四，文化产品传播和扩散并沉淀为新的文化积累。由于文化经济的发展基础是一种多元性的产业联结，"产品的扩散与流通显示了自创意到文化商品化到为广大社会所接受的过程"④，也就是说，文化产品通过大众传播媒介得以扩散与有系统的流通，并通过联结消费者需求为大众所接受。因此，这一过程是依靠传播效果和消费者认同使文化产品得以分享，并最终沉淀为新的文化积累的过程，也是文化产业价值创造过程中的价值分享和积累环节。

---

① Lehrer J. Imagine：How Creativity Works［M］. Boston，MA：Houghton Mifflin Harcourt，2012：11.

② 曹如中，等. 创意产业价值转换机理及价值实现路径研究［J］. 科技进步与对策，2010，27(20)：61-64.

③ 约翰·霍金斯，著. 创意经济——如何点石成金［M］. 洪庆福，等，译. 上海：上海三联书店，2006：87.

④ UNCTAD，UNDP. Creative Economy Report 2008：the Challenge of Assessing the Creative Economy Towards Informed Policy Making，United Nations［EB/OL］.（2008-11-29）［2018-12-01］. http：//www. unctad. org/en/docs/ditc20082cer_en. pdf.

2.2.2　产业价值创造中的创新特性

就传统制造产业而言，"创新是创造价值的源泉"，而数字经济下的文化产业价值创造来源于符号性的创意。创造力心理学认为，创意有 3 个特点：新颖性、适当性和启发性。新颖亦称为"独创性"，即不重复过去的工作和现有的知识。适当性，要求一个想法认为对社会有益的或"有某种程度的价值"。对于一个技术创新，适当性意味着要求其具有功能性；而创意则要求具有保持大众注意的能力或造成一个强大的情感效应。此外，创意要求具有启发性，而不是提供一种算法。算法的任务是"解决方案和目标路径是清晰和直接的"，相反，启发性要求具有创造性的提示功能（Hesmondhalgh，2006）。传统制造业创新是以科技创新为表征的硬创新，着重于有形的实物产品，而创意源自文化积累，具有个人象征、独特主观的符号性特征。霍金斯认为，创意与创新这两个词，很容易混为一谈。前者指的是个人的、主观的点子，后者是客观的、经团体努力后的成果，创意常导致创新，但创新很少带来创意。Santagata（2010）提出，创新是在原有基础上渐进改善，而创意并非基于渐进积累的逻辑，反而是突破过去的旧规范。综上所述，我们认为，与实物性、功能性、渐进积累的团队化成果的制造业创新不同，数字经济下文化产业价值创造来源于符号性的创意，具有启发性、突破原有规范且非常个人化的特性。创意与创新是数字文化产业发展的最主要核心能力。创意是创新的基础和起点；创新是创意实现的途径和手段，创新将创意运用于生产实践，使之成为具有价值性的成果并获得社会的认可。因此，数字经济下文化产业发展及其政策制定应当关注创意这种无形资产的特征。

创新和制度被视为支持经济增长的关键因素。因此，问题在于创新和制度是否以及在多大程度上构成了有利于有效增长的解决方案的共同要素，其中，自由创造力因素——对数字经济发挥着关键作用（Zelazny & Pietrucha，2017）。数字经济，与以土地、资源、劳动力、技术和资本为重要生产要素的传统经济模式不同："在数字技术的驱动下，消费者成为推动创新的核心力量，产业模式的变革围绕消费者需求的变化而展开。"[①]这与创意经济学理论中关于文化产业特征的主要观点相互印证。

传统的价值创造以企业价值创造者为主体，产品和服务是价值的基

---

① 参见阿里研究院. 数字经济 2.0 报告 [EB/OL]. （2017-3-13）[2019-10-11]. http：//www.199it.com/archives/555294.html.

础，因此相关研究着重技术、产品及产制过程的创新。最具代表性的论述是迈克尔·波特所提出的价值链理论，强调价值创造在于以生产端为主的相关活动，即设计、生产、销售、发送和辅助其产品的过程中种种活动的集合体。通过前述分析可见，尽管各国的定义不同，但都将创意视为一项重要的经济资产并构成文化产业的核心价值，这是与一般产业最大的差别。但是，创意的产生只是从文化积累中寻求文化素材的新的意义和"新的综合"，而创意价值的实现和增值需要以创新活动整合生产制作程序从而生产出文化产品。因此，Power（2002）提出，文化产业离不开创意（creativity）与创新（innovation），并将创意与创新当作文化产业发展的最主要核心能力。因此，文化的"输出"不只是遗产、习俗、艺术，甚至是商品和服务，而是创新，是在不确定条件下"产生新事物"的机制（Boccella & Salerno，2016）。因此，对我们来说，文化面向未来是经济的驱动力。它需要被重新认识，并纳入经济思想和政策。

数字经济既活跃在依赖技术创新的供给主导型创新活动中，也普遍产生于顾客（市场）导向型的创新实践中。文化产业贡献于经济增长的主要途径是"制造业通过技术创新，或为产品注入特定的文化内涵和赋予某种象征意义，实现产品附加值增长"①。可见，数字经济背景下的文化产业价值创造，创意是创新的基础和起点，创新是创意实现的途径和手段，创新将创意运用于生产实践，使之成为具有价值性的成果并获得社会的认可。

在创意经济学理论中，Caves（2000）通过经济学中交易成本理论与"契约观点"，将文化产品的生产视为一连串交易契约所构成的价值累积与转换，因而创意活动具有七项基本的经济特征：①需求的不确定性；②创意工作者重视其作品；③创意商品需要多元的技能；④区隔性产品；⑤垂直性区隔技能；⑥时间就是金钱；⑦耐久性产品与耐久性租金。英国学者Hesmondhalgh（2005）认为，核心的文化创意产业具有高风险的产业、生产成本高而再制成本低、半公共财产性等三个主要特征。此外，英国学者Garnham（2005）部分认同Caves的观点，认为文化产业具有高固定成本、低管理及再制成本，因需求未知导致高度投资风险，固有公共财产特性，关联性生产，受科技影响等五项特征。整合创意经济学理论关于文化产业特征的主要观点，我们认为，文化产业发展使内容成为资本，而数字技术则促成了以"消费者注意力"为稀缺品，以生产者为创意与市场的联

---

① Power D. Culture Industries in Sweden：an Assessment of Their Place in the Swedish Economy [J]. Economic Geography，2002，78（2）：103-127.

结的经济模式的形成。数字经济背景下，创意与数字技术互为动力，且相互融合，既是产业创新中的重要生产要素，也是经济增长的内生因素和价值构成。在数字经济下重新审视文化产业，其创新特性包括以下几点。

(1) 产业价值创造中的来源特性

文化产业创新来源于个人化创意，数字经济下的产业创新来源于联结的创意。霍金斯（2006）认为，创意与创新这两个词很容易被混为一谈。前者指的是个人的、主观的点子，后者是客观的、经团体努力后的成果。"创新是在原有基础上渐进改善，而创意并非基于渐进积累的逻辑，反而是突破过去的旧规范。"①可见，文化产业的创新活动是基于个人象征、独特主观与符号性的创新。与源于渐进积累的团体化成果的传统经济模式下的产业创新不同，文化产业创新是源于突破原有规范的、无形的且非常个人化的创意。正如知识来源是异质的，数字经济下创新活动的表现形式也是高度异质的。然而，关于创新活动的文献普遍忽视了知识来源和创新表现形式所固有的异质性（Zelazny & Pietrucha，2017）。数字经济下的创新，其数据或技术的应用都需要从消费者的角度出发，通过创意与需求的联结，转化为营销效果，达到品牌沟通的目的，而在这个过程中，更需要创意。生产者从取材开始，依照消费者以及生产者自身的需求与想象加以重制，乃至于最后利用媒体进行一种再现，都需要将该产品的营销与服务内容、市场区隔、经营现况与现有技术进行综合性评估，通过技术、方法以及营销通路的创新落实产品的呈现姿态。这种创造性呈现的重点就在于：如何合作并利用现有技术，运用新的商业方法和传播媒体进行创造性的联结。

(2) 产业价值创造中的产制特性

由于文化产品既高度依赖创意提供价值基础，又需要联结产销系统，使创意的价值得以实现，数字经济下文化产业的生产制作过程必须面对更为复杂的组织合作关系、知识产权问题以及科技创新的影响。

组织合作关系复杂。Caves（2000）认为，创意商品需要多元的技能，即文化产业中大多数创作需要众多不同专业的工作者并依靠庞杂的团队成员密切合作来完成。数字经济下的文化产业需要通过数据和技术将创意提

---

① Santagata W. Creativity, Fashion and Market Behavior. In Power D, Scott A J. Cultural Industries and the Production of Culture[M]. London：Routledge，2004：75-76.

升附加价值，通过组织间互动模式和集体生产形态完成产制过程，而数据和技术的选择及复杂的合作关系将影响创意产值的效率。因此，数字经济下的产业创新呈现出高度组织弹性和互动的基本特性，而这种特殊的组织协调与控制模式，就成为文化产品是否得以顺利生产的关键。

知识产权问题凸显。在文化产业中，虽然创意作为价值创造的来源，在商品化的转换过程下，所产生的价值比任何实体财产更大，但创意本身无法凭借价格机制完全私有化，此外由于文化产品的生产成本高而再制成本低以及半公共财产性等特性而凸显知识产权的问题，而数字技术让文化产品的传播范围更广泛，同时也进一步加剧了知识产权保护的问题。鉴于创新标的的特殊性，综观联合国教科文组织、英国等在提及文化创意产业发展时都强调"知识产权受到保障"。

科技创新的作用显著。数字化和互联网平台，以及用户生成内容的自动许可，大大降低了个人文化参与的成本（Peukert，2019）。如果说创意是文化产业创新的自体驱动，那么科技就是数字经济下文化产业创新的载体驱动。Garnham（2005）认为，受到科技与数字化的影响，文化产品取得利润的关键已成为掌握多少科技而非提供原始文化产品及服务。尤其是信息科技的影响使信息与电子技术渗透到文化产业的各个领域，并形成了一些高科技含量的文化行业类别，如新媒体行业、数字文化行业等。因此，科技创新不仅与文化产品生产、制作、销售紧密结合，并且与文化产品传播扩散以及知识产权保护的关联度也逐渐增强。

（3）产业价值创造中的市场特性

数字经济下，产业创新的市场需求预测、产品交易信息和评价标准更加依赖技术的发展和利用。创意经济学理论认为，由于多数文化创意产品的制作过程相当耗时，创作过程中创作人又无法得知消费者的评价，因此无法正确预测市场反应或需求量，市场需求的不确定性是文化产业的主要特征。首先，市场需求预测困难。Caves（2000）认为，消费者购买文化产品并非是由于生理或是物质上的需求，而是心理上的需求，或者是一种理性沉溺（rational addiction），也就是说，文化产品的消费往往是基于生活享受能力的非刚性需求，而且消费者在购买前对产品的评价主要凭借自身的主观判断，并由此影响对产品的认知和购买决策，此外，加之创作者对其作品的重视可能超过经济报酬而丧失能正确预测消费者反应的能力，由此导致文化产品的市场预测困难。其次，产品交易信息失灵。商业模式的本质在于企业向客户交付价值、诱使客户为价值付费，并将这些支付转化为利润的方式(Teece, 2010)，而知识资产的创新活动会产生三种造成交易困难的契约风险，首先是无法预知产出结果，其次是信息揭露的矛盾性，最后是供需双方所面临的套牢问题(Teece, 2000)。此外，由于文化创意产品大多数为体验性产品(experience good)，即消费者在未实际享受或欣赏产品之前，无法确认其质量，因此参考他人的口碑以做购买决策成为一种主要模式，这种行为模仿或观点传染的从众行为在文化产业中相当明显。因此，交易双方评价资讯不足造成文化产品交易的信息失灵。再次，产品评价标准多变。文化产品有无穷变化的特性，相同性质的文化产品，因其特性、风格等不同，使产品整体质量呈现多种变化，造成"水平性区隔"(horizontally differentiated)①，也就是说，纵使商品在消费者眼中具有类似的性质，但因水平性区隔而不可能有完全相同的价值，因此产生不同的文化产品评价标准。

然而，数字经济下互联网与移动互联网、云计算与大数据、传感与物联网、定位与遥感技术、人工智能、虚拟现实等发展不仅驱动着传统经济和社会的变革创新，更使得传统经济模式下的文化产业创新困境有了质的突破。例如，云计算技术推动下的IaaS、PaaS、SaaS等服务模式，大数据的价值挖掘，虚拟现实技术和区块链技术的应用等都成为市场需求预测、产品交易信息和评价标准，甚至前述的知识产权保护的有效工具。

(4)产业价值创造中的消费特性

数字技术与互联网将内容创作、生产制作、发行销售、阅读消费等一系列环节联结耦合，因此与传统经济模式下的产业创新不同，数字经济下的产业发展进一步提升为"方法"或"通路"创新，强调更广泛地运用创造力，以形成企业与消费者的联结。

当长久以来习以为常的内部创新模式遭受打击，企业或组织如何寻求有机的成长成为一个新的课题。开放与协同的网络，摒除了地域的限制，让更多有为者可以自主地加入协作。开放生产网络促使复杂的经济交换体系更加透明，让消费者可以参与以及加入诸如道德、社会观感等认知到经济消费体系(Goertzel et al., 2017)。相对于传统经济模式下的技术创新生产者的系统性互动，文化产业创新活动不仅强调生产者知识与学习的重要性，更需要联结消费者以寻求产品创新。Banks等(2000)强调消费转型的

①　Florida R. The Rise of the Creative Class, and How it's Transforming Work, Leisure, Community and Everyday Life[M]. New York: Basic, 2002: 53.

重要性，认为创意产出是为了满足消费者娱乐与欣赏的需要。Leadbeater（2004）更是提出，文化产业的发展不仅与供给方的创造力有关，而且还取决于供求双方的交流与互动。但相对于传统经济模式下的文化产业来说，数字经济下的产业创新更强调实际运用并获得社会承认的效果，文化产业的创新过程就是赋予创意必须具有社会性和价值性的过程，因此，文化产品消费行为不是单向需求满足模式，而是双向关系互动模式，需要关注并洞察消费者需求变化，并以此获得市场的认可与接受。数字技术与互联网的发展使生产者角色发生变化，其行动的核心是将创意与消费者、利害关系人以及生产者自身需求联结起来，通过创新活动转化成具有市场价值的文化产品。因此，数字经济下的产业发展既需要强调技术创新、内容创新，也需要生产者通过新的方法和通路，利用技术对"内容"进行创造性选择、重制和呈现的产品创新和服务创新，并通过它们之间的相互作用完成对消费者的价值创造、价值传递和价值管理。

2.2.3   产业创新的驱动要素

基于前述分析，我们认为数字经济时代产业价值创造过程特性下，创造力激励、知识产权形成与应用、产业组织模式和消费者导向是数字经济时代产业创新的 4 个驱动要素，如图 2-1 所示。

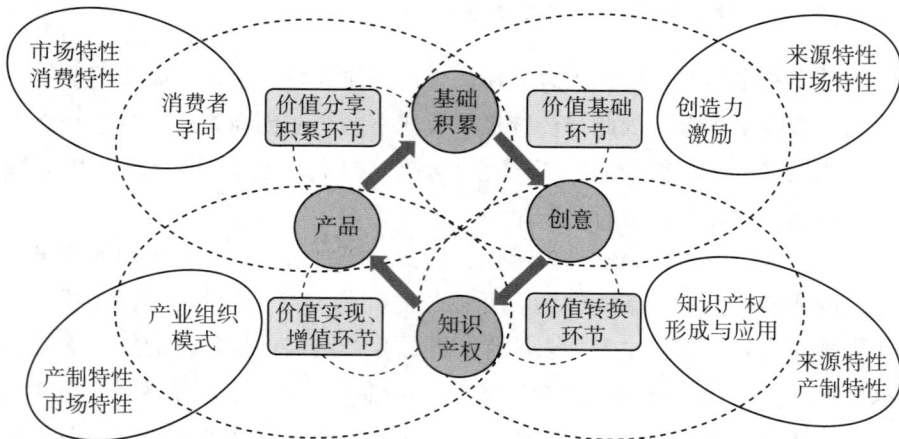

图 2-1   数字经济下产业创新的驱动要素

（1）创造力激励

由产业价值创造中的创新特性可见，数字经济下的产业创新活动来源于联结的创意。由于数字经济模式下利润控制的关键在于生产投资与传播扩散，产业创新不仅源于个体创意，更需要通过互动合作和利用技术进行创造性的联结。因此，创造力激励是数字经济价值基础环节的核心要素。"创造力"被理解为解决一系列经济和社会问题的灵丹妙药，而且被视为"活力、增长、人才形成和国家复兴"的同义词（Schlesinger，2013）。对于数字文化产业，只有内容价值得到货币化体现才能激发创新，这既包括创作者的内容创新，也包括生产者的服务创新、产品创新和流程创新。创作者以内容创作形成数字文化产业发展的资源，而生产者通过赋予既有资源创造财富的新能力，并通过产品创新及流程创新等使企业获得竞争优势。值得注意的是，我国数字文化产业在快速发展的同时，不仅版权保护问题突出，而且数字文化产品的盈利模式不清晰、有影响力的数字平台不多、数字化的商业模式需要创新等问题无不体现了当前产业发展中对于包括创作者、生产者、传播者甚至消费者的创造力激励的忽视，使得数字文化产业仍呈现出较低层次的繁荣。

（2）知识产权形成与应用

由产业价值创造中的创新特性可见，由于创意无法凭借价格机制完全私有化，从而凸显知识产权的问题，而数字技术的发展又进一步加剧了知识产权保护的问题。虽然无论是数字经济发展还是产业创新都依赖知识产权保护，但是知识产权制度之于数字经济的作用绝不仅止于"保护"，而更在于知识产权制度的转化价值：可以使技术、数据、创意、内容，甚至商业模式等转化为可交易的商品。例如，数字文化产业由传统内容售卖模式转向内容增值模式，知识产权的形成与应用是体现内容创新及其附加价值的重要手段。互联网的海量性、开源性、受众参与性使内容资源大量增加，在新的传媒环境中，传统经济模式下的内容收费模式开始失去赖以生存的基础。在数字经济背景下，依托商业模式创新的免费使用不仅不等于没有收益，而且可能意味着来自其他通路或渠道创新的知识产权经营所带来的更大的收益。因此，知识产权形成与应用是价值转换环节的核心要素，充分利用知识产权的经济与商业价值，以知识产权经营作为企业附加值来源的手段，并以此激发创意形成和创造活力是产业创新的驱动要素。

（3）产业组织模式

由产业价值创造中的创新特性可见，数字经济下，产业创新的市场需求预测、产品交易信息和评价标准更加依赖技术的发展和利用。此外，数字时代的产业链融合趋势明显，各主体之间的关系由激烈竞争转为合作共赢，强化其联系与互动才能使产业发展更具有规模效应。例如，传统出版领域是一种对内容生产的管理，而在数字经济下，管理的重点则是内容服务运营，纵向上是利用信息技术和信息网络将内容创作、出版策划、技术平台以及网络营销等各种体系紧密结合起来，以数字化的知识和信息作为关键生产要素，形成互动所产生的规模效应，以此带动用户总所得效用的平方级增长；横向上还需要企业之间加强内容制作、技术标准、渠道谈判、平台建设等多方合作，并取长补短，共同发展。因此，产业组织模式及各方主体相互之间的联结秩序才应是创新政策重点关注的环节，这是产业创新价值实现和增值环节的驱动要素。

（4）消费者导向

由产业价值创造中的创新特性可见，与传统经济模式下的创新不同，数字经济下消费者与企业间的互动是产业价值创造中重要的一环，消费者导向是价值分享和积累环节的核心要素，消费者不仅是创意的动力来源，也是产业价值创造的主要成员。例如，相对于传统经济模式下的出版业来说，兴起于数字、网络技术基础上的数字文化产业的一个独特之处还在于它具有双边市场的特征。数字文化产业双边市场具有两个独特属性：一是，数字文化企业联结着多种消费群体，包括内容提供方、受众、广告商等；二是，数字文化产业的双边市场存在着多边交互性。内容产品的数量和质量不仅影响受众，也会影响内容提供方和受众的消费意愿。因此，对于数字经济下的经营者来说，一个重要的任务就是调节好消费群体的利益关系。对于数字经济下的产业发展而言，消费者导向是产业创新价值实现中最不可忽略的驱动要素。

2.3　数字经济及其创新形态与范式

前述对数字经济下产业价值创造与创新特性的分析，是一种通过横向角度的界定，理解数字经济下创新的含义；如果从纵向角度，即从经济发展形态的视角去剖析，总结数字经济与传统工业经济的区别，可以使我们了解数字经济下产业创新范式的转变及其创新形态的基本特征。

2.3.1 数字经济与数字化创新

（1）定义数字经济

表 2-2 列出了对数字经济的一系列定义，这些定义主要来自该术语的一些经典论述，例如 Don Tapscott（1996）的《数字经济：网络智慧时代的希望与危机》，当然也有一些偏重抽象的描述而回避了具体的定义，例如，将数字经济定义为"复杂的结构"（European Parliament，2015），或者不将数字经济理解为一个概念，而更多地将其理解为一种做事方式（Elmasry et al.，2016）。但大多数定义都将数字经济定义为"基于数字技术的经济"。

表 2-2 **数字经济的定义及其概念演变**

来源	定义	特征
Tapscott（1996）	没有直接的定义，但称之为"网络智能时代"，它"不仅是关于技术的联网……智能机器……而且是关于通过技术实现人类网络化的"，即"将智能、知识和创造力结合起来，在创造财富和社会发展方面取得突破"	被认为最早创造了"数字经济"这个词。以数字经济解释了新经济、新业务和新技术之间的关系，以及它们如何相互促进
Lane（1999）	互联网上计算和通信技术的融合以及由此产生的信息和技术的流动正在刺激所有电子商务和巨大的组织变革	分析了电子商务和数字经济对隐私、创新、标准和数字鸿沟等问题的广泛影响
Margherio et al.（1997）	没有明确的定义，但确定了 4 个驱动因素：构建互联网……企业间的电子商务……商品和服务的数字化交付……有形物品零售	数字经济第一次被明确划分，强调数字经济的基础，而不是经济本身
Brynjolfsson & Kahin（2000）	由计算机实现的信息数字化对所有经济部门的转变	强调从多个角度理解数字经济：宏观经济学、竞争、劳动、组织变革
Kling & Lamb（2000）	包括其开发、生产、销售或提供严重依赖数字技术的货物或服务	将数字经济分成 4 个部分：高度数字化的商品和服务、混合数字商品和服务、商品生产服务与 IT 产业

续表

来源	定义	特征
Mesenbourg（2001）	将数字经济定义为"三个主要组成部分"："是电子商务基础设施，用于支持电子商务流程，开展电子商务的基础设施总量的一部分"	重点研究了如何衡量电子商务和电子商务的新兴现象
Economist Intelligence Unit（2010）	一国信息和通信技术基础设施的质量及其消费者、企业和政府利用信息和通信技术为自己谋利的能力	强调数字经济的基础，而不是数字经济本身
OECD（2013）	数字经济通过互联网上的电子商务实现和执行商品和服务贸易	主要内容涉及数字市场中的竞争和监管，并附加讨论网络效应、互操作性以及开放平台与封闭平台
DBCDE（2013）	由数字技术（如互联网和移动网络）促成的全球经济和社会活动网络	侧重促进数字经济的政策措施
European Commission（2013）	基于数字技术的经济（有时称为互联网经济）	确定数字经济企业的特征：通过新的资金来源进行创新（风险投资）；无形资产的重要性；基于网络效应的新商业模式；跨境电子商务
British Computer Society（2014）	数字经济是指基于数字技术的经济，尽管我们越来越认为其是通过基于互联网和市场开展业务	关键的数字经济问题被视为创新、权利、网络安全和数字素养
European Parliament（2015）	一种由多个层次组成的复杂结构，通过几乎无穷无尽且不断增长的节点相互连接。平台相互堆叠，允许多条路线到达最终用户，并且很难排除某些参与者和竞争对手	关注数字经济的竞争和监管
House of Commons（2016）	数字经济是指商品和服务的数字化获取，以及利用数字技术帮助企业	关注数字经济的监管和支持政策
G20 DETF（2016）	广泛的经济活动，包括将数字化的信息和知识作为关键的生产要素，将现代信息网络作为重要的活动空间，以及有效利用信息和通信技术作为生产力增长和经济结构优化的重要推动力	强调网络化和智能化的信息和通信技术，促进经济活动。关注政策，包括跨国家政策、数字经济的优先事项

续表

来源	定义	特征
Elmasry et al. (2016)	没有明确的定义："不应作为一种概念，更多地应作为一种做事方式"，但有3个属性："在商业世界的新前沿创造价值，优化实现客户体验愿景的流程，以及建立支持整个结构的基础能力"	涵盖了数字化、地区绩效的衡量标准，以及政府和企业加快向数字经济迈进的战略
Knickrehm et al. (2016)	数字经济是从大量广泛的数字投入中获得的经济总产出的份额。这些数字投入包括数字技能、数字设备（硬件、软件和通信设备）以及生产中使用的中间数字产品和服务。这些广泛的措施反映了数字经济的基础	涵盖如何通过更好地利用数字经济基础来提高微观和宏观经济增长
Rouse (2016)	数字经济是由信息和通信技术（ICT）推动的全球经济活动网络。也可以更简单地将它定义为基于数字技术的经济	简要定义
Dahlman et al. (2016)	数字经济是几种通用技术和人们通过互联网和相关技术进行的一系列经济和社会活动的融合。它包括数字技术所基于的物理基础设施（宽带线路、路由器）、用于接入的设备（计算机、智能手机）、它们支持的应用程序（谷歌、Salesforce）及其提供的功能（物联网、数据分析、云计算）	强调数字经济在实现包容性和可持续增长方面的潜力，但前提是要有关键的推动因素
OUP (2017)	主要依靠数字技术，特别是利用互联网进行的电子交易来运作的经济体	仅定义

资料来源：根据 Bukht & Heeks（2017）整理。

根据表 2-2 中所列数字经济的定义，我们可以得出以下结论。

第一，定义总是反映出它们产生的时代和发展趋势。我们可以从定义的发展和演化中看到，早期的定义主要关注互联网，反映了互联网在 20 世纪 90 年代作为一种主流技术出现。后期的定义则增加了新技术，如移动和传感器网络、云计算和大数据等，或者根据简单的定义，选择更通用的"数字技术"概念。

第二，我们还可以从定义的范围看到历史的特殊性。早期的定义试图解释数字经济与信息经济的区别。例如，认为数字经济包括两代人的经济活动。第一种是信息性的，比如在网站上发布静态信息，第二种与交流有关，反映了互联网带来的更多互动活动。"信息经济"一词的含义是，相对于与农业、矿业和制造业相关的有形资产和产品，以信息和知识为基础的资产和价值不断扩大的一种新型经济；"数字经济"一词具体指的是一种由计算机实现的信息数字化发展而来的，涉及所有经济部门转变的经济形态。与此同时，在这些定义中，我们还可以看到互联网促进商业交易的能力正在得到普遍认同，并被纳入数字经济的定义。在世纪之交，美国商务部的报告《新兴数字经济》(*The Emerging Digital Economy*) 将 IT 支持的商业活动纳入其定义。2000 年的《理解数字经济》一书中则更加明确地将电子商务纳入数字经济的范畴。

第三，这些定义也揭示了数字经济的两个重要特征。第一个特征是数字经济的组成部分本身也有着详细的划分。例如，分为"高度数字化的商品和服务、混合数字商品和服务、商品生产服务与 IT 产业等"，这种细分认为，包括电信在内的信息以及通信技术产品和服务是数字经济的一部分。第二个特征是数字经济的边界模糊，从当前的定义看，很多机构或学者认识到没有任何明确的边界可以将所有经济活动严格地置于数字经济的范围之内或之外。

分析表 2-2 中的数字经济定义，可以看出其反映出的许多不同的界定视角 (Bukht & Heeks，2017)。

①资源视角：有许多定义确定了数字经济赖以建立的技术，有些定义还包括与数据或信息处理相关的内容视角，以及人力资源的观点，该观点进一步整合了信息通信技术所支持的知识、创造力或技能。

②流程视角：一些定义涵盖了使用技术来支持交易等特定业务流程，而有一些定义则承认信息和通信技术所促成的新的数据或信息流，包括正在发生的流程变化。

③结构视角：一些定义强调了确定作为数字经济一部分出现的基于网络的新结构。

④商业模式视角：一些定义介于流程和结构视角之间，引入了正在启用的新商业模式的理念，例如电子商务或数字平台。

除了这些定义的界定视角外，还可以看出，在上述定义的讨论中，人们对数字经济的认识有着持续的变化：从新技术到新组织形式，从新流程到新商业模式再到新结构，并隐含在新的价值观和规范中。

2017 年，英国提出界定数字经济的范畴，共区分为三大块：①偏向生产观点的数字产业，包括硬件、软件与相关服务；②狭义的数字经济，泛指新形态的数字服务，例如平台经济、共享经济等；③产业数字化，如工业4.0在各行各业的应用等。传统经济(Traditional Economics)追求的是产量，重视的是机械化、自动化与规模化带来的生产效益。企业通过这些生产的商品与服务为消费者创造价值，消费者进而愿意付费，借此获利。数字经济则是基于网络科技，生产从制造转向"智造"。技术特别强调数字化，涵盖的新兴科技包含人工智能、虚拟现实、扩增实境、大数据、区块链、物联网、云端运算、生物辨识等。商业模式追求的是弹性、创新性与多元性。企业运作模式重视的是与外部伙伴的合作关系，在平台下各参与者相互链接并合作，在数字经济发展潮流下找到更多发展可能。

数字经济较之传统经济的创新特征包括，数字经济的商业模式主要是结合智能载体并融合数字科技，以应用于各产业的不同场域与情境，其六大创新关键如下。第一，会员制创新。在数字经济下，一个具有忠诚性的会员制度比传统经济更需要被重视与创新，企业才能够生存。第二，积木式创新。在数字经济下，创新是在一个完善生态系统中，大家在共同标准上沟通、协力、创作。第三，商务面创新。数字经济下的创新将朝向不限单一场域、平台、产品、装置。第四，内容面创新。数字经济下的内容不是为了载体而生，而是为了满足情境、内容存取。情境从固定场域转为随时随地，内容传递形式趋于拟真互动与虚实整合，内容产制模式从专职业者走向客户内容自创。第五，需求面创新。传统经济的主要诉求是"供给面的规模经济"，数字经济比较讲求"需求面的规模经济"。第六，消费面创新。数字经济的消费主力依赖网购，了解社群、喜好分享、新奇体验、价值认同等偏感性的主观因素是消费族群采购时的重要决策因素(周树林、王义智，2017)。

(2)数字化创新

在全球化时代，知识经济的到来并向创新的数字经济转型，使人力资本知识构成的重要性急剧上升，市场主体开始寻求高科技和高效生产的增长动力，以确保竞争力。经济行为的概念和结构转变导致了向以科学为基础的活动逐渐过渡。

数字化创新的特点。从20世纪末开始，数字化创新的重要特点在世界范围内引起广泛的关注(Zhilenkova et al.，2019)。第一，经济增长与创新成果、创新过程、组织效率密切相关。统一增长理论认为，经济从停滞到增长的转变是数字经济发展过程的必然结果，创新已经不可或缺。第二，高新技术已成为新知识再生产、智力劳动优势、智力产品全面生成的经济旗舰。第三，作为劳动的主要产品的知识和信息的范围在进一步加速发展。第四，经济数字化进程导致职业结构的相应变化。第五，知识产权的重要性提高，企业无形资产相对于实物资产更加占优势。第六，除个人、科学和教育机构等创新活动的传统主体以外，更有一批具有创新活力的企业不断增加。过去 30 年，信息和通信技术(ICT)的使用增长显著增加，可见，没有知识资本再生产效率的增长，向创新型数字经济的转型是不可能的(Nagy，2019)。数字经济是一个制度范畴(概念)体系，包括高水平的成果和先进的技术，尤其是数字技术，其有助于提高社会生产的有效性(Johnson，2019)，同时，数字经济是一种基于专业和市场知识、创造力和创新社会的经济(Quinton et al.，2018)。在向数字经济迈进的过程中，不同国家之间的数字化创新存在着巨大的发展差距，即数字技术发展水平的差距，以及将数字技术引入工业和商业领域所需时间的差距以及数字技术与工商业领域是否缺乏协调的差距。因此，建立更快更好的数字经济的政策应融合竞争政策和数字改革战略(Afonasova et al.，2019)。

数字化创新的基础。在 20 世纪 90 年代，经济的变化主要与互联网的出现有关，但在 21 世纪初，数字化创新发展的基础是一系列新的信息和通信技术(ICT)的扩散并支撑了经济的变革。这包括将连接的传感器嵌入越来越多的对象(物联网)；新的终端用户设备(移动电话、智能手机、平板电脑、上网本、笔记本电脑、3D 打印机)；新的数字模型(云计算、数字平台、数字服务)；通过大数据的传播，数据使用强度不断提高，数据分析和算法决策；以及新的自动化和机器人技术。从这些技术中产生了一系列数字启示：个人或组织可以在其工作环境中通过数字系统采取的行动，包括数据化(数据保存现象的扩展)、数字化(将信息价值链的所有部分从模拟转换为数字)、虚拟化(过程的物理分离)和生成性(通过重新编程，以非计划的方式使用数据和技术)重组。任何技术的影响都可以理解为数字经济扩大规模、扩散影响和拓展深度的产物(Heeks，2016)。随着数字技术对经济的影响越来越大，这种影响可以理解为对现有经济进程、创新系统和公私部门的破坏，并重新塑造新的消费者行为、商业互动和商业模式，也可以理解为新的经济进程、制度和部门的出现(Dahlman et al.，2016)。有学者认为，当今时代数字经济是经济增长的主要驱动力，会导致"改变生活的经济剧变"和"对企业、就业和人民的深刻影响"(Bahl，2016)。数字经济将促进经济增长，提高资本和劳动力的生产率，降低交易成本，使得企业更加便于进入全球市场，新兴市场的数字经济正以每年 15% ~ 25% 的速度增长(Dahlman et al.，2016)。数字经济由以数字技术为基础的市场构成，这些市场通过电子商务促进商品和服务的贸易。

近年来，数字化创新的扩张是经济增长的关键驱动力，向数字世界的转变对社会产生的影响远远超出了数字技术本身的范畴。数字经济具有五大特征：数字化、跟踪、互联、共享、个性化（Richter et al., 2017）。基于此，围绕新技术构思的科技企业通常高度灵活，善于迅速融入变革，并倾向于拥有低成本的组织结构。此外，在大多数情况下，它们还表现出重新定义的商业模式的特征，这对传统范式具有高度颠覆性（Cuesta et al., 2015）。

　　数字化创新的主题与三体。根据创造性功能理论，数字化创新是一种有效的创新活动，它被理解为使用新的工具实现现有或全新的目标。从管理学的角度来看，数字化创新活动是一个将科学、技术、经济、创业和管理结合起来，实现积极协同效应的过程。数字化创新的创建是一个过程，涉及与新数字产品的创建和开发相关的所有工作，例如研究、开发和实施其结果。数字化创新的引入不仅限于数字产品的批量生产、销售、分销和使用。更准确地说，数字化创新的主题是：研究和生产组织以技术城市、技术园区、创新中心、创新投资和商业中心为形式的结构，它们是数字创新活动和创新服务的独立形式，创立数字产品的科研机构（学术和网络研究机构、设计局、实验室、实验场、高等院校），建立生产数码产品的大中型企业和组织，建立创造数字产品的小型投资组织和公司，处理数字经济中产生的创新问题，培养数字经济领域的科学家、发明家、程序员和高素质的专家。数字化创新活动的主体是创造创新成果，并将其作为新的数字产品生产出来的企业、组织或个人。作为市场主体，他们还可以在数字化创新过程中提供包括金融、信息、营销、专利许可、租赁、销售方面的服务，以及其他服务，低批量或大规模生产分销新产品。从制度的角度来看，这些数字化创新活动的主体包括发明家、设计师、创新者、计算机程序员、设计师、建筑师、技术专家和其他在经济各部门创造创新并付诸实践的创造性实体。此外，数字化创新的主要参与者包括将创新理念转化为项目并以利润形式获得财务成果的商业组织。因此，数字化创新创业的主体不分所有制，还包括研发机构、各经济部门的企业和组织，以及大学（Khotamov & Avazov, 2020）。

2.3.2　数字经济的创新形态变化

　　数字经济自 20 世纪 90 年代以来迅速发展，如今已成为世界经济的主导力量。根据欧盟委员会的统计，数字经济目前占二十国集团主要经济体国内生产总值的 8%，是创新、竞争力和增长的唯一最重要的驱动力。麦肯锡在最近的一份报告中估计，2015 年全球数字服务贸易额超过了商品贸易额(Manyika et al. , 2016)。

　　数字经济有时被称为"新经济"或"互联网经济",但美国商务部的一份报告《新兴数字经济》(*Emerging Digital Economy*)提供了一个更具体的定义,该报告"将数字经济定性为基于产业和 IT 可利用商业活动的形式……这些活动包括信息技术产业本身、企业间的电子商务、商品和服务的数字化交付以及由信息技术支持的有形商品和服务的零售"①。较之传统经济,数字经济具有以下颠覆性的创新形态变化。

　　①网络效应:网络效应虽然也存在于工业经济中,但在数字经济中更为明显。对于知识密集型产品,如软件操作系统,其特点是前期成本高,获得客户群的临界数量对成功至关重要。一个具有强大网络效应的产品的成功和失败,不仅取决于产品的潜在价值,还取决于消费者的期望。在具有强大网络效应的市场中,营销策略的设计必须能够影响消费者的预期,以达到"临界量"的用户(Bukht & Heeks, 2017)。

　　②开放式平台:互联网为交流和协作提供了一个开放的、非专利的平台,促进了互联网协作和免费信息共享。网络不仅是大众传播媒介,而且也是一种个人媒介,为个人用户的个性化体验创造了机会。开放式平台为在线用户提供关于他们的个人信息和习惯信息(例如,揭示他们的偏好)。虽然数字经济下的企业使客户更容易比较不同公司的类似产品的价格,但先进的信息技术,如数据挖掘和个性化软件,能够收集个人概况信息、会话和基于事件的观察结果,并实时提供交易信息,帮助企业了解其在线客户。这使得客户的购买历史和行为构成了一种数字资产,企业可以使用它来模拟单个客户的偏好,并为他们的下一次购买做出预测和建议,企业将能够根据买家的支付意愿为定制的产品或服务定价。在这种情况下,消费者很少或根本没有剩余的消费品(Reischauer & Mair, 2018)。

　　③连通性和交互性:数字技术使企业能够与客户以及供应链或商业生态系统合作伙伴的信息系统建立密切联系。其优势包括实时定价、灵活的产品和服务内容控制、收集客户信息以及极低的信息商品分发成本。"联合"是互联网时代新兴的商业模式,它利用新的信息经济学来创造新的收入来源。这种联合涉及将同一产品销售给许多客户,然后将其与其他产品集成并重新分配。在电子商务中,信息可以无限次复制,并可以无限地组

---

① Kling R, Lamb R. IT and Organizational Change in Digital Economies: a Sociotechnical Approach. In E Brynjolfsson, B Kahin (eds.). Understanding the Digital Economy: Data, Tools and Research[M]. Cambridge, MA: MIT Press, 2000: 296-324.

合或重新组合，信息也可以一直分布在任何地方。Werbach(2000)认为，这种联合并不限于内容的分发，商业也可以联合起来，例如，亚马逊作为电子商务的联合体(例如在线附属程序)和分销商(例如 zShop)，正在人为地创造稀缺性，将网络上提供商品和服务的大量网站的联合变成一种优势。

④信息交流与共享：在数字经济中，信息交换中的丰富性和可达性之间的传统权衡已不复存在。在电子商务中，信息可以通过互联网到达许多客户或商业生态系统合作伙伴，而不会牺牲内容的丰富性。在价值创造过程的物理部分，信息是将企业内部单位和整个供应链连接在一起并使其发挥作用的黏合剂(Chopra，2013)。随着电子商务和虚拟价值链的引入，信息本身已经成为价值的源泉。由于信息(作为一种输入)在业务转型过程中不会被消耗或耗尽，企业或供应链可以通过利用一组"数字资产"重新定义范围经济，从而在许多不同的市场上提供价值。消费者能够得到一个由单一的"信任"供应商提供的"一揽子解决方案"，并得到合作伙伴的商业生态系统的支持，以满足他们的需求。

⑤生产与消费的趋同：数字环境下还存在产品设计与开发过程的融合，以及客户参与商品和服务生产的特征。互联网的协作可以减少从概念到设计，以及从设计到生产的周期。在数字经济中，企业在市场中创造价值，可以用一个"输入—转换—输出"模型来表示。在工业经济中，投入是生产成品或服务所需的原材料或所有必要的投入，输出是成品或中间产品，用作另一个转换或价值创造过程的输入。在工业经济中，管理的重点是通过实施全面质量管理、精益制造和准时生产等管理技术来改进物理转换过程。在数字经济中，数据或信息(以数字形式)已经成为企业转型过程的输入。信息可以直接用于为单个客户创造价值，方法是根据他们以前的购买模式和配置文件确定他们的需求或偏好。在数字经济中，创造顾客价值需经过 5 个步骤：收集、组织、选择、综合和分配。由于实体经济和数字经济在企业或商业生态系统中共存，企业将超越专注于改进过程本身，而专注于利用信息资产和利用电子商务的破坏性特性为客户创造更多价值，即"一揽子解决方案"(Gault，2018)。

⑥数字资产作为业务转型过程输入：企业需要建立并利用其数字资产，以便在许多不同的市场上提供价值。在数字经济中，信息是收入的来源，每一项业务都是一项信息业务。因此，企业会通过实施虚拟价值链来利用信息，以创建新的业务或重塑客户关系。在数字经济中，信息本身起着战略作用。越来越多的创造价值的活动是以电子方式进行的。Evans & Wurster(1997)认为，由于信息技术的新特点，传统实体企业发生物理价

值链的碎片化和重构，这将为其带来新的商机。因此，企业必须将虚拟价值链活动与物理价值链活动相结合。数字经济虽然仍保有传统产品或服务销售，但却也不完全依赖传统产品或服务的销售，它还通过提供新的"定制"信息服务的机会，为公司提供新的收入来源，因此企业必须做的不仅仅是创造电子商务的价值，为了保持竞争优势，还必须通过以较低的成本确定和满足客户的需求，并通过各种数字渠道提供额外的信息服务，重塑与客户的关系。

⑦成本透明度与商品虚拟展示：互联网上提供的关于价格、竞争对手和特性的大量信息有助于购买者"看穿"产品和服务的成本（Sinha，2000）。一般在线商品商店对企业的大型交易可以提供巨大的多样性，而不必建造庞大的实体展示区，从而增加成本，疏远许多购物者。因此，数字经济可以提升供应链的物理方面，使之与电子商务环境的速度和复杂性相匹配，以缩短订单到客户的交货时间，这至关重要。

⑧变化的速度频率和产业边界：在数字经济中，各种变化都是快速而频繁的，市场主体必须迅速适应每一个行业和经济环境的变化。在动荡的环境中适应环境意味着观察下一波浪潮的到来，弄清楚它将采取什么样的形式，并定位以利用它。互联网业务产生的价值超越了传统工业部门，企业或商业生态系统或商业网站必须为个人客户提供独特的和定制的"解决方案"，而不是单一产品或服务（Lee & Vonortas，2004）。

传统组织在数字经济中面临着业务转型的挑战，必须理解并能够利用数字经济的颠覆性特征。如果一个市场主体或国家不能从数字经济的破坏性中获益，那么其在未来的竞争能力甚至其存在都将受到质疑。

数字经济带来的变化具有战略性和根本性，这些变化超出了组织的传统边界，也改变了供应链的管理、计划和控制方式。数字经济下的创新形态有两个重要属性。首先，其创新形态通常呈现较之传统工业经济不同的性能；其次，其创新形态颠覆了传统的经营方式，并改变竞争规则，创造新的价值主张和商业模式（Lee & Vonortas，2004）。根据表2-3和表2-4可以看出，数字经济下的创新是一种颠覆性的创新形态，是一种革新和改造传统商业的创新。为了充分发挥其优势，必须在可行的商业模式中识别和实施创新的破坏性属性或特征：设计利用互联网网络效应和其他破坏性属性；利用数字资产，在不同的市场上提供价值；与客户建立信任关系；转变价值主张和组织结构，以增强价值创造；使数字产品和服务产生协同效应。总之，必须遵循数字经济基本经济原则，最重要的是，能够很好地认识和利用数字经济的颠覆性创新形态。

表 2-3 实体经济与数字经济的创新形态特征

创新形态 ＼ 经济形态	实体经济	数字经济
输入	原材料或中间产品（例如零部件）	数字形式的数据或信息
业务转型或价值创造活动	更改、运输、检查和储存	收集、组织、选择、综合和分发
输出	中间产品或成品或服务	信息/知识产品或服务；新的信息服务与实体产品捆绑在一起，为客户提供"一揽子解决方案"
信息在企业转型过程中的战略作用	信息是促进物理转换的支持元素；信息是供应链中不同增值阶段之间的联系	信息是一种价值来源，使企业能够提供新的价值主张；实时信息支持供应链或虚拟组织内的集成、协作和同步；信息（作为转换过程的输入）不会在转换（生产）过程之后耗尽，因此，在数字经济中运营的公司应该利用富足的经济原则

资料来源：根据 Lee & Vonortas(2004)整理。

表 2-4 数字经济中的价值创造策略

业务转化过程	输入	转化	输出
战略目标	设计创新产品和服务；通过建立客户群达到临界质量；利用网络效应打造成功的电子商务	提高业务或供应链转型过程的效率和有效性；将活动的表现与数字匹配	创造众多创新产品和服务；提供一套解决方案来满足或超过客户的期望
战略与管理	在整个产品设计过程中增加协作；在开发过程的早期阶段同步供应链或业务生态系统中的产品设计需求；通过外部联系（如联盟伙伴、研究实验室和大学）利用对设计过程至关重要的知识资本；通过增加已安装客户群的总转换成本实现需求侧规模经济；减少客户的交易成本（即方便客户）	持续创新方法，应用传统方法管理；提高工艺效率的技术（如精益制造和全面质量管理）；实现规模经济；颠覆性创新方法：利用数字经济中较低的交易成本，重新设计组织结构，重新配置价值创造系统	通过利用网络效应和需求侧范围经济来转变价值主张，即利用单一的"数字资产"为单个客户提供多种解决方案；通过在许多不同的市场提供价值，增加用户（或买方）的转换成本；通过使用 extranet 和基于 Web 的协作计划工具来影响用户的决策过程；超越成本作为价值的唯一仲裁者

资料来源：根据 Lee & Vonortas(2004)整理。

2.3.3　数字经济的创新范式转型

(1)依赖知识的更新和创新的速度

传统工业经济模式下，创新就是创造和使用新的知识以及提供新的服务与新的产品(Afuah,1998)。其实，即使在工业经济模式下，人们也认识到，知识是企业依赖的主要成功因素，代表着能够满足市场需求的"特色能力"，可以将企业与竞争对手区分开来。① 数字经济背景下，"无形资本的重要性日益增长，在国内生产总值的相对份额上升，产业的利润主要来自无形资本"②，与工业经济中市场定价的商品不同，由于知识、创意、思想的价值是主观的，其生产导向策略与传统经济模式有很大的区别。因此，提供更多样化创新产品、服务才有可能获得更高的利润。工业经济模式下，关键生产要素主要面临着稀缺性的制约，而数字经济下数据和信息成为一种关键的生产要素，由于数字化技术的可复制性和共享性，从根本上打破了稀缺性生产要素的制约，成为推动经济持续发展的根本保障，因而其创新的关键在于知识创造与积累的速度。

数字经济时代产业与工业经济模式下的信息通信技术(ICT)产业或服务业也有所不同，它强调创新依靠不同的生产方式、技术、知识、创新能力和持续创造力。由于在数字经济中知识和技术的过时风险很高，因此，产业创新和知识更新的速度是关键的成功因素：新知识和创新的快速发展可以加速现有产品的更新，此外，新知识导致新技术的形成，也加快了产品的生产速度。因此，快速变化的技术和产品进一步强化产业主体之间的竞争，并进而再次加速现有知识的更新和创新的速度。

(2)创新的生态环境是开放式的网络结构

从传统的工业经济模式下的创新形态看，即使消费者的需求已经成为产品供给中的重要因素，供给侧和需求侧的关系也仍然呈现出一种分离的状态。然而，在数字经济时代，由于数字化技术推动供给侧和需求侧的融

① Utterback J M, Afuah A N. The Dynamic 'Diamond': a Technological Innovation Perspective [J]. Economics of Innovation and New Technology, 1998, 6(2-3): 183-200.

② Abramovitz M, David P A. American Macroeconomic Growth in the Era of Knowledge-Based Progress: The Long-Run Perspective. In S L Engerman, R E Gallman (eds.). The Cambridge Economic History of the United States[M]. New York: Cambridge University Press, 2000: 1-92.

合，使得数字经济下创新不再是以一个人或一个集团为核心来完成全部的工作，而是互相配合、相互加速。创新的生态环境是开放式的网络结构，通过产业链协调来实现，其中的规律是：很多组织（或个人）之间呈松耦合的关系，但他们之间的合作是紧耦合的状态，可以利用基于技术和网络的合作平台实现像一个大型集体的紧密合作。例如，美国一些软件公司就致力于帮助小型公司之间达成协作，使得小型公司强强联手完成复杂的创新活动。

在这种高度动态的、异构性很低的创新环境下，数字经济产业将独特创新的思想转化为开发产品的宝贵实践知识，获得更高的利润和市场份额是共同的行业目标，其关键是从工业经济模式下对产业链的核心环节的控制，转变为对开放性网络结构的创新核心节点进行控制。由于数字环境打破了物理距离的阻隔，创新的开放式网络结构决定了"处于创新网络的核心节点的企业或其他市场主体，可以掌握和控制更多的创新资源，并在创新中取得更多优势"①。

（3）强调价值创造和市场接受程度

数字经济下的产业依赖丰富的创意和创新，包括内容和技术，但其利润主要是通过持续地提供新的内容而创造的，即以创意激发创新来吸引市场的兴趣。

以数字文化产业为例，首先，文化产业需要将企业与客户需求联系起来，使其对市场更加敏感并产生更大的有效性和盈利能力。而数字文化产业的创新特性显示，产业具有高度的风险性和市场的难以预测性。为了提供可预测的服务或产品，产业需要不断创新，以提高产品或服务的质量，以更大的客户信任和忠诚度来创造更多的利润，从而吸引新兴投资者，并进一步扩大市场份额。因此，该行业的成功取决于产品在市场上的接受程度。其次，内在的价值创造会影响与客户忠诚度密切相关的服务和产品的运营绩效。传统经济模式下的文化产业强调内在价值，而数字文化产业则更强调独特的能力和技术，以此产生高质量的服务，满足客户的需求。因此增加服务或产品附加值可以进一步提高产品或服务的价值，保持客户满意度和忠诚度。再次，独特、多样、高附加值的行业特性决定了数字经济下的产业必须强调质量和关注市场接受程度。数字文化产业与工业经济模

---

① [美]拉里·唐斯，保罗·纽恩斯. 大爆炸式创新[M]. 杭州：浙江人民出版社，2014：64.

式下的 ICT 行业不同，产业的投资主要是无形或智力资本，因为其产品是独特的、多样的、高附加值的，而不是批量生产的。因此，在数字经济的创新范式中，消费者意见往往对生产与产品有很大的改进，消费者与生产者不再是对立的，而是相互协调的。

(4)注重合作但不受限于生产规模

工业经济模式下的产业发展主要取决于自然资源的占有和配置，需要随着企业规模的不断扩张来降低单位成本，提高经济效益，进而增强其市场竞争力。而数字经济下产业的生产制作过程必须面对复杂的组织合作关系，其核心是以融合为特征的中介组织。例如数字文化产业将图片、文本、视频、音频和数据数字化，并通过媒体中介集成新的产品或服务。由于许多创意公司和组织从事数字内容的制作和分发，并越来越多地融入传统行业。因此无论是创意形成、生产制作还是传播分发，都体现着融合的特征，并显示着合作关系的重要性。

但强调合作关系并不等同于扩大生产规模。首先，数字经济的特点是科技发展、知识资本投入密集和创新加速。因此，数字经济下的产业发展的重点不是降低成本或扩大规模，内容与创意才是影响和引发创新加速的关键因素。其次，产业更注重独特性，而生产规模并不是关键因素。因此，像新加坡、新西兰、韩国、中国台湾和香港等中小型国家和地区也可以在这一领域建立竞争优势。正如 Scott & Storper(2003)观察发现：有越来越多的证据表明，数字环境下，创造力和学习以及独特的地理位置可以发挥积极作用。

(5)依赖技术但又受技术反制

数字经济下的产业拥有许多传统工业经济模式下高科技产业的特点，要求与信息技术发展进行互动，以创建、定位、分发其产品。首先，产业中的大部分活动都或多或少依赖数字技术发展的程度，如软件和视频游戏的活动现在几乎是普遍数字化，而音乐的部分活动正在高度数字化。其次，合作伙伴关系日益深化，也需要利用和依靠技术发展建立生产性组合，由此利用不同集群的具体竞争优势(Scott & Storper, 2003)。

数字经济下的产业与工业经济模式下的高科技产业不同的是，经济对技术的依赖越来越大，也会给自身安全造成极大的风险。例如，很多学者曾提醒，在数字经济下需加强对经济安全的重视。数字革命在改变产业创新发展的基础条件的同时，也意味着与商业运作相关的大量信息在商业过

程中被购买和许可交易等，但基于传统工业经济模式发展的产业并不一定
完全适应和接受由新兴的数字技术带来的巨大变化。例如，20 世纪 90 年
代中期数字技术兴起以来，文化产业经历了一场技术革命，同时也破坏了
从文学、新闻、电影、音乐到科学出版物和计算机软件的创作、分发和利
用的传统模式。有人认为，数字革命正在逐渐破坏知识产权保护，造成创
作者和使用者之间的矛盾和分裂；而也有人认为知识产权的过度保护可能
会抑制创造力、技术创新和自由表达。与互联网和数字化相关的技术进步
对作品的市场化成本产生了深远的影响，技术创新带来的作品近用性通常
会削弱传统意义上的销售量。因此，数字经济创新范式下，技术不仅是产
业发展的基础和动力，也同样会形成反制。

3. 理论分析：促进创新系统转型的政策组合

本部分内容研究的目的是通过明确创新体系中的重要活动，探讨促进创新的政策支持框架，拟定创新政策设计和工具选择的理论标准，提出创新政策组合的性质和关键要素以及促进创新系统转型的政策组合原则，并以此作为研究的理论基础。本章研究内容的基本观点是：创新体系中的重要活动需要选择适当的政策工具进行规范、控制或激励，而创新政策工具必须进行设计并组合在一起，有针对性地解决创新体系中的突出问题。政策工具的组合应以创新政策的"协同性"为基本导向。

3.1 创新体系中的重要活动

设计创新政策时，需首先确定创新体系中的实际问题，而选择政策工具需根据要解决问题的性质及其原因进行定制。为了能够选择适当的政策手段，有必要了解创新体系中的活动及其存在的主要问题。因此，创新政策工具选择和设计与创新体系的各种重要活动密切相关。

3.1.1 重要活动的基础清单

Malerba & Mani(2009)认为，当区域与各部门的创新系统被视为一个广泛、开放、极有弹性的架构，区域或部门的关键特性，包括知识、能力、各种角色与其彼此间的互动和特定机能等基本要素，可以帮助从国家与全球的角度来了解创新活动。他们认为创新系统应包含下列各构面。

①教育与训练：教育与训练是经济发展的重要构成要素。尽管国际间教育普及，学生至国外大学就读的数量增加，但教育的范围仍以本国为主。各国间教育体系所存在的实质差异，可由相近年龄族群实际就学比率比较分析得出。

②科学与技术能力：各国投入正式研究及其他创新相关活动（如设

计、工程等)的资源，代表国家创新系统的基本特性。世界上大多数研发
活动是在工业先进国家完成，而发展中国家只在全球研发活动中扮演少部
分的角色。另一项差异则是关于研发费用如何在公共部门及事业部门做划
分。例如太空、国防及核子技术的大型国家计划，常可使国家科学与技术
系统的完整结构具体化。

③产业结构：厂商是技术创新动力的来源，国家的产业结构能决定其
创新活动的本质。大型厂商较适合负责基础的研究计划，也较有能力做回
收期限长且极度不确定的创新活动投资。公司在国内市场所面临的竞争程
度，也在公司研发投资决策中扮演重要的角色。

④科学与技术的长处与弱点：每个国家在不同的科学与技术领域有自
己的长处与弱点。有些国家长于尖端技术的研究，有些国家则长于衰退产
业的经营。此外，有些国家倾向于高度专精在少数利基市场上，另外一些
国家则使其资源平均投入各领域中的科学与技术活动。国家的科学与技术
专门化有几个决定因素，包括国家的大小、市场结构以及劳工部门等。科
学与技术专门化的结果可能影响一国未来的经济绩效，由于技术强大的国
家较可能获利，因此也较有能力扩展它们技术发展及产品能力。

⑤创新系统间的互动：各国在协调不同特性机构间活动及其参与者互
动关系普遍存在差异。这些协调及互动常常能让国家所从事的创新效果倍
增，并可增加技术普及率。反之，若国内各机构间缺乏互动，会阻碍科学
与技术资源在经济上的效力。

⑥海外技术能力的吸收及合作：国际环境应纳入国家创新系统不同层
面的运作，作为一个考虑面。通过跨国间知识扩散及合作，国家可以获取
不同创新技术，甚至从中获利。

除上述构面之外，后续许多学者研究国家创新系统并针对其构面、要
素做延伸探讨。Castellacci & Natera(2013)以动态系统观点探讨国家创新
系统，认为两个主要的构面包含创新产能与接收产能。创新产能包含创新
投入、科学产出、技术产出；接收产能包含基础建设、国际贸易、人力资
源。Lyasnikov 等(2014)探讨了国家创新系统发展要素，也认为除上述构
面之外，经济财政资源、创新的法规与法令规范等是影响国家创新系统中
发展结果的要素。Gokhberg & Roud(2016)认为，国家创新系统在结构改
变下的企业层级创新，包含内部资源、供应者、知识提供者、市场端的角
色改变，而国家创新系统是产业创新的关键要素，并常作为官产学研互动
的研究，通过探讨产业创新过程中业者与环境因素的关系网络，他们强调
部门功能与资源投入的重要性，提出资源投入并不必然能够促成创新。因

此我们有必要通过更深一层子系统、创新系统中的技术系统、环境系统等构面的重要活动，来研究创新机制、产出、运用以及互动。

整合 Edquist 等(2010，2012)关于创新体系的相关研究文献，发现创新体系的重要活动可以分为以下四类九种，但需要强调的是，这份创新体系重要活动的简易列表是基于理论的临时性清单，随着后续研究对新的创新范式下的创新过程决定因素的总结和补充，我们将对这份理论性的简单列表进行修订，见表 3-1。

表 3-1   创新体系的重要活动

活动类型	具体划分
第一类活动： 知识投入活动	①提供研发成果，创造科学领域的新知识 ②能力建设，包括个人学习和组织学习，正式学习和非正式学习
第二类活动： 需求侧活动	③新产品市场的形成 ④需求方提出新的产品质量要求
第三类活动： 供应侧活动	⑤创设和改进新领域创新所需的组织。包括加强或培育企业家精神；创造新型公司和拓展新的创业领域，使现有企业多元化；创设新的研究机构、组织等 ⑥通过市场和其他机制进行创新网络化。包括参与创新过程的不同组织之间的互动学习，整合不同领域开发的新知识元素等 ⑦提供激励机制和消除创新障碍。包括构建和完善制度，如知识产权法、税法、环境和安全法、研发投资制度、文化规范等，以此影响创新组织和创新过程
第四类活动： 提供支持活动	⑧创新培育活动。包括提供基础设施和对创新的行政支持 ⑨促进创新商业化。包括提供创新过程和其他活动的财政支持和融资等；提供与创新过程相关的咨询服务，例如技术转让，商业信息服务和法律咨询等

虽然活动清单是初步的和假设性的，但这里要强调的是，除了文献中通常提到的因素外，还包括许多其他决定因素(如知识创造和创新活动融资等)。强调这一点的原因是，这些额外的活动也会影响创新过程。只专注于研发和融资可能导致对创新过程和创新的线性供应推动。如果要实现着眼于整个创新系统的创新政策，即整体政策，必须关注这样一些情况。

第一，创新也包括来自需求方面的影响。在政策创新上，创新可能是政府政策设计的另一个相关层面。各级政府之间的纵向权力划分影响到中央、地区或地方/市政部门负责设计具体政策工具的程度。有时，权力的划分是明确的，即这些级别的政府拥有排他性权力，而在其他时候，这些权力是共享的（例如，对孵化器的支持通常是在不同级别的政府之间共享的，但其他的像对公共研究组织的支持和监管集中在一个级别的政府）。因此，在研究政策工具的设计和发展方式时，了解国家结构和多级权力划分的特点是非常重要的。

第二，影响创新系统中重要活动的一个主要的问题（但尚未引起足够重视）是保持需求侧创新政策工具和供给侧创新政策工具之间的适当平衡。迄今为止推行的"科学和技术"政策过于强调供应方的手段。我们认为，需要更多关注新一代的创新政策工具，特别是需求方面的工具，例如创新的公共采购，即公共机构通过政策工具订购那些影响需求和未来趋势的、尚不存在的产品或系统，在此时，创新就成为实现交付的必要手段。非常强大的需求侧创新政策工具，可以用来触发创新，在欧洲国家有很多成功的例子，而且在缓解当前重大社会挑战方面也有非常重要的作用，例如全球变暖、能源、水和食品供应的紧缩、老龄化社会、公共卫生、流行病或安全。值得注意的是，我国也已经开始让公众需求在经济发展和促进创新方面发挥重要作用（常静，2012）。需求侧创新政策工具和供给侧创新政策工具之间的平衡是一种政策创新，因为政府在传统上基本依赖供给侧政策来促进创新。因此，这也提示我们，设计合适的工具并分析它们在创新系统中的作用，其中一个有效的方法是将它们联系起来。

第三，创新政策工具很少单独使用。通常，为实施上述创新重要活动中的每一项，创新政策工具会以特定的组合方式组合在一起，以互补的方式使用不同的工具组。工具组合的产生是因为特定问题的解决需要对创新相关问题的多维方面采取互补的方法。因此，上文提到的重要活动可能与不同创新政策工具相关，并需要通过设计这些重要活动与各种政策工具之间的关系矩阵来实现。但必须强调的是，政策工具关系矩阵只是用来举例说明活动和工具之间的关系，当然不能提供一个完整的画面。

此外，需要明确的是，创新政策的制定并不是上述创新体系中的重要活动之一，由于每项创新体系中的重要活动的一部分需要由公共组织执行，政策制定关注的重点是私营和公共组织在每项创新体系中重要活动的执行方面的分工。当我们对政策问题的原因有了大致的了解之后，就可以在此基础上制定政策工具来缓解问题。例如，如果问题的主要原因是缺乏研究，那么研发应该是重点；如果对某些产品创新缺乏需求，那么可以使用需求方工具来刺激需求，例如前述谈到的公共创新采购。因此，在选择

创新政策工具以实现直接政策目标，从而达成最终政策目标时，使用创新
体系中重要活动清单作为一种检查表会对在政策制定中确定政策问题及其
原因具有重要的意义。

3.1.2　政策设计和工具选择的要点

Smits & Kuhlmann(2010)认为，创新政策的制定已进入政策工具变得
系统化的阶段。在他们看来，这主要体现在"集群方法"政策工具领域，
因为这些工具可以管理接口、解构和组织系统、提供学习平台、提供战略
情报和刺激需求。他们的观点是，"系统工具"可能与传统线性模式的政
策工具共存。政策工具本身并不是系统性的，使其系统化的是政策工具组
合和制定的方式，其目的在于解决创新系统中确定的具体问题。换言之，
使创新政策系统化就是基于系统思维对政策工具进行组合，使它们的设计
和实现方式能够解决创新过程中的复杂和多重性问题。因此，"政策组
合"(或工具组合)得到决策者和研究者相当大的关注。Flanagan 等(2011)
在回顾这一概念的使用方式时，强调了政策工具的复杂性，并认为政策工
具运作的制度环境对决定其效果至关重要。以往决策者在处理工具组合方
面的大多数努力都是为了提高公共和/或私人研发支出水平，这自然是非
常相关的，但它只反映了创新体系中的一项具体活动，而缺乏针对创新体
系的系统性的作用。

创新政策工具组合是与创新相关的政策工具的具体组合，这些工具在
影响创新强度方面有明确或隐含的相互作用。这里值得指出的是，没有完
美的理想模式或"最佳"的政策工具，适合所有目的。恰恰相反，每个政
策工具会因其据以设计的背景而有所不同。一方面，每个创新体系都有各
自的优势和劣势，以及具体的问题和瓶颈；另一方面，每个国家(地区)
又有关于国家(地区)—市场—社会关系的非常具体的传统，这意味着任
何"一刀切"的尝试都是不适当的。这就是说，政策组合是针对具体制度
中的具体问题和原因而专门设计和实施的，并倾向于遵循不同的国家或者
地区甚至不同部门的政策风格模式。创新政策组合的不同是因为不同国家
或地区的创新体系不同，所面临的问题不同，决策的社会政治和历史背景
也不同。不过，尽管如此，这些工具组合的设计、经验和结果的多样性可
能会为相互的政策学习提供来源。在承认各国之间的差异和特质的同时，
我们仍有可能剖析和分析为什么某些工具组合比其他工具更能解决创新体
系中的复杂问题。最后一个值得强调的问题是，工具组合结果的差异可能
不一定与那些以解决问题为导向的政策设计有关，还可能与通过政策工

组合中不同政策工具的选择而体现出来的组合的性质有关。也就是说，政策工具的组合方式与政策工具自身的设计一样重要。

前述创新体系中的重要活动的简单列表是初步的和理论性的，从创新体系的系统性来看，根据与创新政策设计相关的创新体系的九种不同的活动，在进行政策工具选择和政策组合设计时，需要关注以下几个问题。

①了解创新政策体系的结构特征。创新政策工具可能存在于不同的政府层面，由于各级政府的纵向分权可能会影响具体政策手段的实施程度，因此，在进行政策工具的选择和讨论政策组合设计的具体方式时，需首先了解多层次的权力分配下的创新政策体系结构的特点。

②需求侧与供应侧的创新政策工具之间平衡。近年来，许多学者指出，以往的政策过分强调供应侧的工具，而数字经济下的新一代创新政策工具，则更需关注需求方面的政策工具，"尤其是在缓解当前全球变暖、能源供应紧张、供水和食物，以及老龄化社会、公共卫生、流行病或安全等严重的社会挑战方面，需求侧的创新政策工具可用于触发创新"①，更重要的是，两类政策的平衡才能真正促进创新政策的系统性发展。

③分析创新活动在创新体系中的作用和相互联系。"创新政策手段很少被独立运用"②，通常，创新政策组合的设计是基于具体问题的解决，且涉及对创新相关问题的多维协调或补充，并针对问题将具体的创新政策手段以互补的方式结合起来，形成特定的政策工具组合。

④设计基于具体问题的系统性政策工具组合。Smits & Kuhlmann（2004）认为，制定创新政策已经进入一个政策工具系统化的阶段。这种"系统性的集群方法"的政策手段不仅可以构建和组织创新系统，而且还可以提供相互学习的平台，并更好地刺激创新需求。系统化就是根据创新体系中确定的具体问题，将各种政策工具组合在一起，并形成一整套系统的政策方案，换句话说，制定创新政策是基于创新活动中需要解决的问题具有复杂性和多重性质而进行设计和实施的，那么它必然也应当是一种系统的组合。

① Edquist C, Zabala-Iturriagagoitia J M. Public Procurement for Innovation as Mission-Oriented Innovation Policy[J]. Research policy, 2012, 41(10): 1757-1769.
② Mohnen P, Röller L H. Complementarities in Innovation Policy[J]. European Economic Review, 2005, 49(6): 1431-1450.

3.2　促进创新的政策支持框架

创新不仅包括技术与产品的改善,更包括新的产业环节出现或生产因素的改变,因此影响产业的创新因素便日益复杂。由于技术不断改变,使得产业创新可导引至国家各经济层面的成长。从产业的观点来看,政策是政府介入科技发展的具体手段。从资源投入、研究发展,到市场规范,政策都会对企业与产业产生影响。国家在政策制定后,通过制度建立、法规调节、计划执行与预算编列来执行,以达成政策目标以及产生政策效果,具体做法包含经济诱因如奖励政策,以及必要的限制措施如管制进口等。而针对创新政策的目标,通常可以分为"经济发展""科技发展""政治发展"及"社会发展"四大面向(Rothwell & Zegveld,1981)。创新政策到目前为止仍然是一个相当多元泛用的表述,有时是指针对特定产业的政策而言,也有人以为这是指有关全国性整体经济活动配置的通盘性措施(Dodgson et al.,2011)。大体上而言,创新政策可视为提升一个国家创新发展的驱动力,并通过结构机制与支持系统来对创新活动进行持续支持,并着重技术发展之后的商品化、市场化、产业化,以及后续发展所需要的产业创新活动。

在国家创新系统发展下,创新政策更加受到重视,国家的差异会影响创新的形态,然而政策执行实施却有其一致性(Dodgson et al.,2011)。根据经济自由主义的理论基础,认为政府应降低对产业的干预,由市场机制自动调节。新自由主义(Neoliberalism)延续此观点,强调利伯维尔场机制,反对国家干预,放宽商业管制,但在自由贸易与国际化分工下,也有学者反思,对发展中国家而言,一味地自由开放以及海外资金热钱的影响等,对新兴市场不见得是一个健康的发展方式(Stiglitz,2002)。因此,政府协助与介入产业发展并制定政策支持的必要性在于:

①科学与技术的经济外部效益。基础科学、技术研发,不论产出或者研发的知识、信息,都具有公共财产的特性,研发的不确定性、不可分割特性会使一般企业对此的资源投入低于最适需求,因此有政府介入支持的必要性。

②国家投入获取比较利益法则下的竞争优势。根据动态比较利益理论,他国投入资源针对新兴产业的技术研发,本国若未采用相对应的产业政策,以诱导企业从事必要的研发,竞争优势将会处于劣势,本国企业在

学习曲线中会居落后的地位。

③产业组织理论中企业资源差异。规模大的企业可投入资源从事必要的基础研究、技术发展，但对企业规模小、资金不足的中小型企业体，则需借助政府的支持，来获得必要的研发成果，以快速应变市场，降低研发风险。

④不同经济理论支持政府介入产业发展。经济保护主义、产业经济理论、不平衡成长理论等，都主张政府应介入经济活动，引导相关产业发展方向。

因此，不论从新自由主义、动态竞争、保护主义，还是从产业经济、外部效益等的观点出发，政府都有必要针对产业发展，制定相关政策，以协助扶植产业顺利发展(Edquist，2011)。

创新意味着打破或改变惯例和行为，即改变制度。在任何时候，制度结构都会对正在使用和正在开发的技术产生深远的影响。前述文献综述中，我们提到研究表明政府政策可以促进或阻碍创新。严格或重点的政策可能会刺激产品和技术的显著变化，甚至根本性的变化，这在我国政策中体现得尤为明显。但是同样在我国，政策也可能会阻碍创新，成为创新的障碍或限制。

Link & Scott(2010)指出，政府被称为公共部门代理人的集合，继续在促进和维持创新方面发挥重要且深远的作用。第一，从政策目标来看，创新作为经济健康的根本驱动力，是在政府机构的积极和有力支持下，通过制定明确的标准和政策目标来实现技术转型和可持续发展的。第二，从政策手段来看，直接支持研发、税收优惠以及技术援助措施等政策手段，可以营造良好的创新环境，有助于促进和维持创新和产业发展。例如，1980 年美国的《专利与商标法修正案》，即著名的《拜杜法案》①使大学专利许可和技术转让取得了显著的增长；1984 年"国家合作研究法"(NCRA)推动了美国计算机和电子公司的研究联盟，促成了微电子和计算机技术行业的早期成长和运作(Mowery，1998)。第三，政府政策也可能对创新产生重大的有害影响，例如不公平竞争(Grossman & Helpman，1993)；国家控制力过大和官僚主义(Goh，2005)，从而增加运营成本负担，对企业的生产力和竞争力产生负面影响；限制创新或创新扩散

---

① 《拜杜法案》(Bayh-Dole Act)是美国法典第 35 编《专利法》中第 18 章标题为"联邦资助所完成发明的专利权"的《专利与商标法修正案》，是为解决和促进科研成果商业化而设立。由美国当年的国会参议员 Birch Bayh 和 Robert Dole 提出，1980 年由美国国会通过。

（Hartmann，2006）等。

本书目的是研究政府政策在促进和维持创新方面的有效的政策组合。因此，我们基于 Patanakul & Pinto（2014）提出的创新的三个贡献者，即变革的意愿、变革的能力和改变的机会，作为分析政策影响的基本框架。

创新如何发生，什么有助于创新？在组织层面上的研究认为，创新受到内部和外部因素的驱动，这两个创新驱动因素的代表性观点分别是基于市场的观点和基于资源的观点。从基于市场的观点来看（Porter，1985），市场条件提供了实现或阻碍企业创新活动方向和数量的基础环境和初始条件，当企业成功地适应环境，发现自身定位并能够很好地利用不断变化的市场条件时，创新就会发生。基于资源的观点（Prahalad & Hamel，1993）认为，潜在的市场机会本身不足以促进创新，为了适应市场条件，企业需要足够的资源来实施适当的策略，重点是将企业资源作为制定创新战略和促进创新活动的基础。

Ashford（2002）认为，意愿、能力和改变的机会是企业技术变革的重要因素：改变的"愿意"是由企业对变革的态度以及对其可能发生变化的认识决定的；改变的"能力"是指企业进行变革的能力，这种能力很大程度上取决于企业内部的知识和技能；"改变的机会"可以采用创新扩散、增量创新或激进创新等方式。他同时指出，这三个重要因素是相互影响的，但每个因素又有着各自不同的自身的影响因素，因此创新政策的设计和选择在于如何去影响这三个重要因素。Patanakul & Pinto（2014）在研究政府政策促进和维持创新方面的作用时发现，改变意愿、变革能力和改变机会的框架代表了基于市场的观点和基于资源的观点中的内部和外部因素，并进一步提出，"创新政策的影响是复杂的，取决于创新的类型。变革的意愿、变革的能力和改变的机会是推动创新所必需的重要因素，因此，政府政策应为这些创新产生的支持要素提供条件"①。

基于这个框架，即变革的意愿、变革的能力和改变的机会，及政府政策和创新产生的条件之间的关系，我们认为，创新产生的基本条件，或者说影响创新的基本政策因素是创新环境、创新基础和具体目标，而促进创新的政策支持框架需要作用于改善创新环境、构建创新基础、明确创新的具体目标。

---

① Patanakul P，Pinto J K. Examining the Roles of Government Policy on Innovation［J］. The Journal of High Technology Management Research，2014，25（2）：97-107.

3.2.1　改善创新环境

创新政策目标的实现可以通过两种路径：一是减少和最小化企业遇到的潜在障碍（Porter，1998）；二是构建促进和支持创新的能力建设。这两种路径所对应的政策，可以称为"解构型政策"和"建构型政策"。解构型政策旨在使原有政策所造成的企业潜在障碍系统性崩解，为形成新的政策秩序清除屏障；建构型政策旨在建立一套新的系统化促进企业能力建设的政策措施，从而对企业变革的意愿产生积极的影响，从而促进创新①。如Ashford（2002）提出的，企业改变意愿是进行技术变革的先决条件。这种意愿取决于企业对变革的态度以及知识的变化。涉及创新政策的作用，就意味着政府政策可以创造条件，通过促使企业改变意愿来促进创新。作为创新推动者，政府应该认识到市场主体是创新的引擎，因此创造有利的创新环境是创新政策框架中的基本要素之一。

环境解构政策。这种类型的政策主要致力于消除由原有政策所造成的或所忽视的企业创新障碍，例如，公私伙伴关系模式（PPPs）采用政府机构和私营组织之间的合同关系，以控制企业运营风险。这种模式的作用是在事先商定的基础上适当地分配风险，以及管理或限制这种组织模式中每个成员的风险（Leiringer，2006）。通过这种障碍清除的政策手段影响企业意愿的变化，创造有利的运营环境，从而促进创新。

环境建构政策。这种类型的政策主要致力于创设一个具有支持性的外界环境。这种支持性外界环境一般包括物理环境和心理环境。最常见的建构型政策是政府通过税收抵免和其他财政激励来鼓励创新；通过开放国内或国际市场准入促进创新；通过开放出口市场使企业能够在全球扩张；通过倡导创新精神，培育创新文化在价值观念和文化塑造方面形成鼓励创新的氛围。政府政策通过这些手段为企业提供创新财政支持、市场准入支持和市场开拓支持，以及观念支持等，从而提高企业变革的意愿。

3.2.2　构建创新基础

政府政策可以为刺激和支持创新提供基础，包括提供互动协作、人力资源、知识及其共享和转移等的基础设施和互动平台。研究表明，创新不

---

①　需要说明的是，这两种类型的政策可能会产生重合，因为某项政策的作用可能既涉及破除现有风险或障碍，又涉及建构或创设新的秩序，我们这里仅从政策的主旨或主要作用进行分类，目的在于为后续研究提出"破坏性创新"的政策组合提供一个理论框架。

仅取决于个人、企业、研究机构、大学或政府机构的工作，也取决于各个主体之间的合作(Goh，2005)。

物质或虚拟的基础设施建设。主要是为创新活动提供必不可少的而很难由市场主体自行解决的基本条件，一般涉及科学技术、人才教育、通信等物质或虚拟的形态。Berchicci(2011)提出，组织间合作可以获得创新能力，"通过创建业务平台可以连接、协作和分享技术知识，从而培养企业的能力"①。我国的协同创新中心、技术转移或技术中介平台就是通过创建这种实体的或虚拟的业务平台来加快组织之间的协作与合作，促进从大学到企业的技术转移和创新成果的商业化。建构或改善创新的基础，增加创造、产制、营销等主体之间的联系，有助于提高主体的创新能力。

知识共享和转移。教育和培训固然可以使个人或组织的知识、信息和技能增加和提高，但是由于创新需要将各种领域的人类想象力、直觉和创造力融合在一起，因此政府需要制定政策，将这些主体聚集在一起，使知识能够被共享和转移(Goh，2005)。通常，增量创新在创造和推广方面的不确定性非常低，这种创新具有高度的市场准确性，由于用户通常熟悉产品的使用，因此不需要进行客户培训(Lynn & Akgün，2001)；但激进创新涉及技术的不确定性，这是由于涉及非现有技术或未经证实的技术，因此，激进创新一般造成市场的高度不确定性，无法获得客户的特定需求。由于激进创新的范式转变，需要具有高度不确定性的技术和市场引入的新知识和信息，因此，在激进创新的范式下，促进知识和信息共享是构建创新基础的必要条件。

科学研究。除了基础设施和知识平台外，政府还可以通过推动科学研究为创新提供基础。众所周知，对经济进步有积极影响的创新往往取决于基础科学的突破。政府可以通过提供种子补助金、启动资金，甚至全面支持小型企业和大型研究型企业来鼓励创新。此类政策通过增加知识和信息来提高主体的能力，从而成为创新的基础。

人力资源培养。以资源为本的观点认为，优质人力资源是创新的重要基础。此外，创新取决于个人的认知能力、创新能力或接受创新能力，而教育和培训是可以用来提高个体能力的主要手段(Ashford，2002)。因此，政策影响可以通过提高劳动力素质来增强市场主体转型的能力，从而促进

---

① Whitehouse. A Strategy for American Innovation：Securing our Economic Growth and Prosperity [EB/OL]. (2011-2-4) [2018-12-01]. https：//obamawhitehouse. archives. gov/sites/default/files/uploads/InnovationStrategy. pdf.

创新。例如，美国就曾经系统性地改进教育体系，并促进科学、技术、工程和数学（STEM）领域学生的成长。但 Whitehouse（2011）同时指出，这些政策对增量创新的影响要大于激进创新。

3.2.3 明确创新的具体目标

以市场为基础的创新观点表明，环境信息可以刺激或阻碍创新活动（Zahra，1991）。创新型企业倾向于使组织能力适应环境的变化，并将引发创新的关键性突发事件视为追求创新活动的机会。我们认为，现行公共政策的变化和引入新政策可能是引发创新的关键性突发事件。如 Ashford（2002）所提出的，政府可以通过制定明确的标准和具体的政策目标来提供技术转型的机会，同时允许产业运用实现这些目标的灵活手段。换句话说，创新的目标需要明确而具体，但实现路径可以多方位、多领域地去开拓。变革机会越多，创新也越多，此类政策给企业带来改变的机会，从而促进创新。

严格和集中的创新政策在美国创新战略中较为明显（Whitehouse，2011）。例如，为了刺激替代能源的发展，美国政府要求开发新的和改进的能源技术。以清洁能源为标准的创新目标是加快清洁能源技术的发展，使美国到 2035 年能够以清洁能源提供 80% 的电力。同样，2012 年《美国联邦燃料效率指南》规定，2016 年汽车和轻型卡车的平均燃油效率为 54.5mpg，达到近 100% 的效率标准。有了这些明确而具体的创新目标，创新政策给私营部门创造了改变的机会。它代表着政府的需求，并将把企业推向技术变革。Bossink（2002）也在研究中发现，荷兰政府出台的环境政策计划有助于促进可持续发展的创新，其中包括《环境管理法》《排放法令》和《建筑外部标准条例》等法令和规定。这些法律、法规和规定要求公共和私营企业按照可持续发展标准进行创新和转型。Ashford（2002）认为，这种政府需求同样会推动技术扩散，促进增量创新或重大创新。虽然这些政策对不同类型创新的具体影响还需要进一步深入研究，但可以确定的是，更明确和更具体的目标可以成为推动和促进创新的主要动力之一。

综上所述，政府应当确定明确而具体的创新目标，推动企业向技术变革迈进，帮助产业发展和提高创新能力，发展和完善基础设施和业务平台，改善创新环境，以此作为框架的政策组合，可以使政府为创新提供系统性的、最基本的政策支持和基础动力。

3.3　创新政策工具及其类型与选择

3.3.1　政策工具的概念与分类

(1)政策工具的概念

与大部分理论一样,许多国内外学者对政策工具给予不同定义,且每位学者的着重面向也不相同。有部分学者强调,政策工具是一组政府可以使用的工具,用以确保、支持、造成或预防社会变革(Vedung, 1998)。但也有学者认为,政策工具是一种威权性的手段,以达到预期目标(Elmore, 1987);或者是政府为了追求特定政策目标所使用的方法(Salamon & Lund, 1989)。我们认为,政策工具是指政策执行机关赖以达成政策目标或产生政策效果的手段。政策问题或者目标一旦被确定,政策设计者应该要考虑如何运用政策手段,使产出的效益最大、成本最小,换句话说,政策工具是一个系统性的思考设计,是政策设计与政策执行之间的联接,必须通过政策工具才能执行政策,以达成目标。总而言之,政策工具就是政府为解决政策问题所采用的各种可行手段。在政策工具的论述中,Le Galès(2011)从政治社会学途径解释政策工具在公共政策转变过程中所占的重要地位,在理论上显示治理与被治理关系主要是公共政策议题间的政策工具应用,在应用上并非是一个不确定的策略,其按照自身的逻辑建构公共政策,对目标的需求产生特殊的效果。

一般来说,"公共政策""政府计划""政策工具"三者容易被误认且混淆,其实三者若从涵盖的面向来说,"公共政策"所涵盖面向较广,是所有政策目标、政策执行、政策工具的统称;"政府计划"则是介于"公共政策"与"政策工具"之间,是针对特定组织、目标、团体所拟定的特定计划;而"政策工具"是为了执行许多不同的"政府计划"的一种手段或者做法。如果从"目标—手段链"观点来看,"公共政策"类似政府欲达成的方向、目标;"政府计划"则是针对每项欲达成目标所拟定的策略、计划;而"政策工具"则是政策手段与目标之间因果关系的连锁。如果以影响时间来看,"公共政策"是一个中长期目标;"政府计划"则是中期目标,而"政策工具"只是短期达到效果的一个手段。

（2）政策工具分类

关于政策工具的种类，最早开始进行分类和研究可追溯到 1964 年由荷兰的经济学者 Kirschen 对经济方面政策工具做出的分析，并归类出 64 种工具类型，虽然只是列举出可运用的工具，并对其效果加以分析，尚未加以系统化的研究，此外，后续学者如 Rothwell & Zegveld（1981）、Elmore & McDonnell（1987）也有各自的论述。Elliott 在其 2002 年出版的 *The Tools of Government：a Guide to the New Governance* 一书中，提出了各项政策工具的分析面向与指标。以 Elliott 的政策工具类别为主要分类基础，为了使探讨的层次较统一，所以再根据 Rothwell & Zegveld（1981）、Howlett & Ramesh（2009）等学者提出的工具加以整理归纳，并扩充工具细项，希望能对政策工具在分类层次上做一个较系统的介绍。

Rothwell & Zegveld（1981）将政策工具分为：供给面工具，指政府直接投入资本、劳动力、技术等供给面生产要素，目的在于提升整体劳动素质与技术创新；需求面工具，重点聚焦于政府维持并提供市场需求层面的稳定，如扩大就业、增加政府采购以及公共支出等；环境面工具，指政府通过专利权保护、创新奖励、租税制度等外在环境因素来间接影响产业发展。这些政策工具分为三大类，并有总计 12 种类型工具细项，分别为公共事业、教育训练、信息服务、科学与技术发展、公共服务、贸易管制、海外机构、政府采购、租税优惠、财务金融、法规及管制、政策性策略。

加拿大学者 Howlett & Ramesh（2009）依照国家提供财货以及服务的介入程度，将政策工具分为三大类。①自发型工具（Voluntary），包含家庭、小区与自发性组织（包含政府与非营利组织），指的是政府所要提供的一切服务或者财货，交由家庭与小区、自发性组织以及市场，根据自发性原则来提供，政府不需参与或者极少参与；特别是在一些社会政策上常见，政府通过某些文化或道德层面上的规范，将原本应该由政府直接介入的政策领域，转由民间来提供，减少财政资源支出。②强制型工具（Compulsory），与自发型政策工具不同的是，强制型政策工具是由政府直接通过制定强制性规范、公营事业与直接提供等方式，介入目标的政策领域，给予个人与标的团体较少自由选择空间。③混合型工具（Mixed），混合型政策工具介于自发型与强制型工具之间，指政府通过信息与劝导、补贴、财产权界定、使用者付费与课税等方式，积极影响个人或标的团体的态度与决定，但依然尊重其决定与选择。综上，政策工具包含 10 种类别，分别为自发性组织、家庭与小区、市场、信息与劝导、补贴、财产权界定、使用者付费与课税、订定规范管制、直接提供、公营事业单位等。

Elliott(2002)将政策工具归纳成直接型工具与间接型工具，包括政府直接提供(direct government)、社会管制(social regulation)、经济管制(economic regulation)、政府通过私人合约提供(contracting)、补助(grant)、直接贷款(direct loan)、信贷保证(loan guarantee)、保险(insurance)、减/免税(tax expenditure)、收费与违规罚款等。

直接型工具是指，一切产品或服务都由政府提供，私营部门几乎不参与，且政府在政策制定过程中扮演主导的角色，直接与被提供者建立互动关系。其包含的工具类型有：

①政府直接提供：政府通过行政机关具强制性且合法的政策手段，直接提供个人或者标的团体所需要的商品或服务。

②政府投资企业：由政府所特许设立的机构，为私人所拥有，由政府提供贷款或资源。

③经济管制：由司法与立法相结合而成的管制机关，对于产品的价格或者某产业的进入状态给予控制，目的在于确保竞争有序，避免企业独占，以保证消费者福利。

④直接贷款：由行政机关内的财政部门直接贷款给予欲贷款者。

⑤社会管制：行政或管制机关通过法令对人民的健康、安全与环境进行干预，并禁止某些行为或事物，以促使人民行为达到政府所要求的标准。

⑥收费与罚款：政府对于某些物品、服务、行为或设施订立标准价格，根据用户付费原则向使用者收取费用；罚款则是政府为了减少其不欲行为的一种处罚方式。

间接型工具：和直接型工具不同的是，间接型工具所涉及的产品或者服务可由政府或者私营部门提供，或者共同提供，政府在其中扮演领航者角色，此类工具较直接型工具更具弹性，但效应有时不易显现。其包含的工具类型有：

①兑换券：由政府提供，与金钱等值，可被用来在公共部门或私营部门购买或者换取特定服务或商品的有价证券。

②政府保险：整个保险计划由政府直接运作或间接由私人运作，通过个人或企业定期支付保费以达到分摊风险的目的，当个人或企业发生某特定事件而有所损失时，将会得到补偿。

③政府通过私人合约提供：政府通过契约方式，由私营部门提供商品或服务，政府给予金钱的交易协议。

④信贷保证：政府对符合资格的借款者给予信用保证，并利用私营部门或公营金融机构给予贷款，若借款者出现违约情形时，政府须负担全额或部分贷款。

⑤补助：政府为了鼓励或支持某些行为活动，而给予财政或各项资源上的援助。

⑥减/免税：借由延迟、减少、免除其纳税义务等方式，鼓励个人或企业从事某些行为活动。

3.3.2　创新政策工具

创新政策工具的概念，除了以 Kirschen 作为主要早期研究者，其研究将创新政策归纳为 64 项政策工具以外。Schneider & Ingram（1990）所做的政策分析研究汇整了 5 个主要的创新政策工具类别：权力工具（Authority）、诱因工具（Incentive）、产能工具（Capacity）、象征与期勉性工具（Symbolic & Hortatory）、学习型工具（Learning）。近年来，其他创新政策工具的研究包含描述性政策分析、跨国创新政策工具分析与竞争比较、创新政策工具的个案探讨、创新政策工具演变等（Burns & Kang，2012）。

探讨不同类型的创新政策工具，旨在明晰如何使用这些不同的工具，并为创新政策工具的选择和设计制定一套标准。在决策过程中，许多工具的制定仅仅是对现有计划的延续，或是对预期效果的考虑不足。我们认为，创新政策工具必须从创新系统的角度出发，以解决创新过程中的复杂问题。工具组合设计的问题导向性质使创新政策工具具有"系统性"。创新是一种具有经济和社会意义的新创造，主要由企业（但不是孤立地）进行（Borrás & Edquist，2013）。制度的创新是创新过程和创新本身的决定因素，创新政策包括影响创新的公共组织采取的所有联合行动过程，这些公共组织将创新政策工具作为影响创新过程的工具，因此政策工具的选择是政策制定的一部分，而这些工具本身又是政策实际执行的一部分，这种工具的双重性质表明，必须研究如何选择这些工具以及在政策执行方面的实践。

创新政策工具的最终目标是在政治过程中确定的。这些目标可能是经济增长，就业，竞争力，环境，社会，与健康、国防和安全等相关的目标。如何平衡不同的创新政策，最终目标是一个重要的问题。创新政策目标的确定通常是在一个复杂的过程中完成的，这可能涉及政府倡议、公共机构、民间社会讨论等，创新政策的最终目标涉及创新对社会经济和政治事务的重要影响，如经济增长和环境改善。在通往最终目标的过程中，首先涉及的是创新政策要缓解的问题，例如，从政策的角度来看，创新系统的低绩效，即某类创新（产品、工艺等）的创新强度低或创新倾向低等。换言之，如果私营或公共组织未能实现创新强度方面的目标，则存在"问题"，创新强度低就是创新政策需要解决或缓解的问题。但是，创新政策工具无法直接影响最终目标（如经济增长、环境保护或系统完善等），这些政策工具只能影响创新过程。这意味着最终的社会政治目标必须"转化"为与创新强度相关的具体问题，这些问题可以直接受到创新政策工具的影响。例如，我们需要知道经济增长和环境保护的最终目标是如何与某些种类的创新联系在一起的。用创新术语表达可以称为直接目标，即解决创新强度"问题"。最终目标可以通过实现直接目标来实现，即以中介的方式，通过选择创新政策工具来实现直接目标，从而达到最终目标。因此，仅仅知道有理由进行公共干预是不够的，问题的识别只表明何时何地需要干预，没有提到应该如何去实现。因此，设计出适当的创新政策工具，还必须知道问题背后的原因。一旦对政策问题的原因有了一个大致的了解，那么就有可能在此基础上确定可能缓解这些问题的政策工具，而且最重要的是，如何将它们组合成一个具体的政策组合。

创新政策工具是产业创新中的一个关键要素。产业创新的相关理论主要有3个面向："创新政策""产业创新的科学技术（S & T）""产业创新的商业模式"。此三个面向既相互独立运作，又互动和彼此交织，形成国家创新系统的结构，并且产生了产业领导与竞争优势的资源（Dodgson et al.，2011）。创新政策的形成主要在于政策工具的组合，而政策工具依其功能属性，分财务支持、人力支持与技术支持，在其作用划分上，首先是在创新过程与生产过程中承担着创新资源供给的政策工具。其次，政府对技术合约研究、公共采购等分别作用于创新与营销过程，这是承担着创造市场需求的创新政策工具。此外，建立经济发展的基础结构及各种激励与规制的法令措施，以鼓励学术界、企业界对研究发展、技术引进与扩散的努力，此为承担着提供创新环境的创新政策工具。用政策设计来支持创新需要依照不同情况、环境变量来调整（Veugelers & Schweiger，2016）。

3.3.3　创新政策工具的类型

Vedung（1998）曾将创新政策工具定义为"政府机构确保其支持（或预防）和影响社会变革的一套技术"。这一定义强调的是政策工具的目的性质，即政策工具的目的是，以特定的方式诱发变革（或避免变革），在这

里，我们可以理解为激励创新。显然，创新政策工具的重点在于促进创新
和影响创新过程，从而实现基于创新希望达到的目标。此外，Vedung 的
定义还强调了创新政策工具的有效性和所支持的层面："确保支持和影响
社会变革"。可见，目的性和有效性是创新政策的重点，而创新政策工具
的组合也会因不同支持层面和支持力度而显现出重大差异。因此，所谓的
政策工具组合，通常在具体的政策背景之下，在特定时间点以及具体政
治、经济、社会发展情况下，通过考虑具体问题的选择而设计和实施。特
定背景是选择政策工具，以及政策工具的设计和使用中的一个重要方面。

一般认为，公共政策中使用了三大类别的创新政策工具：①监管手
段；②经济金融工具；③软工具。创新政策工具的这三大类型被普遍认为
是"棍棒"、"胡萝卜"和政策工具的"宣传布道"①。虽然，也有学者对创
新政策工具进行了其他逻辑的分类②，但这里使用的三重划分是目前最为
普遍接受的，也是实践中最广泛使用的③。创新政策工具的类型可以作为
创新政策制定中选择和设计政策工具组合的基础标准。

(1)监管手段

监管手段，即使用法律或其他具有约束力的手段来规范社会和市场的
政策手段。这些手段(法律、规则、指示等)本质上是强制性的。有学者
认为，制裁是监管手段的主要特征，也有其他学者提出，政府的规范权威
是这些工具的重要特征④。从创新政策的角度来看，监管手段主要用于确
立和设定创新产品或创新过程的市场条件。

促进创新的法律诸如知识产权法、反不正当竞争法、税法、投资法等
对创新的促进作用不言而喻。但是对知识产权的管理，对研究机构和高等
教育机构的管理，以及对大学和公共研究机构的人事管理等具有法定性质
管理条例，也属于创新活动的重要政策工具。监管手段是创新政策中知识

① Bemelmans-Videc M L, Rist R C, Vedung E O. Carrots, Sticks & Sermons: Policy Instruments & Their Evaluation[M]. London: Transaction, 2011: 108-111.
② Linder S H, Peters B G. The Study of Policy Instruments: Four Schools of Thought. In C C Hood H Z. Margetts, The Tools of Government in the Digital Age[M]. London: Palgrave, 2007: 33-45.
③ De Bruijn H A, Hufen H A M. The Traditional Approach to Policy Instruments. In Salam L M. The Tools of Government, a Guice to the New Governance[M]. Oxford: Oxford University Press, 2002: 11-32.
④ Lemaire D. The Stick: Regulation as a Tool of Government[M]. London: Transaction, 1998: 22-26.

和创新过程的"游戏规则",也是创新体系的制度设置的重要组成部分。

监管手段和创新之间的关系可以是直接的关系,也可以是间接的关系。直接的关系是指其所规定设计的明确目标是积极地影响知识和创新活动,例如,2016年《关于鼓励高校、科研院所专业技术人员创新创业有关人事管理的意见》鼓励高校和科研院所的专业技术人员离岗创业。然而,监管手段有时也可能以间接的方式对创新过程发生作用。如北京等城市对汽车的单双号限行,对于机动车排放标准的限制等监管措施也会迫使企业寻找替代解决方案,从而间接激励企业的技术创新。但这里需要明确的是,与其他类型的创新政策工具一样,监管手段可以对创新过程产生重要影响,但这不仅取决于这些工具的选择和设计方式,还取决于如何实施和实施的效果。

（2）经济金融手段

经济金融手段,即以经济激励(或抑制)的方式,支持或限制具体的社会和经济活动。一般说来,可以以现金或实物的方式,也可以以积极的激励(鼓励、促进某些活动)或抑制(劝阻、限制某些活动)为基础。经济金融手段被称为历史上最古老和最广泛的创新政策手段之一。创新中经济激励的基本手段一般为竞争性研究经费、在企业层面进行研发的税收投入、对技术转让的支持,以及对风险投资和种子资本的支持(Lepori et al. , 2007)。

大多数现有的经济激励手段主要影响供应侧,而不是需求侧的创新发展和扩散。近年来,学者和政策制定者也开始认识到开发影响创新需求侧的政策手段的重要性。用户和客户在各种创新过程中开始发挥越来越重要的作用,例如绿色技术的用户需求相当薄弱,从而影响企业创新的积极性,并抵消政府在绿色技术创新中的公共投入。再如,我国的知识产权政策实践一直着力于启发权利主体的创新意识,提升其权利保护与利益分配能力,且取得较好成效,却忽视了消费者在知识产权价值实现中的基础性作用及利益诉求,致使代表最广泛消费者立场的公众知识产权法律意识未获得显著提升。消费者是知识产权相关产业链上最庞大的群体,其消费行为直接影响知识产权法治秩序的优劣,他们是决定我国创新发展与市场环境的最广泛的社会基础(刘华、黄金池,2018)。因此,关注需求侧的政策工具可以帮助纠正这些特定创新领域中的薄弱环节,使整个政策体系有效运行。

（3）软工具

软工具是指非正式的或非强制性的行业规则、惯例、行为准则等。这类政策手段作为对监管和经济手段的补充，已经越来越多地用于创新政策，并构成了政府政策的一种重要的新形式和新方法。软工具的特点是自愿和非强制性，即不涉及政府或其机构的强制性措施、制裁或制约。相反，软工具侧重提出建议，呼吁制定规范性的标准或提供自愿性合同协议文本。软工具政策手段非常多样化，但主要是基于说服力，促进行为者之间相互交换信息以及促进公私行为者之间、市场主体之间的协作。大多数国家，特别是在欧美国家，公共政策的一个重要转变就是软工具使用的日益增长，"这些手段广泛使用也意味着政府角色已经从提供者和监管者转变为担任协调者和促进者"①。

Blind（2004）认为，软工具包括许多不同的形式：国家或国际层面的技术标准；企业、大学或公共研究的行为守则、组织行为准则（例如，人员招聘办法或招聘程序的透明度）；与公共研究机构的管理合同、公私合作伙伴关系的成本、效益和风险等相关的管理制度等；公共宣传教育（例如，通过电视纪录片等活动来扩散科学知识）。由于创新是一个非常复杂的现象，新的手段可以在创新过程和创新体系中那些监管和经济手段无法触及的领域发挥作用，或者以"新"的方式解决创新政策中的"老"问题。

此外，当前各国均有激励自主创新的"促进型政策"，也属于一种软工具，此类政策的主要特征表现在以下几方面。第一，科学运用利益驱动作为导向机制。通过科学的利益驱动机制，可以把外在的强制变为内在的驱动，例如，现行技术转移政策中的利益驱动机制，使企业更注重市场评价标准、追求经济效益。第二，确立政策协调机制。良好的政策协调机制可以使一个政策体系形成自组织，在外部条件发生不确定变化时自动地做出迅速反应，相机调整策略和措施以实现既定目标。很多现行创新政策通常都会规定统筹协调、分工负责、信息沟通和经验交流等，作为促进政策间协调的有效的方式方法。第三，融入评价机制。"促进型政策"的主要使命是通过政府有效干预、协调和引导社会力量的参与，以鼓励急需推进领域的发展。在我国，很多创新政策中都规定了政策对象或市场主体的行

① Jordana J, Levi-Faur D. The Politics of Regulation in the Age of Governance. In Jordana J, Levi-Faur D (eds.). The Politics of Regulation: Institutions and Regulatory Reforms for the Age of Governance[M]. London: Routledge, 2004: 1-28.

为或绩效评价方法或评估方案，并以这种无法律约束力的软性措施，克服基于不同主体利益所构成的政策间协调的障碍。

此外，现有文献中有一个共识，即创新政策，尤其是注重可持续技术发展的政策，需要建立在各种手段的组合基础上。新兴社会技术体系的弱点通常是多样性和多方面的，不仅包括市场不完善、不良的环境外部性，而且包括结构性和转型性系统失灵（Weber & Rohracher，2012），还包括各种制度限制、行为者基础缺失和知识差距、关键行为者之间缺乏协作等（Frishammar et al.，2018）。学者们普遍认同三大类创新政策工具及其在该过程中各自的作用（Borrás & Edquist，2013；Rogge & Reichardt，2016），其中包括：①促进提供基础知识和应用知识投入的技术推动工具，例如通过研发基金和贷款、试点工厂、专利法、税收减免等；②支持新市场形成和新技术传播的需求拉动工具，例如通过公共采购、技术标准等；③支持在创新系统层面运作的系统性工具，例如通过提供基础设施，促进利益相关者之间的一致性，激励战略和愿景发展，以及提供组织解决方案等。

3.3.4　创新政策工具的选择

绝大多数工具在一定程度上都是可替代的（Howlett & Ramesh，2009），也就是说，同样一个政策目标，是可以通过不同的政策工具来达成，因此就产生了政策工具选择的问题。政策工具的选择是在特定的系统背景中进行的，决策者并非可以毫无限制地从"工具箱"中选择最适当的工具加以运用，而是受到诸多因素，例如政策系统的外部环境、政策实施的对象、与政策属性的配合等的限制。在政策外部环境方面，政策工具的选择受到所存在的环境系统影响，政策工具必须适应环境的变化，因此政策工具的选择不能超过环境的限制。政策系统，大的指整个社会的大环境系统，称为系统网络；小的指政策工具相关的政府部门，称为组织网络。在配合政策实施的对象方面，政策工具的选择因其实施对象而异。须从强制、直接、自理等不同角度深入观察进行选择。例如可施以劝勉型的政策工具，施以诱因型的政策工具，施以惩罚型的政策工具。在政策属性方面，任何政策至少都有如资源需求、达到标的及限制权益等属性，而这些属性都会影响政策工具的选用（Linder & Peters，1998）。再者，政策工具的选择是一个持续不辍的过程，即使在执行阶段，对此一工具如何执行，赋予其何种意义与实质内容，及至是否将其废止，均需在特定的政治经济系统所进行的选择中再选择。政策工具选择到底是基于工具理性的选择，还是政治考量的产物？不同领域的学者就政策工具选择的途径，提出"经济"与"政治"两种选择途径。持经济选择途径的学者认为，政府机关在进行工具选择时，通常都会以专业技术标准考量工具效果，或者基于肯定市场机制的优越性，衍生出其选择某项政策工具的理由；持政治选择途径论的学者认为，政策工具选择是"一项信仰上或是政治上的事务"，进行政策工具选择时，常受制于资源限制、政治压力、法律限制，或来自过去工具运用失败的历史教训等四种因素。然而政策问题的复杂性，单以经济或政治角度思考是不足以解决的，因此，他们提出了一个整合政治与经济因素的选择标准，包括政策工具的特征、政策风格、组织文化、问题所处的情境，以及决策者的主观选择。Howlett & Ramesh（2009）进一步阐释，工具选择受制于执行者偏好的多种环境因素影响，如要使工具选择的研究对政策执行有具体贡献，必须建构一个能把工具选择和基本原理结合在一起的模型。这个模型可以通过把政治学与经济学学者关于工具选择的基本原理结合而发展出来。因此首先将政策工具简化为四种类型：第一，市场；第二，区域；第三，管制、公营事业；第四，混合工具。其次，归纳前述两类理论的观点，提出政策工具选择的两个变量：一是国家能力的高低程度，也就是政府机关影响社会行动者的能力；二是政策次级体系的复杂程度，也就是政府机关执行政策所必须面对的行动者的数量和类型。因此，这意味着，如果要采用市场工具以及管制性的工具，国家必须具备高度的能力。当国家缺乏政策执行能力时，倾向于使用激励工具或宣传工具，或者依靠现有的自主性工具。当在实现一个复杂的次级系统过程中，面对为数众多、相互矛盾的群体时，采用市场工具或自主性工具较为有利，较能妥善处理多方行动主体和多方利益的关系。而在行动主体数量较少而且次级系统较不复杂的情况下，政府可以选择管制性工具或混合工具。

Peters（2018）提出了影响政策工具选择的5个要素。①观念。强调观念与意识形态影响了政策工具的选择。观念建构了公共政策的制定与执行的环境，亦同时设定了公共政策的假定、理由、目的与手段。社会管制的执行及其效果，尤其与观念因素密切关联。此外，一项政策工具能够附着于某个正面的象征性意义，在政治上也较能赢得支持与获得成功。反之，一旦被赋予负面的象征性意义，即可能遭到反对或放弃。②制度。在特定制度下可能形成对政策工具的偏好，因此制度因素有助于说明为什么同一组织对不同的政策问题却常选择使用类似的政策工具。各个组织倾向于执着当初所持有与实践的观念，而想要持续这些观念，就要通过社会化过程使新进成员习惯于某种制度化的文化，在组织结构内产生适当的逻辑。③

利益。政治学中的理性选择论者，假定个人通过政治行动追求个人效用极大化。而传统上的利益集团理论、阶级理论、菁英理论则是强调集体利益是发动政治活动的主要机制，政治活动就是这些团体企图去极大化或维护其本身的利益。基于利益的考量，相关的政治行动者乃致力于影响政策过程，以期政府选择使其受益最大而成本负担最小的政策工具。④个人。政策工具的选择决定了一项政策是否能得到支持，而使适当的政策工具被允许用于政策创新，则是决策者的主要功能之一。利益团体代表、政府官员与一般民众都可能扮演决策者的角色，致力于政策法案的倡议与推动，因其对政策工具的选择扮演了较具影响力的角色。⑤国际环境。由于信息科技的进步、互联网的兴起与普及，国内政治与国际政治的互动更趋于密切，因此来自其他国家、国际组织或国际协议的压力，已经成为政策分析中的一项关键因素，也影响了政府对政策工具的选择。尤其在国际贸易活动全球化的趋势下，更将国外的行动者带入国内的政策过程，国际环境的变迁也具体地影响了政府对政策工具的选择。在政策设计的实际运作上，政策工具的特征、政策问题、系统因素等都对政策工具的选择具有相当的影响。

政策工具是政策设计的主要元素，政府的任务要依赖各类政策工具来达成，因此政策工具的选择在政策执行中占有重要地位。政策工具是实现政策目标的基本途径，如要政策目标变成现实，就必须以各种政策工具作为媒介，没有有效的政策工具，政策目标也就无法实现。政策执行就是政策工具的选择过程，政策执行作为一个动态的过程，就其本质而言，就是一个针对具体情况，对各种执行工具不断做出选择的过程。

Borrás & Edquist(2013)的研究显示，一个突显创新政策工具选择重要性的例子是 20 世纪 90 年代以色列、我国台湾地区和爱尔兰在信息和通信技术领域的创新政策比较，它们在发展各自的信息和通信技术产业时，在其创新政策中侧重经济增长和社会经济发展目标。它们的具体目标是发展有形基础设施、投资教育、放松市场管制(尤其是电信)，并特别关注中小企业，因为它们是信息和通信技术部门经济增长的引擎。但是，它们在微观层面的政策——工业和企业层面的政策——有着明显的不同。自20 世纪 60 年代末以来，爱尔兰主要侧重以外国直接投资为基础的工业发展政策。以色列一直致力于通过公共拨款引导工业研发活动，项目理念完全源自私营企业。在我国台湾地区，依靠工业技术研究院(ITRI)等公共研究机构来领导研发工作，并将研究成果传播到整个私营企业。也就是说，即使有着非常相似的目标，它们所遵循的轨迹以及它们为实现这些目标而选择的创新政策工具也是不同的。这就是"微观层面的政策"，可以称为"创新政策工具选择"。它们为几乎相同的总体目标做出了不同的工具选择，而且在实现这些目标方面都相当成功。

综上，选择工具作为制定创新政策的关键决定，需要关注以下5个方面的问题：第一，应关注工具的适用性，即在各种不同的工具中选择最适合的特定工具；第二，应关注政策运行的背景，即具体设计或适用要在充分了解其运行背景的基础之上，也就是说，要符合社会经济发展的阶段性特征以及社会传统习惯等；第三，应关注有效性，即设计一种工具组合或一套不同和互补的政策手段的主要目的是解决所确定的问题，也就是说，要有明确的目的性和针对性；第四，应关注互补性，即在选择工具时，重要的是要同时考虑工具的各个特征以及与嵌入其中的特定组合相关的互补、协同效应；第五，应关注适应性，即在讨论创新政策工具的选择时，一个至关重要的方面是使工具适应创新系统中的具体问题，最重要的是适应行政结构的具体特征。换言之，政策工具需要一定程度的适应性，以满足不断变化的系统需求和公共行政人员的能力。此外，关注工具的有效性、适用性及运行背景都必须在确定创新体系中的问题的基础上。通常情况下，创新政策工具的组合意味着工具的选择需要考虑其对创新体系的补充或平衡的影响。因此在选择工具时，关键是要确定工具是否适用创新体系中的具体问题，并满足不断变化的系统需求，因此重点需要检查的是工具的独特功能、工具的补充作用、工具的协同效果，以及与其所嵌入的具体组合的相关性和针对性。

创新政策工具需要理解为政府和公共机构干预创新的操作形式。即使工具具有目的性，也并不意味着所有创新政策工具都是有意识地选择和设计的。事实上，创新政策工具的选择和使用并不总是基于明确界定的政府创新政策的总体目标，也不总是基于对问题的明确识别。许多工具是通过一套特别的决定来选择的，主要是基于对先前计划的延续，或特定利益集团的游说活动，而不是基于对整体创新政策的远见考虑和对需要采取行动的实际问题的批判性评估（Borrás & Edquist，2013）。因此，创新政策的设计必须包括明确最终目标，将其转化为直接目标，并在此基础上确定私人组织无法解决的问题。这些问题与创新系统的低绩效有关，即某一类创新的创新强度低，其直接目标是高强度。为了能够设计创新政策工具来缓解所发现的问题，还必须了解所发现问题的最重要原因。这些原因与创新发展和传播的活动或决定因素有关。因此，确定问题及其相关原因应是选择政策工具的基础。很少有创新政策工具准备就绪，或"为手头的任务做好准备"。大多数时候，政策工具必须设计、重新设计并适应创新系统及其使用中的具体问题。随着时间的推移，工具设计会随着创新系统中偏好的变化、目标的变化和问题的变化而变化。

3.4 创新政策的组合及其关键要素

政策组合一词首次出现于 20 世纪 60 年代诺贝尔经济奖得主 Robert A. Mundell 的经济政策文献，直到 20 世纪 80 年代末 90 年代初，政策组合的研究开始扩展到其他公共政策领域，主要探讨不同政策工具之间的互动。2000 年以后，政策组合进入创新研究领域，2002 年，国家 RTD 政策基准专家组提出"了解政策工具在国家创新体系中如何结合成有效政策组合的方式"①。2003—2004 年，欧盟科技研究委员会(CREST)专家组推动该术语"主流化"，并用于欧盟政策分析活动，同时经合组织创新和技术政策工作组(TIP)也开展了国家政策组合的研究，目的是更好地了解经合组织国家之间政策组合的不同之处以及这些差异对创新政策整体绩效的影响。② 近年来，国内外创新研究中的政策组合问题受到越来越多的关注。

3.4.1 组合的性质

基于现有对政策组合的概念内涵及其对创新的影响的研究，可以总结出政策组合的主要特征。

①系统性。政策组合概念的核心是政策工具之间的相互作用，这意味着"一个政策工具的作用和影响将被共存的其他政策工具所修改"(Nauwelaers et al., 2009)。这种影响源于政策工具彼此之间直接或间接的影响(Oikonomou & Jepma, 2008; Sorrell et al., 2003)。因此，这些政策工具的相互依赖性很大程度上影响了工具组合的结合效应，从而影响政策目标的实现(Flanagan et al., 2011)。正是由于这个原因，政策工具的相互作用是任何政策组合概念的核心组成部分，因而超越单项政策工具的作用而形成相互作用的组合(Flanagan et al., 2011)。

②演变性。决策过程可以被看作尝试解决问题的循环，通过不断地分

---

① Soete L, Corpakis D. R&D for Competitiveness and Employment—the Role of Benchmarking [R]. IPTS Report February, 2003: 71.

② Flanagan K, Uyarra E, Laranja M. Reconceptualising the 'Policy Mix' for Innovation [J]. Research Policy, 2011, 40(5): 702-713.

析问题和实验解决方案，以实现"政策学习"（Howlett et al.，2009）。政策过程的这种持续和反应性质引发了政策策略的设置和调整以及政策组合的重新设计。因此政策组合的演变性来源于两个方面：一是，由于技术变革和可持续性转型的不确定性，使得政策适应是政策组合过程的一个重要特征（Allen et al.，2011；Boekholt，2010）；二是，来源于以抵制变革为特征的既得利益的行动者（Unruh，2002）。在这个意义上，基于新的政策目标，可能会对现有的政策组合进行调整，新的政策工具可能被添加到现有政策组合（Kern & Howlett，2009），或"其他行为者将政策工具纳入政策安排"（Nilsson et al.，2012），从而使促进创新活动的政策组合具有"演变"的动态性质。

③战略性。政策战略决定着政策工具之间相互支持和共同合作的方式，从而有助于实现政策目标（Howlett & Rayner，2013）。长期战略方向和战略政策框架的重要性日益突出，政策战略是政策组合中不可或缺的部分（Rogge et al.，2011；Schmidt et al.，2012）。首先，战略包括相互依赖的政策目标和实现目标的政策手段的结合方式（Andrews，1987；Miles & Snow，1978；Mintzberg，1999；Porter，1980）；其次，战略包含实现政策目标的主要计划以及为实现目标而采取的一般途径，如行为准则、行动计划、路线图等；再次，政策战略中凝聚了具有一定长期性的行为者共识（Hillman & Hitt，1999），其在向行为者提供需求指导方面发挥根本作用，并以此形成对新型创新体系的支持功能（Hekkert et al.，2007）；最后，政策战略要素通过具体政策手段的实施，改变市场中的企业和其他行为者的创新战略和行为策略。

④互动性。政策组合不仅仅包括政策工具的组合，还包括这些工具相互作用的过程。互动是促进创新活动的政策组合的核心特征（Boekholt，2010），政策组合内部均衡性越高，对技术动态性的促进作用越强（Costantini，2015）。由于政策组合是由对研发和创新体系的发展产生直接或间接影响的一套政府政策构成，因此必然涉及多个政策目标和复杂的政策手段和措施，因此现有研究中，学者们一致认为，政策组合不仅包括影响公共和私营部门研发投入的数量和质量的政策工具，政策工具之间的相互影响和相互作用才是决定政策有效性的关键。

综上所述，我们认为，促进创新的政策组合的性质，即其根本属性是"协同性"：①组合的系统性是通过具有协同性的政策工具组合实现的，表现为具有能够实现目标的设计特征的政策工具之间的一致性与互补性；②组合的演变性通过协同性体现系统的序参量，决定其演化的方向和演化的路径；③组合的战略性通过协同性体现政策组合的设计特征和核心理念；④组合的互动性通过协同性产生相互支持和协同增效，避免政策工具之间的矛盾或冲突，并以此决定政策制定与实施的有效性。

3.4.2　组合的绩效界定

现有研究认为，界定政策组合的绩效的标准是"一致性"（Foxon & Pearson，2008；Kern & Howlett，2009）。一致性是指"没有矛盾"（Den Hertog & Stroß，2011），且要求"实现协同增效或产生积极联系"（Missiroli，2001；Tietje，1997）。一致性需从政策目标的实现过程与实现方式两个层面进行评估（Carbone，2008）。实现方式的一致性评估是指仅在某个时间点处理政策问题的政策手段是否具有一致性（Duraiappah & Bhardwaj，2007；Hoebink，2004）。实现过程的一致性则反映了过程视角，指在政策目标实现的过程中，政策手段之间是否存在矛盾或协同不足（Jones，2002；Lockhart，2005）。

根据现有研究，有效政策组合的特征包括以下几方面。

①元素的一致性：政策组合的元素一致性是指，政策组合的要素与各方的结合，从而有助于实现政策目标，包括政策间存在较少矛盾，并且政策之间以及组合内容之间具有协同作用。最低限度的政策组合一致需要避免可能会损害目标的实现的矛盾或冲突（Ashoff，2005）。在互补性的基础之上，存在相互支持和协同增效，称为强一致性。一致性还包括策略的一致性和战略的一致性。政策战略的一致性则包括政策目标的一致性（Mickwitz et al.，2009），这表明这些政策目标可以同时实现，不需要做出任何重大的权衡。目标是策略组合中的工具之间的主要压力来源（Flanagan et al.，2011），例如气候目标是否符合能源安全或竞争力目标，或临时目标是否符合长期目标。因此，战略的一致性还表示原则、准则、战略行动计划和路线图之间没有矛盾并相互支持。策略的一致性涉及工具组合，即组合中的政策工具是在彼此强化而不是相互破坏，且追求政策目标时是一致的。整体政策组合的一致性的特点是，政策战略和工具组合以单向或相互支持的方式共同合作（Howlett & Rayner，2013），从而有助于实现政策目标。最终，这两种一致性决定了政策组合的执行情况，特别是在有效性和效率方面。

②过程的一致性：为了表征政策过程，我们需要进行着重于流程维度的研究（Den Hertog & Stroß，2011）。政策过程的一致性指向实现政策目标的直接或间接贡献的协同过程和系统的政策制定和实施过程。这种更加协

调和系统的政策过程可以通过许多结构和程序机制来实现，例如战略规划、协调结构和通信网络（Ashoff，2005）。这些结构和程序机制具有 3 个主要特征。首先，可以解决不同政策领域和治理层面上政策过程的一致性，这些过程又塑造了政策组合的所有要素。其次，可以赋予决策者系统能力（Jacobsson & Bergek，2011）。也就是说，政策制定和实施的一致性需要先进的组织能力，例如组合不同来源的相关知识的能力，与所有相关行为者建立网络，或与多个利益相关者接触。再次，具有直接和间接效应。其直接效应是指一致性影响行为者的行为，从而间接影响政策组合的表现。改善政策过程一致性的两个主要工具是政策整合和协调（Magro et al.，2015），前者可以通过整合在不同政策部门实现更全面的思考，后者可以通过正式机制强化信息流来加强过程一致性。

③可信性与全面性：除了元素一致性和过程一致性之外，政策信誉也与政策组合的有效性有关。这种政策信誉植根于宏观经济和货币政策，是指短期内决策者的信誉。因此，信誉主要是指政策组合可信赖和可靠的程度，无论是对政策组合的整体还是对其要素和过程，政策组合的可信度在实现政策目标，从而确定组合的有效性方面发挥重要作用（Bödeker & Rogge，2014）。政策组合的全面性是指要素的广泛性和详尽性，以及其过程所基于的广泛程度，也就是说，政策组合要素的全面性意味着政策组合由政策战略与目标和主要计划构成，在政策战略实施中具有工具综合性。该工具组合的综合性包括工具组合可以应对市场、系统、机构、障碍和瓶颈等（Lehmann，2012），综合的工具组合可以解决技术推动、需求拉动和系统问题等三个方面的问题。

基于此，我们认为，首先，应重新定位和加快技术变革对转型目标的政策组合的重要性，并提供一个有助于提出更广泛和系统的观点的分析框架。更确切地说，政策制定者需要将策略组合、工具交互以及长期方向作为政策组合的重要因素。此外，政策过程可能直接影响创新，应强调政策信誉等。其次，决策者应致力于改善政策组合要素的一致性和政策过程的紧密性。特别是在数字化转型的时代，需要消除相互排斥的目标和利益，重视在评估标准方面政策组合的执行情况的一致性，不断地努力加强其在重新定向创新方面的有效性。再次，必须将整个决策过程视为一个系统。例如，工具组合不仅应该解决需求拉动或技术推动工具，而且应该涵盖所有关注点，包括系统性问题。此外，决策者还应检视现有的包括不同领域的政策文件，对不符合特定政策战略的措施进行系统调整或逐步淘汰。

基于现有研究，我们认为政策组合的绩效可以从以下三个方面进行界定。

①子目标的一致性及其政策效能①。即从各部门政策或各类型政策手段的子目标是否冲突和存在政策效能抵消来判断其一致性。由于创新管理的复杂性，所涉及的领域和范围也不断扩大，这从客观上要求必须加强政策间的全面协调。但如果各政策部门仍然遵循"确立目标—分工负责—各自评价"这一强调单独政策效率的传统模式，将致使政策手段之间效能抵消频繁出现，具体表现为，尽管显性的政策目标具有一致性，但部门自身的子目标存在冲突，使政策的实施对总体目标的实现产生负向效能，不能达到应有的作用。

②运行管理的一致性及其政策效能。即从各部门政策运行管理的过程中，基于不同的政策考量在对同一个问题采取措施时，判断其在措施和手段方面是否具有一致性。例如，我国对参与技术转移科研人员的奖励政策是提高科技成果转化成功率的一个重要举措。从政策目标来看，不同部门的政策都以奖励技术转移科研人员和提高科技成果转化成功率为主要目标，这里并没有冲突。但是从政策运行管理的具体措施和手段来看，在科研人员的奖励政策中，虽然财政部、科技部等部门政策的股权激励措施对技术转移行为产生正向效能，但是，由于国资委对股权激励的审批是在"谨慎中"推进，这种部门政策之间措施和手段的冲突产生了对技术转移行为的政策负向效能，不同政策的效能抵消经常导致激励措施无法实现。

③政策功能的一致性及其效能抵消。即判断不同部门政策对不同主体所产生效用与政策系统整体效用的一致性。政策功能冲突与政策功能差异不同，其表现为政策作用所产生的结果相互矛盾、彼此削弱。例如，我国在科技成果投入、产出及转化的全过程，以各级政府为主的投资主体，高校及科研院所为主的研发主体，企业为主的产业化主体之间产生相互剥离的现象：政府重视投资，轻视收益；作为研发主体的高校及科研院所重视研发，轻视产业化；而企业对成果的研发和投资只有期待，无法制约和影响，所谓"三张皮"现象，技术项目从立项、研制、结题全过程都与实现产业化的主体——企业相脱离，导致应用研究课题与生产实际需求严重脱节，这些都属于政策所产生的结果相互矛盾、彼此冲突致使政策效能抵消。

---

① 这里的效能和效率是两个不同的概念，效能是制度或行为所体现的有利作用，强调主体行为目的和手段的正当性与效果的有利性。管理学家、诺贝尔奖获得者西蒙认为："效率的提高主要靠工作方法、管理技术和一些合理的规范，再加上领导艺术；但是要提高效能，则必须有政策水平、战略眼光、卓绝的见识和运筹能力。"

3.4.3　组合中的关键要素

通过创新体系中的重要活动可以明确政策设计和工具选择的要点在于了解创新政策体系的结构特征，需求侧与供应侧的创新政策工具之间适当平衡，分析创新活动在创新体系中的作用和相互联系，设计基于具体问题的系统性政策工具组合。在此基础上，我们进一步明确了促进创新的政策支持框架包括改善创新环境、构建创新基础和明确创新的具体目标。基于现有对政策组合特征的研究，我们认为政策组合的主要特征是系统性、演变性、战略性和互动性，由此可以看出，政策组合的根本属性为"协同性"，基于前述研究，我们认为促进创新的政策组合中的关键要素包括以下几个。

①组合的战略目标。基于 Andrews（1987）和 Porter（1980）的观点，我们认为政策战略目标包括政策目标和实现目标的主要计划。

②组合的具体工具。作为政策组合的第二个关键要素是政策手段所构成的实现总体目标的具体政策工具，包括解决政策问题的政策手段（Salamon，2000）、治理策略等（Howlett，2005；Pal，2005）。

③组合的设计特征。政策工具的设计特征实际上可能比政策工具类型更应当具有创新性（Vollebergh，2007；Kemp，2011）。我们认为，组合的设计特征表现在组合设计中实现战略目标的导向原则、实施路径、演化方向等方面。

3.5　创新系统转型中政策组合原则

数字经济带来的是系统性的革命性变化，只有从观念思路、体制机制、制度规则、路径方法等方面进行全面系统化的变革，才有可能实现创新的系统转型。在前文"相关概念界定"中，我们对创新政策组合的定义是："为促进创新以及解决创新过程中的问题而形成的一整套具有协调性和一致性的政策工具的组合。"本书认为，政策组合没有完美的理想或"最优"模型。正如前述分析中提到的，政策工具的选择和政策组合的设计必须基于对问题的明确，由于问题不同，各国家和地区政策制定的社会政治和历史背景各不相同，使每个创新体系都有其独特性、优势和弱点以及具体的问题和瓶颈，因此任何"一刀切"的做法或简单的"拿来主义"都可能无法针对自身创新体系中存在的现实问题。虽然具有相同的目标，甚至相似的路径选择，但在不同的社会环境和背景下，政策工具的组合也可能具有重大差异。也就是说，政策制定是在具体问题和原因的基础上进行专门设计和实施的，并且倾向于遵循国家政策运行的不同模式。因此，我们这里主要基于前述研究的相关理论分析以及新的经济模式下的创新范式转变和转型期的创新特征，讨论促进创新系统转型的政策组合的一般原则，并以此提出一个理论性的政策组合框架模式，并在后续的实证研究中对此理论性框架进行验证。

Fagerberg 等（2012）在回顾创新研究文献时指出，熊彼特的理论加深了我们对创新的理解，创新是一种动态的力量，导致社会经济结构和制度的持续转型。一般来说，创新既可能是一种新观念，也可能是旧观念的重组，以挑战现行的秩序。技术创新代表了新技术、产品和服务；制度创新则代表新的方案、程序和机制，以及新的政策工具及其组成形式。尽管有学者指出技术创新和制度创新的不同之处，但 Van de Ven（1986）强调应将其视为一种组合，因为大多数创新既包括技术创新也包括制度创新，两者互为促进，难以分割。Fagerberg & Verspagen（2009）进一步将创新定义为现有知识和资源的"新组合"，并将创新分为产品创新、流程创新和组织创新。根据上述观点所提示的政策组合涵盖的基本范围，我们认为，创新系统转型中政策组合需遵循如下原则。

3.5.1　对原有制度规则进行系统变革

制度和规则在促进创新中起着关键作用。技术制度中的技术和规则，常常被认为是难以改变的路径依赖①，因此，环境解构型政策工具的作用是，在由增量创新支持的旧"主导制度设计"无法应对现时的发展而显现不稳定性时，诱发经济模式转型期间新旧技术制度之间的竞争，直到竞争中出现新的主导设计，并推动新的主导设计的选择以及新标准的建立②。

转型管理理论认为，由于既有的创新体系及其行为者阻止新的创新系统的最佳运行，因而"政策干预需要通过制度和规则来影响创新行为者之间的联系互动、学习过程和知识交流"③。Turnheim & Geels（2013）提出，

① Pierson P. Politics in Time：History，Institutions，and Social Analysis[M]. Princeton University Press，2004：23-34.

② Anderson P，Tushman M L. Technological Discontinuities and Dominant Designs：a Cyclical Model of Technological Change[J]. Administrative Science Quarterly，1990，35(4)：604-633.

③ Yu D，Hang C C. A Reflective Review of Disruptive Innovation Theory[J]. International Journal of Management Reviews，2010，12(4)：435-452.

"削弱核心制度要素的复制"是创造"机会之窗"以扩大利基创新的必要条件。例如，德国以取消补贴的形式或取消专门教育计划的方式，使联邦研究资金从核裂变研究中退出，进而逐步淘汰核电。[①] 由于对现有技术的支持通常在实践过程中被制度化，因此在技术变革方面，可以通过使现有企业所持有的资源、技能和知识变得过时，使现有专门知识和其他生产要素的价值降低，来打破现有规则对开拓性创新的限制与阻碍，因此，数字经济下创新政策组合的战略目标应当致力于创新系统化的转型需要，对制度规则进行系统性改变。

3.5.2　打破既有系统中的行为者网络

转型管理理论认为，转型过程是一个新的行为者进入并挑战既定的制度实践的过程，而新的行为者可以通过"框外"的思考为创新转型及政策制定过程做出重要贡献（Christopoulos & Ingold，2015）。这些"外来者"在现有制度中的利益往往不同于现有既得利益者，由于现有行为者承担了更多"沉没成本"，因此更加依赖于保持现有的行为方式，并维护旧的制度。政府与既有系统的行为者之间的密切关系往往被视为路径锁定的主要因素（Unruh，2000）。新行为者则更有可能破坏和抛弃创新的主流行为方式（Turnheim & Geels，2013）。因此，要促进数字经济下的创新范式转型，应当促使新的行为者取代现任者，并形成新的行为者网络。数字经济下创新政策组合的具体政策工具选择应致力于打破既有政策系统中的行为者网络及其主导的治理体系，并替换为新的行为者网络，降低旧制度的合法性。

3.5.3　形成"破旧"和"立新"的组合效应

创新系统失灵理论中，路径锁住失灵（Lock-in/path dependency failures）是指社会制度体系无法适应新的技术模式（Smith，1999）。强网络失灵（Strong network failures）则是指，由于现有行为者之间联系过于紧密，错过了新的外部发展机会（Carlsson & Jacobsson，1997）。这两种类型的创新系统失灵都显示，行为者之间密切的合作作为一种资源互补、能力共享，对创造性解决问题是极有成效的。但同样，既有创新系统中的行为者之间建立强大的合作关系也意味着风险。尤其是在数字经济时代的剧变性

---

①　Turnheim B，Geels F W. Regime Destabilisation as the Flipside of Energy Transitions：Lessons from the History of the British Coal Industry（1913-1997）[J]. Energy Policy，2012，50：35-49.

创新模式下，既有行为者不只会阻碍创新系统转型，而且可能引导系统中行为者走向不符合当前经济发展规律和特性的错误的发展方向，并阻止整个系统从外部重建。

数字经济下的创新是一种以"使现有技术过时"的方式挑战现有企业和技术的破坏性创新（剧变性创新）。这种"颠覆性"的思维也可以应用于政策制定，因为新的政策需要破坏既有的制度背景，从而削弱现有实践和技术的价值，从而创造既有创新系统转型的动力。在技术变革方面，这种创造性破坏是指，迫使现有行为者所持有的资源、技能和知识过时，而这种思维运用于创新政策，就表示新的政策组合需要具有"破旧立新"的作用："建立——激励新型技术和组织创新的制度"和"破坏——限制既有的、不符合当前发展趋势的技术和组织发展的制度"。因此，数字经济下创新政策组合的设计特征需要具备"破旧"和"立新"两方面的功能。

4. 经验案例：创新政策的系统性失灵

本章以我国数字文化产业创新政策体系及其存在的问题为经验案例，分析创新的政策环境及政策激励结构，指出创新政策系统失灵的障碍环节和制约因素，并以此作为研究的实践基础。本章以国家及各部委 2005—2018 年发布的与数字文化产业创新相关性最强的 108 项政策作为原始资料，运用扎根理论这一探索性研究方法，分析产业创新的政策激励结构及其构成要素；基于系统失灵理论建构分析框架，分析我国数字文化产业创新政策系统失灵的表现和障碍环节。

自 2005 年起，经过十余年发展，尽管我国数字文化产业发展势头强劲，产值再创新高，但与产业融合发展尚有一定差距，内容建设、商业模式、技术应用、产业协同等方面的新老问题，影响着我国数字文化产业的进一步发展。根据前述对数字文化产业的创新驱动要素的分析，我国数字文化产业创新中的问题集中表现在以下几方面。

(1) 产业低层次繁荣，内容创新、技术创新和服务创新程度不足

我国数字文化产业在快速发展的同时，也呈现出低层次的繁荣。据新闻出版总署统计报告显示，近些年，我国数字文化产品总产出增速较快，但内部结构有欠平衡，如 2009 年手机出版和网络游戏的营业收入在数字文化营业收入中所占比重为 71.3%，而数字期刊、电子书和数字报纸(网络版)三者营业收入所占比重不足 3%。[①] 在 2014 年我国数字出版年会上，国家新闻出版广电总局副局长孙寿山指出，"盈利模式不清晰、出版平台不足、优质内容欠缺是数字文化产业呈现出低层次繁荣的主要原因"[②]。在内容创新方面，我国数字文化产业的内容提供商和技术提供商分离，没

① 杨嘉．新闻出版总署发布《2009 年新闻出版产业分析报告》[J]．出版发行研究，2010 (8)：47-47.
② 尚烨．第六届中国数字出版博览会在京召开[J]．出版参考，2015(13).

有形成完整的数字文化产业链①，很多机构和企业对数字文化产业的理解还仅限于对内容进行数字化转化，而缺乏对内容与数字技术的深度融合。此外，与技术提供商相比，内容创造者、内容提供商的话语权与主导权一直处于弱势地位②，在数字文化产品领域的获利能力不足，应有利益没有得到重视，因而严重影响了他们的参与热情和创作激情。在技术创新与服务创新方面，企业在核心技术研发创新能力上严重不足，数字硬件产品同质化现象严重，在生产环节上，又陷入代工、仿制、拼成本的落后模式；而少数已处于领先地位的数字文化技术，又存在着商业化应用开发严重不足的现象。③ 在文化产业集约化程度方面，根据前瞻产业研究院《2019 年中国文化产业市场现状及发展趋势分析》，文化产业的竞争力集中体现在文化企业集团之间的角逐较量，尽管"十三五"以来我国出现了大量文化产业生产主体，但是从其规模和发展程度来看，存在规模较小、集约化程度不高等问题，影响了文化产业的现代化发展进程。从发展质量来看，文化企业缺乏创新，制作水平普遍偏低，自我创新能力和发展能力较弱，影响到企业本身的可持续发展。我国正在积极地实施文化"走出去"战略，但是由于文化产品以及服务的限制内容较多，内容较为淡薄，在国际竞争日益激烈的环境中，无法更好地适应国际化发展趋势。④

（2）知识产权保护成效不显，知识产权的创造、运用和管理不足

版权保护一直是数字文化产业的核心问题。2007 年"七位知名作家状告书生"和"400 位学者状告超星盗版"等事件爆发，数字版权保护问题就成为数字文化产业的焦点话题。⑤ 据有关调查数据显示：在国内 1425 个电子图书网站中，能提供正版电子图书的网站仅占 4.49%。⑥ 随着 P2P 文件传输技术的出现，网络盗版愈演愈烈，虽然我国不断出台和完善知识产权保护法律法规，并大力扶持数字文化产业发展，但是效果并不理想。例

---

① 刘肖，董子铭. 我国数字出版产业协同发展路径分析[J]. 出版发行研究，2012（2）：49-52.

② 郝振省. 2010—2011 年中国数字出版年度报告（摘要）[J]. 出版参考，2011（21）：9-10.

③ 汤雪梅. 从第四届数字出版年会看我国数字出版发展的新趋势[J]. 出版发行研究，2012（8）：46-49.

④ 前瞻产业研究院. 2019 年中国文化产业市场现状及发展趋势分析[EB/OL].（2020-01-10）[2020-11-01]. http：//www. ccitimes. com/index. php？ m = content&c = index&a = show&catid = 70&id = 19180.

⑤ 聂震宁. 数字出版：距离成熟还有长路要走[J]. 出版科学，2009（1）：5-9.

⑥ 郝振省. 2008 我国数字版权保护研究报告[M]. 北京：中国书籍出版社，2008：12.

如，虽然原创网站数量在不断地增加，但是其增加的数量和百分比相较于转载网站仍有很大差距(转载网站占 95.1%①)。可以说，盗版是直接影响我国数字文化产业发展的主要因素之一。此外，在知识产权执法方面，由于数字文化产业权利类型交融，知识产权保护可能涉及文化、版权、商标、专利等行政主管部门。以网络直播为例，既可能构成播放内容版权侵权，也可能涉嫌传播危害性信息，还可能构成不正当竞争，但因知识产权执法部门较多，难免出现多头执法、相互推诿的现象，制约了知识产权行政执法效能的发挥。在知识产权创造方面，数字文化产业所面临的同质化竞争加剧的现象使得优质内容难以脱颖而出，且引发了劣币驱逐良币的效应。在知识产权管理与运用方面，内容的版权运营是整个数字文化产业发展的关键，而企业却较少关注在此领域的核心技术研发，品牌建设、推广能力较弱，运营管理模式创新不足。2019 年 2 月《人民日报》在《知识产权保护不是"独角戏"》②一文中指出，知识产权保护的维权成本高这一顽疾已存在多年。不仅知识产权的权利人喊"难"，法院也喊难。知识产权从成果创造到使用到再创造，涉及资本投入、技术供给、人才培养、市场服务等各个环节，涉及注册登记、行政执法、司法裁判、行业自律、个人诚信等诸多领域，任何一个领域的单兵突进都不足以覆盖知识产权保护的所有环节。梳理知识产权人、律师在取证过程中的经历不难发现，个别关键环节信息缺失、部分地方诚信体系不健全等原因，使得一些惩罚性措施得不到有效实施。上述这些都说明，我国数字文化产业不仅在知识产权保护方面仍存在很大不足，在知识产权的创造、运用和管理等能力方面也面临全面的提升。

(3)产业链内部企业间各自为战、联结松散，产业互动与融合不足

首先，数字与文化产品的伪联结。很多传统出版企业的转型思路是在原来传统媒体基础上叠加新媒体，即"媒体融合=传统媒体+新媒体"，把互联网看作延伸产品、延伸价值的工具，只是在原有的发展逻辑上进行改良式量变，增加网络版、客户端、官方微博或微信公众号③，实际上并没有认识到数字经济下产业发展的革命性变革及其核心所在。其次，产业内部的伪集群。目前，我国的多个部门都积极推动数字文化产业集群的建

---

① 张博，等. 浅析数字出版版权保护现状及其对策[J]. 出版发行研究，2010(4)：58-60.

② 李苾. 知识产权保护不是"独角戏"[N]. 人民日报，2019-02-12(7).

③ 马雪芬，等. 2014—2015 我国出版传媒业融合发展创新报告[EB/OL].(2015-2-18)[2017-12-01]. http://www.chinesebk.com/Article/yanjiu/pinglun/201502/18593.html.

设，据 2014 年统计，新闻出版总署建设集群 31 个、文化部建设集群 280 个、国家广电总局建设集群 28 个。① 除此之外，各地区还根据各地发展的不同需要分别建立了一些省级、地市级的数字文化产业集群。但是在庞大的数字背后，难以掩盖一个明显的事实，那就是我国的数字文化产业集群建设存在简单化的问题，例如新技术的研发与应用还只是在企业范围内进行，且多是因政策红利停留于地理位置上的聚集；在品牌开发上各自为营，没有形成强大的品牌效应，产品上下游缺乏有效的开发与连接，产品资源缺乏有效整合②。再次，企业间的伪互动。虽然近年来，数字文化产业的协作意识不断增强，协作力度不断加大。例如，在我国，传统出版单位由于拥有大量的资源仍然是产业发展的主流，但却普遍存在资源利用单一、创新动力不足，甚至资源浪费的情况。在营销方面，由传统产品转变为数字化形式的电子图书和数字期刊的营销仍过于依赖机构消费者，没有完全形成市场化。此外，针对传统出版单位的技术提供商也同样存在技术同质和重复开发的情况。

(4) 消费者需求导向意识欠缺，消费行为与产业发展的趋势不相适应

《2013—2014 我国数字出版产业年度报告》③显示，2013 年，电子书、互联网期刊与数字报纸营业收入增长速度仅为 7.0%，远远低于产业整体增速。这不仅说明传统出版单位的数字化转型尚需进一步加强，也反映出数字内容的市场远没有满足消费者需求，消费行为与数字文化产业发展的趋势不相适应。例如，作为目标消费群最为稳定的教育领域，对数字文化产品最有现实需求，但是目前我国绝大多数学术期刊的数字化，还只是将已经出版的纸质版期刊单纯制作成 PDF 等文件传输到网上，数字化过程中缺少与受众对象的互动交流，原有的单向性传播瓶颈尚未完全突破，忽视了互动和反馈的重要性。2013 年中国人民大学发布"中国文化消费指数"，并指出当前我国文化供给规模和结构不合理、产品和服务创新性不足，不能满足动态变化的居民文化消费需求。④ 此外，从发布的 2019 年

---

① 肖洋．数字出版产业集群发展动力、困境与对策[J]．现代出版，2014(6)：16-19.

② 刘肖，董子铭．我国数字出版产业协同发展路径分析[J]．出版发行研究，2012(2)：49-52.

③ 中国数字出版产业年度报告课题组，张立，王飚．转型升级之年的中国数字出版——2013—2014 中国数字出版产业年度报告(摘要)[J]．出版发行研究，2014(9)：5-9.

④ 成琪．中国人民大学首次发布"中国文化消费指数"[EB/OL]．(2013-11-11)[2017-11-01]．中国经济网，http：//www.ce.cn/culture/gd/201311/11/t20131111_1732472.shtml.

我国文化消费指数①来看，我国文化消费综合指数较 2018 年略微降低，文化消费环境指数逐年上升，近五年文化消费能力停滞不前，文化消费能力指数甚至有了一定程度的下降。可见，目前我国数字文化产业发展的困境是拥有足够的文化积累和厚度，却缺少展现其丰富内涵的创意，消费者对文化产品的接受程度仍然不高。尤其是传统出版单位虽然拥有大量内容资源，但能转化为数字产品以数字终端呈现、带来收益的内容却不多，原因在于传统出版社对数字经济的特性认识不足，对新媒体的用户需求把握不够，所提供的内容在选择与加工制作上与市场需求存在很大偏差。②

（5）管理体制不够完善，文化输出不足并有被其他文化入侵风险

根据前瞻产业研究院发布的《2019 年中国文化产业市场现状及发展趋势分析》，首先，文化产业的发展需要有强大的人力资源和物质资源，但是从目前的发展状况来看，我国的人力资源和物质资源普遍缺乏，导致从业人员的综合素质能力较低，发展初期缺乏足够资金支持，竞争力较低，难以满足新时期文化产业的发展需求。当前文化企业内部缺乏技术水平较高且善于经营管理的人才，缺乏创意性人才，人才结构不合理，资金不到位，成为制约文化产业发展的重要原因。其次，健全的体制体系是规范、保障与促进文化产业稳健、有序发展的必要条件。我国作为转型国家，文化产业是从宣传文化事业中独立出来，本身带有文化事业的诸多特征和印迹；我国文化市场的主体主要是政府主导的事业单位，在管理上仍然处于事业型管理模式，更加注重社会效益。但是随着市场经济的发展，这一管理体制束缚了文化产业的发展，国有文化机构与民营文化组织的体制性鸿沟、政府与文化企业之间的管理边界等一系列问题也难以形成理论与制度共识，使得大批文化企业活力不足，在激烈的市场竞争环境中难以生存。由于当前大多数地区并没有建立起完善的管理体制，文化资源行业部门分割的现象也依然存在，在这种情况下要推动文化产业的发展，需要加快推动制度改革，积极培育市场配置资源机制。再次，随着信息技术的发展，我国的文化市场逐渐受到西方文化的入侵和挑战，导致我国主流价值观和主导意识形态存在被边缘化的风险。我国技术水平、经济发展水平与西方

---

① 2019 中国文化产业发展指数和文化消费指数发布［EB/OL］.（2019-12-21）［2020-05-11］. 搜狐网，https：//www.sohu.com/a/361917190_160257.
② 王红.浅谈我国数字出版的发展与前景［J］.新闻传播，2014（3）：278-278.

发达国家相比存在一定差距，文化产业也还没有发展到能够全面满足大众需求的阶段，许多领域仍然处于未充分开发甚至未开发的状态，丰富的文化资源没有得到有效利用。然而，部分西方发达国家凭借丰富的市场运作经验、强大的文化传播能力以及雄厚的资本实力，将其文化产品不断输入我国，在获得巨额商业利润的同时，对我国进行文化争夺、抢占和渗透，对我国的文化安全和主权构成严重的威胁。

（6）政府公共资源定向投入抑制"文化创新"

尽管我国文化体制改革一直将明确文化基层单位的独立市场主体地位作为突破口，但是按照目前的文化管理体制，对于系统内文化组织来说，国家公共资源总会定时到来，不存在管理上求新、求变的压力。政府原则上只能要求下级机构按照分工目标进行常规管理，按照下达的任务完成文化生产任务，并不真正要求下级承担风险投入、创新求变。国家公共文化资源的这种固定资助方式虽然有利于文化单位的规范化管理和常规化发展，但难以形成对文化创新和文化创造的激励机制。但是，对于民族和国家而言，文化创新已经取代简单化的文化生产目标，成为国家文化发展的最高追求。文化创新对组织结构与交易过程具有十分复杂的要求，国家文化创新平台既要建立在现代社会组织结构、现代企业制度、现代文化艺术制度的构架之上，又要建立并完善能激励文化人才对民族文化承传、精神创造、意境营构和艺术天才及其灵感不懈追求的动力机制。缺乏竞争、流动和宽容的公共文化资源的固定资助方式并不能激励社会进行文化创新和文化创造。其原因在于：第一，直接拨款和公共经费系统内流动限制了文化创新所必需的资源自由流动机会，降低了各种文化创新要素融合的可能性。传统部门经费体制和专项资金制度缺乏对资源流动的有效激励，在条块分割的体制环境中，公共文化资源也陷于条块分割的零散状态。从单位的资源流动来看，文化生产都只能在条块规定的框架内进行局部生产。而文化创新要求"高流动性"，其根本特点是，要通过"越界"促成不同体制、不同行业、不同领域的重组与合作。第二，直接拨款和公共经费系统内流动抑制了文化市场过程中的竞争，缺乏降低市场高风险的必要手段。第三，部门经费体制和专项资金体制从根本上排斥风险，但文化创新具有精神性、流动性、易逝性，文化创新投入本质是风险投资。第四，部门经费体制和专项资金体制推动社会文化资源向国有文化行业集中，强化了国有文化企业的垄断，市场集中度相对较高，抬高了民间资本进入的门槛，不利于发挥社会力量参与文化创新的积极性。

综上所述，我国数字文化产业发展以 2005 年 7 月第一届数字出版博览会的举办为标志，经过十余年发展，已成为我国经济发展中不可小觑的新增长点，但依然面临低层次繁荣、创新能力较弱、核心技术缺失、版权保护不足、国际竞争力不显、管理体制不够完善、公共资源定向投入抑制文化创新等内忧外患。数字文化产业是一个以内容创造为核心、以技术创新为支撑，由内容的制作、服务、管道等产业链中的企业协作实现产业价值的新型数字经济产业形态。产业发展和技术创新需要以制度为先导，而创新政策制定应基于客观现实的需求，但从数字文化产业创新政策现有的研究成果来看，存在以下被忽视而又亟待深入探讨的问题：一是多以单项指标来考察单行法律法规在专门领域的实施效果，而少有对多项政策之间的关系以及它们对数字经济下产业创新综合作用的分析；二是对政策的探讨多以立制为主，而少有对政策实施层面的关注，且少有对政策实施过程中不同类型政策之间的冲突导致政策效能减损的研究。

本章收集了国家及各部委 2005—2018 年发布的与数字文化产业相关性最强的 108 项政策（不包括各省市颁布的地方法规），并对发布时间、发布机构、指导思想、核心目标、具体措施等进行分类、整理，分析了我国数字文化产业创新政策环境演进及特征，并运用扎根理论研究技术对政策内容进行质性分析，提出数字文化产业创新的政策激励结构。

4.1　我国数字文化产业创新的政策环境演进及特征

4.1.1　20 世纪 90 年代至 2004 年：前数字文化发展阶段的政策探索

电子出版①时期。20 世纪 90 年代，随着激光照排技术的发明和普及，我国出版社、报社、印刷厂在印前工艺方面迅速转型，实现了录入与排版在电脑上完成，于是出现了以方正"书版"、"维思"、"飞腾"等为代表的

---

① 电子出版是指以数字代码方式将图、文、声、像等信息编辑加工后存储在磁、光、电介质上，通过计算机或其他具有类似功能的设备读取使用，并可复制（或下载）发行的大众传播媒体。电子出版既包括图书、期刊、报纸等出版物在生产过程中的计算机编辑排版，也指采用电子技术手段从事出版物生产制作，并且最终产品也是电子（数字）形式出版物的出版活动，还包括以电子（数字）形式出版和传播信息的其他任何活动，如文本、超文本、可视图文（videotex）、电子邮件、电视、广播等的制作、传递、浏览、阅读、下载、联网打印等。（参见贲凯卿. 电子出版学科建设浅议[J]. 出版科学，2003（3）：46-47.）

新一代数字化前出版系统。原始数据的存储得以数字化的形式保留，其存储形式主要为磁盘和光盘。这一时期是我国前数字文化发展阶段——电子出版时期，主要体现为生产和储存上的数字化。

这一时期最具代表性和历史意义的政策法规主要包括，1994 年 12 月，由新闻出版署颁布的我国首个针对电子出版管理的规范性文件《关于加强电子出版物管理的通知》，首次界定了电子出版物的范围，主要指传统出版物内容所做成的光盘、软盘等，标志着国家开始重视电子出版业，对于促进我国电子出版物的繁荣、推动我国电子出版业健康有序发展具有重要意义。1996 年 3 月，新闻出版署发布了《电子出版物管理暂行规定》，是我国首个专门的电子出版管理规定。在此基础上，新闻出版署于 1997 年 12 月 30 日正式发布了我国《电子出版物管理规定》，在电子出版物的制作、出版、复制、发行等方面做了更加详细和具操作性的规定。

网络出版①时期。2000 年，随着三大中文门户网站——搜狐、新浪、网易在美国纳斯达克挂牌上市和互联网的迅速普及，出版业发展开始呈现新的趋势：当当网与卓越网等一些专业的网络图书销售平台建立起来，并实现了销售渠道的数字化；依托网络诞生的博客与原创文学迅速发展；同方知网、维普数据、龙源期刊等一些数据库平台也开始建立，我国由此步入网络出版时期。

这一时期最具代表性和历史意义的政策法规主要包括中央制定国家"十五规划"，提出"完善文化产业政策，促进文化产业发展"、"推动信息产业与文化产业的结合"；2000 年文化部颁布《文化产业发展第十个五年计划纲要》，提出国家推动文化产业结构向高层次转换，包括国家通过重点建设我国数字图书馆工程等项目，推动文化资源的信息化建设，促进具有广阔市场前景和高新技术含量的文化产品尽快产业化；2002 年新闻出版总署在参考《出版管理条例》和《互联网信息服务管理办法》的基础上，与信息产业部联合颁布《互联网出版管理暂行规定》，提出互联网出版的定义，并规定了我国互联网出版的经营监管机制，以及互联网出版机构的合法权益。

前数字文化发展阶段的政策环境特征是：照搬传统出版物生产、销售

---

① 网络出版是指出版者采用一定的技术手段将待出版的作品存放在网络服务器上，以有偿或无偿的方式提供给用户的出版形式。从广义来讲，信息通过互联网向大众传播的过程都可以叫作网络出版；从狭义来讲，网络出版是指出版单位通过互联网向大众传播信息的过程，即出版主体限定为传统的出版单位。(参见谢新州. 数字出版技术［M］. 北京：北京大学出版社，2002.)

等的规定，忽视新兴产业发展特征和产业链建构。

这一时期，无论是对电子出版还是网络出版，除强调产品形态以外，政策内容基本是把对传统出版物制作发行等方面的规定应用到电子出版或网络出版管理中，没有充分考虑到电子和网络出版物自身的特性，政策针对性不强。例如，1997 年《电子出版物管理规定》第二条和 2002 年《互联网出版管理暂行规定》第五条都强调了出版"物"的特点和形态，但是在《电子出版物管理规定》中，除了"符合国家技术、质量标准和规范要求"以及要求出版发行单位配备技术人员以外，对出版权物制作、出版、复制、进口、发行都基本沿用传统出版业相关规定，没有针对电子出版自身特性的规定。2002 年的《互联网出版管理暂行规定》更是只简单地涉及出版单位的设立、审批和内容监管，其中对"互联网出版机构应当记录备份所登载或者发送的作品内容及其时间、互联网地址或者域名，记录备份应当保存 60 日"的规定也只是为了便于"国家有关部门依法查询时，予以提供"，仅在第二十三条中简单提及了"应当标明与所登载或者发送作品相关的著作权记录"。

这种仅关注电子出版技术和载体变化的政策，使电子出版成为产业升级过程中的一种过渡品，一旦载体消亡，产业也将随之消亡：我国电子出版曾一度迈入黄金时期，在代表国际电子出版行业最高水平的莫必斯国际多媒体光盘大奖赛中，我国的《故宫》《颐和园》《中国皮影戏》等一批优秀作品获得大奖。自 1996 年起，我国参加了 10 届莫必斯大奖赛，曾经实现过五连冠。但由于电子出版发展中始终没有形成完整的产业链条，政策所促成的出版物的"载体搬家"发展模式使电子出版业在快速发展之后迅速消亡，到 2009 年产值超过 200 万元的电子出版社只余 7 家。①

可见 20 世纪 90 年代至 2004 年的电子出版、网络出版等的相关政策只是将一种新兴的出版形态纳入传统出版的监管范围，既没有明确"数字文化"的概念，也没有形成以"产业发展"为目标的政策体系，因此，我们认为，这一阶段应称为"前数字文化"发展的政策探索阶段。

4.1.2　2005—2009 年：产业转型阶段的政策体系形成

2005 年数字文化产业链的基本建立是传统出版向数字文化产业转型的重要标志。2005 年，我国电子书品种数超过 15 万种，位列全球第一，

---

① 程晓龙. 电子出版走向没落，数字出版异军突起［EB/OL］.（2009-03-25）［2017-05-21］. http：//www. jyb. cn/book/rdss/200903/t20090325_258210. html.

销售册数超过 1000 万册；数字图书馆用户超过 2000 家；网络学术期刊出版总数已达 7486 种，99%的学术期刊实现了网上出版；产业整体规模(含网络游戏出版)超过 50 亿元。① 以 2005 年第一届数字出版博览会的举办为标志，我国的数字文化产业链条基本形成，包括内容提供商(出版社、作者)、技术服务商、运营商、分销商、支付厂商、终端厂商六大环节。此后，随着网络小说成为阅读新时尚，《诛仙》《亵渎》等作品网络出版物引发了线下出版高潮，网络写手、网站与出版社之间初步形成了"三赢"出版运营模式②，这种网上网下的互动营销使销售量有了质的飞跃，并在这一时期初步形成了跨媒体互动的出版模式。2009 年，新闻出版总署公布，我国数字文化业产值达到 799.4 亿元，首次超过传统图书出版业的产值，其中手机出版产值的 314 亿元，占数字文化业产值的 39%，超过网络游戏，雄踞榜首(如图 4-1 所示)。

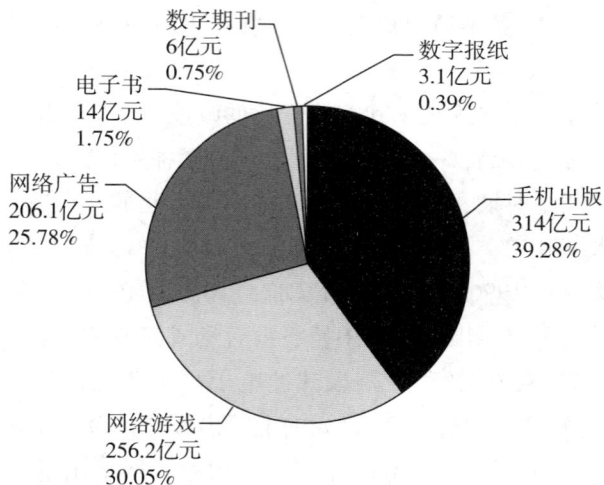

图 4-1　2009 年我国数字文化产品收入比例

(资料来源：郝振省. 2008—2009 年中国数字出版产业年度报告[M]. 中国书籍出版社，2010.)

这一时期，政府开始意识到传统出版业面临着数字化的巨大挑战，如何引导行业发展与产业转型成为主管部门面临的重大问题，最具代表性的政策法规主要包括以下几种。

---

① 程鸿. 走近数字出版[J]. 科技与出版，2005(5)：76-76.
② 宋战利. 中国文学期刊的危机与发展机遇探讨[J]. 中国出版，2010(10)：28-30.

在发展战略方面，"十一五"之初，国家就在各类规划性文件中提出，要把数字化相关技术及体制创新作为未来文化产业改革与发展的重点。2006年，我国先后公布的《国民经济和社会发展第十一个五年规划纲要》《"十一五"时期文化发展纲要》等都强调了这一主旨。2008年，国务院颁布《国家知识产权战略纲要》《文化产业振兴规划》等战略性文件，把发展数字文化、动漫产业以及电子阅读等提上重要日程，并开始加大扶持力度。

在机构改革方面，2008年根据新的"三定方案"，国务院下发《关于印发〈国家新闻出版总署(国家版权局)主要职责内设机构和人员编制规定〉的通知》。新闻出版总署(国家版权局)内设机构(12个)设立科技与数字文化司，形成了互联网期刊、电子图书、多媒体互动期刊、数字报纸、手机出版等数字文化产业形态。

在版权保护方面，国家版权局和信息产业部于2005年4月30日出台了《信息网络传播权行政保护办法》，于2001年新修订的《中华人民共和国著作权法》中已明确了"信息网络传播权"这一权利，但是由于网络环境下传播的复杂性，很多问题都存在争议。《信息网络传播权行政保护办法》在信息网络传播权的行政保护方面明确和细化了一系列具体的规定，使信息网络传播向规范化、法制化发展迈出了重要的一步。此外，2006年《信息网络传播权保护条例》也初步缓解了我国网络领域"法律真空"的状态。

在产业改革和发展方面，相关部门发布的相关政策涉及体制改革、产业发展与规划、资金税收支持、奖励措施、行业监管(包括设立监管、内容监管、经营监管、生产监管和进口监管等)(见表4-1)。

表4-1　　　2005—2009年我国数字文化产业相关主要政策

主要内容	发布时间	发布机构	文件名称
体制改革	2006年	新闻出版总署	《关于深化出版发行体制改革工作实施方案》
	2008年	国务院办公厅	《关于印发文化体制改革中经营性文化事业单位转制为企业和支持文化企业发展两个规定的通知》

续表

主要内容	发布时间	发布机构	文件名称
产业发展	2006 年	财政部等 10 部门	《关于推动我国动漫产业发展若干意见》
	2008 年	文化部	《关于扶持我国动漫产业发展的若干意见》
	2009 年	新闻出版总署	《关于促进我国音像业健康有序发展的若干意见》
	2009 年	国务院	《文化产业振兴规划》
保障措施	2008 年	财政部	《中央补助地方文化体育与传媒事业发展专项资金管理暂行办法》
	2009 年	财政部、国家税务总局	《关于扶持动漫产业发展有关税收政策问题的通知》
	2009 年	财政部、海关总署、国家税务总局	《关于支持文化企业发展若干税收政策问题的通知》
	2009 年	财政部	《关于文化体制改革中经营性文化事业单位转制为企业的若干税收优惠政策的通知》
	2005 年	新闻出版总署	《关于印发我国出版政府奖评奖章程的通知》
	2005 年	国家标准化管理委员会	《标准网络出版发行管理规定(试行)》
行业标准	2005 年	新闻出版总署	《关于禁止利用网络游戏从事赌博活动的通知》
行业监管	2005 年	新闻出版总署	《关于认定淫秽与色情声讯的暂行规定》
	2007 年	中共中央办公厅、国务院办公厅	《关于加强网络文化建设和管理的意见》
	2007 年	新闻出版总署	《音像制品制作管理规定》
	2007 年	新闻出版总署	《关于加强音像制品、电子出版物和网络出版物审读工作的通知》
	2007 年	新闻出版总署、中央文明办、教育部等 8 部门	《关于保护未成年人身心健康实施网络游戏防沉迷系统的通知》
	2007 年	新闻出版总署	《关于规范利用互联网从事印刷经营活动的通知》

续表

主要内容	发布时间	发布机构	文件名称
行业监管	2007 年	新闻出版总署	《关于贯彻落实中央两办加强网络文化建设和管理工作要求的通知》
	2008 年	新闻出版总署	《电子出版物出版管理规定》
	2008 年	新闻出版总署	《图书出版管理规定》
	2008 年	新闻出版总署	《电子出版物出版管理规定》
	2008 年	国家测绘局、外交部、公安部等 8 部门	《关于加强互联网地图和地理信息服务网站监管的意见》
	2009 年	新闻出版总署	《复制管理办法》
	2009 年	中央编办	《关于印发〈中央编办对文化部、广电总局、新闻出版总署《"三定"规定》中有关动漫、网络游戏和文化市场综合执法的部分条文的解释〉的通知》
	2009 年	新闻出版总署、国家版权局、全国"扫黄打非"工作小组办公室	《关于贯彻落实国务院〈"三定"规定〉和中央编办有关解释，进一步加强网络游戏前置审批和进口网络游戏审批管理的通知》
	2009 年	新闻出版总署	《关于加强对进口网络游戏审批管理的通知》

这一阶段政策环境的主要特征是：第一，我国已初步形成包括战略目标、知识产权保护法律法规、体制改革、发展规划、促进措施、行业监管等内容的数字文化产业政策体系；第二，政策制定主要以行业监管为重点，监管的重点已由传统出版业开始转向网络出版、电子出版，发布的政策多涉及经营监管和内容监管；第三，促进型政策较为宏观，相关保障措施也仅集中于资金补助和税收优惠等政策，在数字产业亟待解决的网络授权不清、行业标准不统一、商业模式欠缺、人才匮乏等问题上，仍然缺少具体的措施，因此这一阶段的政策只具"体系"之形。

4.1.3　2010—2018 年：产业发展阶段的政策体系完善

2010 年，我国数字文化产业进入快速发展时期，首先，集群式发展已初现端倪。各部委和地方政府批复成立了 9 家国家数字文化基地，集中分布在华北、华东、华中、华南、西北和西南地区①，构建了我国数字文化产业区域发展的初步格局。其次，基于平台的互动模式开始形成。微博迅猛发展，出版业利用微博这个新载体与读者、作者进行互动，开始了对品牌推广和营销模式的探索。② 再次，出现媒体融合发展态势，例如南方报业传媒集团与凤凰卫视签署战略合作伙伴协议，突破了以往同类同质媒体之间的合作。③ 此外，2012 年内容提供商根据渠道及终端特性，还进行了多平台应用与多终端的内容开发，在立体复合出版领域获得多重收益。最后，网上投送平台竞争激烈。2010 年 2 月云中书城脱离盛大官网独立运营，3 月京东商城上线读书频道、搜狐原创频道试水付费阅读，4 月淘宝旗下淘花网正式推出数字杂志内容，9 月百度阅读上线，10 月苏宁易购图书馆正式上线、卓越网正式更名为亚马逊，12 月当当网开启电子书销售。④

2011—2013 年传统出版业开始进入转型升级时期，首先，数字文化技术发展令人瞩目。2011 年 8 月，国内最大的数字文化云计算中心——天津国家数字文化基地云计算中心正式在天津空港经济区上线运营；2012 年，柔性显示技术、大数据分析与挖掘开始受到广泛关注；此外，以苹果 iPad/iPhone 引领的终端革命的到来，与之相关的移动应用研发也开始成为主流。2013 年，国家新闻出版广电总局重大科技工程项目"数字版权保护技术研发工程"进入详细设计阶段收尾期。其次，标准体系建设工作取得进展。全国版权保护标准化技术委员会正式成立；多项标准制定取得重大进展，《电子书内容标准体系》等 4 项电子书标准正式发布；多项标准的制定为数字版权作品的识别、登记、交易、结算、取证，以及数字版权保护平台的搭建与数字版权保护技术研发工程有序进行，提供规范与引导。再次，数字版权立法保护力度加大。2013 年 3 月开始实施的《计算机软件保护条例》《著作权法实施条例》《信息网络传播权保护条例》等 3 部修订条例，都提高了非法经营的罚款数额和罚款的最高限额，加大了对侵权盗版的威慑力。最后，进一步全媒体化、移动化。2014 年，在 4G 牌照、

① 学敏 . 八仙过海展实力，各显神通求突破——九大国家级数字出版基地集体亮相深圳文博会[J]. 出版发行研究，2012(6)：91-91.

② 郝振省 . 2010—2011 年中国数字出版年度报告(摘要)[J]. 出版参考，2011(21)：9-10.

③ 马超 . 凤凰卫视与南方报业传媒集团签署战略合作伙伴协议[J]. 电视研究，2010(1)：80.

④ 郝振省 . 2011—2012 中国数字出版产业年度报告[M]. 中国书籍出版社，2013：102.

虚拟运营商牌照已经陆续放出的背景下，数据传输速率呈几十倍速度增长；电子书包成为出版机构数字化转型的新"蓝海"，方正、汉王等 IT 公司、中南传媒、凤凰传媒等出版企业，都提速电子书包开发业务①；我国网络文学界逐渐形成盛大、百度、腾讯三巨头并立的新格局，同时推动网络文学网站现有版权制度和收益机制改变。

2017 年，十九大文化报告在"推动文化事业和文化产业发展"中提出健全现代文化产业体系和市场体系，创新生产经营机制，完善文化经济政策，培育新型文化业态要求，为文化产业发展指明方向。随着我国经济发展进入新常态，人民生活水平逐渐提高，国民对文化的消费能力增强，我国文化产业占 GDP 比例持续提升。据前瞻产业研究院发布的《中国文化产业发展前景预测与产业链投资机会分析报告》统计数据显示，2012 年全国文化及相关产业增加值已达 18071 亿元，占 GDP 比重为 3.48%。到了 2016 年，全国文化及相关产业增加值首次突破 3 万亿元，达到 30785 亿元，同比增长 13.03%。截至 2017 年，全国文化及相关产业增加值增长至 34722 亿元，占 GDP 的比重为 4.2%，比 2016 年提高 0.06%，按现价计算，比 2016 年增长 12.8%，比同期 GDP 名义增速高 1.6%。文化及相关产业已逐步成长为我国宏观经济发展中新的增长点。

这一时期，集群、技术、标准、平台、模式等体现数字经济特征的领域开始得到重视，并在市场竞争中得以体现，如何引导产业适应数字化升级的要求是这一阶段要解决的重要问题，最具代表性的政策法规主要涉及以下几方面。

在发展战略目标方面，2011 年 10 月，党的十七届六中全会审议通过的《中共中央关于深化文化体制改革，推动社会主义文化大发展大繁荣若干重大问题的决定》指出，加快发展文化创意、数字文化、移动多媒体、动漫游戏等新兴文化产业；鼓励有实力的文化企业跨地区、跨行业、跨所有制兼并重组，培育文化产业领域战略投资者；发展文化产业集群，提高文化产业规模化、集约化、专业化水平。"十二五"期间，国家对数字文化产业的重视程度再度提高，国民经济和社会发展第十二个五年规划纲要、"十二五"时期文化改革发展规划纲要和新闻出版业发展规划更是把数字文化产业作为大力发展、重点扶持的产业。在新闻出版总署印发的有关体制改革、产业发展的指导意见中，数字出版、网络出版、手机出版等以数字化生产和传输为主要特征的新生业态被不断强调。2017 年 4 月，

---

① 郭全中，谢万树．数字出版产业的六大趋势[J]．新闻前哨，2015(1)：14-16.

文化部《关于推动数字文化产业创新发展的指导意见》指出，数字文化产业已成为文化产业发展的重点领域和数字经济的重要组成部分，并提出数字文化产品和服务供给质量不断提升、供给结构不断优化、供给效率不断提高，数字文化消费更加活跃，成为扩大文化消费的主力军，培育了若干社会效益和经济效益突出、具有较强创新能力和核心竞争力的数字文化领军企业，扶持了一批各具特色的创新型中小微数字文化企业。动漫、游戏、网络文化、数字文化装备、数字艺术展示等重点领域实力明显增强。数字文化产业生态体系更加完善，产业支撑平台更加成熟，市场更加有序，政策保障体系更加完备。到 2020 年，形成导向正确、技术先进、消费活跃、效益良好的数字文化产业发展格局，在数字文化产业领域处于国际领先地位。

在机构改革方面，根据第十二届全国人民代表大会第一次会议批准的《国务院机构改革和职能转变方案》和《国务院关于机构设置的通知》（国发〔2013〕14 号）的规定，设立新闻、出版、广播、电影和电视领域的国家管理部门。国家新闻出版广电总局为正部级单位，是国务院直属机构。2013年，国家新闻出版总署与国家广播电影电视总局合并，组建"国家新闻出版广播电影电视总局"，随后更名为"国家新闻出版广电总局"。2018 年国家机构改革对于文化领域同样具有重大意义。在此次调整中，文化部与国家旅游局合并，组建文化和旅游部；组建国家广播电视总局，不再保留国家新闻出版广电总局；整合中央电视台（中国国际电视台）、中央人民广播电台、中国国际广播电台，组建中央广播电视总台，归口中宣部领导；中宣部还统一管理新闻出版工作和电影工作。此外，还有多个文化产业相关部门涉及变动。

在专项规划方面，2011 年 4 月，《新闻出版业"十二五"时期发展规划》提出，以业态创新和服务创新为重点，加快新技术应用，大力发展数字出版等战略性新兴出版产业……进一步加快建设产业集群、产业带建设，重点发展数字文化、版权创意、印刷复制产业等产业园区和基地，鼓励差异化、特色化发展，促进产业区域协调发展。2011 年 9 月，《数字出版"十二五"时期发展规划》提出，建设布局合理、类型多样的数字文化产业基地，带动和辐射周边地区共同发展。在华东、华南、华中、华北、东北、西北、西南等具备条件的地区分别建设 1~2 家国家级数字文化基地，提高数字文化产业集中度，打通产业链；鼓励基地集中资源，突出特色，尽快做强做大一批数字文化龙头企业，发挥带动和示范作用。2017 年 4月，文化部印发《文化部"十三五"时期文化产业发展规划》指出，到 2020

年，文化产业整体实力和竞争力明显增强，文化产业成为国民经济支柱性产业；现代文化产业体系和现代文化市场体系更加完善，文化产业结构布局不断优化，文化产业对相关产业的带动和提升作用充分发挥；"十三五"期间，培育一批具有核心竞争力的文化企业，打造一批具有较强影响力的文化产品和品牌，支持实施一批具有较强带动作用的重点文化产业项目，创建一批具有显著示范效应的国家级文化产业园区等。

在产业发展政策方面，2010 年 1 月，国家新闻出版总署发布《关于进一步推动新闻出版产业发展的指导意见》，提出发展数字出版等非纸介质战略性新兴出版产业；积极推动音像制品、电子出版企业向数字化、网络化转型；积极发展数字文化、网络出版、手机出版等以数字化内容、数字化生产和数字化传输为主要特征的战略性新兴新闻出版业态。2010 年 8 月，国家新闻出版总署出台《关于加快我国数字出版产业发展的若干意见》，明确到"十二五"末，形成 20 家左右年主营业务收入超过 10 亿元的具有国际竞争力的数字文化骨干企业，传统出版单位到 2020 年基本完成数字化转型。2018 年 4 月，国家统计局颁布了新修订的《文化及相关产业分类（2018）》。与《文化及相关产业分类（2012）》相比，此次修订变化突出表现在以下 3 个方面：一是新增设了分类编码，将文化及相关产业划分为三层，层次和编码简洁明了；二是新增加了符合文化及相关产业定义的活动小类，其中包括互联网文化娱乐平台、观光旅游航空服务、娱乐用智能无人飞行器制造、可穿戴文化设备和其他智能文化消费设备制造等文化新业态；三是重点调整了分类的类别结构。随着新分类标准的实施，国家统计局将进一步加强文化产业统计工作，提高统计数据的权威性和政府统计的公信力，实现新时代新形势下对统计工作的新要求，为深化文化体制改革提供有力的统计保障，为推进文化产业快速发展和社会主义文化繁荣兴盛提供优质的统计服务。

在对行业监督和管理方面，仍然是文化产业推进的重点工作之一。2018 年，《微博客信息服务管理规定》、《国家新闻出版广电总局办公厅关于进一步规范网络视听节目传播秩序的通知》、中宣部等五部门联合发布的关于整治"天价片酬""阴阳合同"等问题的《国家新闻出版广电总局办公室关于进一步规范网络视听节目传播秩序的通知》等政策均体现出高度的针对性。内容审核机制不健全，不少不具备法定视听节目直播资质的网络平台出现导向偏差，更有平台以格调低下、低俗媚俗的内容吸引眼球，传播不符合社会主义核心价值观的内容，互联网文艺无规则、无边界的特点在直播答题的野蛮生长过程中得到充分展现。2018 年 2 月，《国家新闻出版广电总局关于加强网络直播答题节目管理的通知》的发布为行业敲响了警钟，文件中对于网络直播答题提出 6 个方面的要求：一要坚持正确导向，二要实施准入管理，三要严格备案审核，四要落实主体责任，五要加强主持人管理，六要加强监管督查，旨在引导直播答题行业健康、有序地发展。

在配套措施方面，我国文化产业的传统业态仍保持着增长活力的同时，新兴业态也开始展现出迅猛的发展潜力，这在很大程度上也与相关配套措施的支持息息相关。在 2018 年的《政府工作报告》中，李克强总理明确提出，做大做强新兴产业集群，实施大数据发展行动，加强新一代人工智能研发应用，在文化等多领域推进"互联网+"。而网信办在 2018 年上半年发布的《关于印发〈关于推动资本市场服务网络强国建设的指导意见〉的通知》中，也从总体要求和政策引导、资本护航、组织保障共 4 个方面阐述了我国如何积极利用资本市场力量建设世界范围内的网络强国。在文化领域推进"互联网+"、发展智能产业等要求，将有利于各种与网络密切相关的数字创意产业的发展。目前，我国数字创意产业已经进入高速发展时期，并成为我国文化创意产业发展的重要推动力。在一系列配套措施的支持下，将有望进一步扩大覆盖受众面，并逐步成长为具有中国特色的文化产业业态。

在制度完善方面，国家在文化领域政策的另一关注点落脚在知识产权的保护与管理上。2018 年 2 月，中办国办印发《关于加强知识产权审判领域改革创新若干问题的意见》，意在强化知识产权创造、保护、运用，破解制约知识产权审判发展的体制机制障碍，充分发挥知识产权审判激励和保护创新、促进科技进步和社会发展的职能作用。2018 年 3 月，国务院又发布了《知识产权对外转让有关工作办法（试行）》，明确了知识产权对外转让的审查范围、审查内容、审查机制等内容，为规范知识产权对外转让秩序，贯彻落实总体国家安全观，完善国家安全制度体系，维护国家安全和重大公共利益迈出了坚实的一步。知识产权保护是激励创新的基本手段，是创新原动力的基本保障，是国际竞争力的核心要素。国家对于知识产权相关工作的重视和部署，事关创新驱动发展战略的实施，事关经济社会文化发展的繁荣，事关国内国际两个大局，对于建设知识产权强国和世界科技强国具有重要意义。

2010—2018 年，我国数字文化产业多元化蓬勃发展。我国数字文化产业快速发展，结合云计算、大数据、物联网、人工智能与"互联网+"等技术的广泛应用和推动，涌现出诸多适合新一代群体需求的动漫、游戏、网络影视剧、视频、直播、虚拟现实、增强现实和混合现实等新兴文化业态，文化产业结构从产业链到价值链不断优化升级，我国文化产业的影响力和市场竞争力日益提升。数字文化产业凭借其迅捷化、便利化、个性化、差异化、视听奇观化等消费特点，日益融入新一代年轻大众群体的日常生活，秉承引领文化产业发展的全过程、全领域的重要力量，在助力中国文化产业向更高质量发展的同时，也给科技和文化的融合带来巨大发展空间。随着数字化技术应用愈加普及，文化产业基于数字化互联网的个性化定制、精准化营销、协作化创新、网络化共享等新型文化生产经营方式、文化业态以及多元化商业模式不断涌现创新，成为文化产业发展的新动能，推动文化产业提质、增效，加速驶入快车道。"互联网+"为文化产业发展带来了新机遇。第一，互联网加速文化产业形态外延拓展。在"互联网+"背景下，文化产业与互联网逐渐走向深度融合，使得文化产业内涵与外延得到极大丰富，一个与传统文化产业链表现形态不同的全新的文化产业链逐步开始形成。第二，互联网激发文化产业消费意愿。近年来，互联网已经成为人们各类文化消费的重要途径，文化与互联网的融合激发了人们的互联网文化消费意愿，由此产生的需求增长进一步推动文化产品供给，进而刺激市场繁荣，对文化产业的发展形成良性驱动。第三，互联网打破文化领域产业壁垒。其主要体现在，互联网推动文化产业主动与其他产业融合发展，将文化产业的理念带入其他行业；互联网推动其他产业进入文化产业领域进行发展；互联网促进文化产业内部细分部门之间的融合发展。第四，文化产业与互联网平台本身之间的融合发展。①

　　这一阶段，相关政策最明显的特征就是促进型政策明显增加（见表4-2），广泛涉及体制改革、发展规划、金融合作、重点项目、民间投资、科技创新、平台建设、产业融合等多方面，针对数字经济发展特征及主要问题的政策陆续出台，由此，我国包括国家宏观政策、产业发展政策以及相关配套具体措施所构成的数字文化产业政策体系开始逐步完善。

表 4-2　　　　　　　**2010—2018 年数字文化相关促进型政策**

年度	发布机构	文 件 名 称
2010 年	新闻出版总署	《关于加快我国数字出版产业发展的若干意见》

---

① 前瞻产业研究院.2019 年中国文艺产业市场现状及发展趋势分析[EB/OL].（2020-01-10）[2020-11-01].http：//www.ccitimes.com/index.php? m = content&c = index&a = show&catid = 70&id = 19180.

续表

年度	发布机构	文 件 名 称
2010 年	新闻出版总署	《关于进一步推动新闻出版产业发展的指导意见》
2010 年	新闻出版总署	《关于发展电子书产业的意见》
2010 年	新闻出版总署	《关于进一步推进新闻出版体制改革的指导意见》
2010 年	新闻出版总署	《关于促进出版物网络发行健康发展的通知》
2010 年	中央宣传部等 9 部委	《关于金融支持文化产业振兴和发展繁荣的指导意见》
2010 年	国务院	《关于鼓励和引导民间投资健康发展的若干意见》
2011 年	新闻出版总署	《新闻出版业"十二五"时期发展规划》
2011 年	中共中央	《关于深化文化体制改革推动社会主义文化大发展大繁荣若重大问题的决定》
2012 年	新闻出版总署	《关于加快出版传媒集团改革发展的指导意见》
2012 年	文化部	《"十二五"时期文化产业倍增计划》
2012 年	文化部	《"十二五"时期国家动漫产业发展规划》
2012 年	文化部	《"十二五"文化科技发展规划》
2012 年	新闻出版总署	《关于调整"十二五"国家重点图书、音像、电子出版物出版规划的通知》
2012 年	科学技术部、财政部、文化部等 6 部门	《国家文化科技创新工程纲要》
2012 年	中共中央办公厅、国务院办公厅	《"十二五"时期文化改革发展规划纲要》
2013 年	新闻出版总署	《2013 年新闻出版改革发展工作要点》
2013 年	文化部	《"十二五"时期公共文化服务体系建设实施纲要》
2013 年	文化部	《信息化发展纲要》
2013 年	国家新闻出版广电总局办公厅	《关于加强数字文化内容投送平台建设和管理的指导意见》
2013 年	国务院	《关于促进信息消费扩大内需的若干意见》
2014 年	国家新闻出版广电总局、财政部	《关于推动新闻出版业数字化转型升级的指导意见》
2014 年	财政部	《关于延续宣传文化增值税和营业税优惠政策的通知》

续表

年度	发布机构	文 件 名 称
2014 年	文化部、中国人民银行、财政部	《关于深入推进文化金融合作的意见》
2014 年	国务院办公厅	《关于印发文化体制改革中经营性文化事业单位转制为企业和进一步支持文化企业发展两个规定的通知》
2014 年	国家新闻出版广电总局、财政部	《关于推动传统媒体和新兴媒体融合发展的指导意见》
2015 年	国务院办公厅	《关于进一步扩大旅游文化体育健康养老教育培训等领域消费的意见》
2016 年	发改委	《战略性新兴产业重点产品和服务指导目录（2016版）》
2017 年	文化部	《关于推动数字文化产业创新发展的指导意见》
2018 年	中办国办	《关于加强知识产权审判领域改革创新若干问题的意见》
2018 年	国家新闻出版广电总局	《关于进一步规范网络视听节目传播秩序的通知》

4.2　我国数字文化产业创新政策体系及作用类型

通过前述对数字文化产业发展的政策环境及其演变的梳理和分析，可以看出，随着数字文化产业发展的宏观战略目标和发展路径的变化，现阶段我国数字文化产业创新政策体系已经初步形成，内容主要包括以下几方面。

①宏观战略政策，主要是指"五年计划纲要"等国家宏观政策，这是国家经济和社会发展的宏观的阶段性战略规划，也是数字文化产业成长、发展的主要依据。数字文化产业创新需要按照计划中的战略目标要求来组织实施。②产业发展政策，如产业发展规划、体制改革措施、促进产业发展意见等，是承上启下的产业层面的综合指导政策，一方面，引导产业的发展和创新；另一方面，指导政府有关部门制定具体的规章制度和措施。③知识产权制度，其作用是作为促进产业创新和进步的手段，以版权、专利、商标等知识产权制度的修改和完善，刺激、鼓励和保护产业的内容创

新、技术创新、产品创新和服务创新。④行业监管政策。⑤投资、金融、税收、人才培养、知识产权行政保护等其他对产业创新有重要影响的相关政策。第④和⑤两类都是为实现宏观政策目标而制定的实质性具体措施，包括针对产业创新制定的具体措施和对产业创新有重要影响的其他相关政策。

借鉴管理学关于战略层次的分类和概念，并根据上述政策的作用类型，可以将各类型政策划分为3个层次。①战略层政策，是根据产业发展及环境的具体情况制订的产业创新的总体目标，发挥着指导原则的作用。②控制层政策，是通过选择特定的方式和途径，对指导性的方针和限制性的原则进行具体化的政策。由于狭义的产业发展政策，如产业规划所体现的主要任务、重大项目和体制改革，都直接控制产业创新的发展路径和走向；知识产权制度不仅作用于激励和保护创新，而且也调整产业的控制权和主导权，因此将此层级的政策称为控制层政策。③执行层政策，是指具体性的措施、对策、程序等，主要针对具体问题。"如果一些具体的问题对系统的生存和发展影响足够大，它们就有可能出现于战略之中，构成战略中的行为层次。"①因此，我们将直接影响创新的产业政策以及对产业创新有间接重要影响的其他相关具体政策措施统称为执行层政策。

4.3 我国数字文化产业创新的政策激励结构

本部分的研究内容主要运用扎根理论(Grounded Theory)②这一探索性研究(exploring research)技术，通过对文本资料进行开放式编码(open coding)、主轴编码(axial coding)、选择性编码(selective coding)3个步骤，分析数字文化产业创新的政策激励结构及其构成要素。资料分析过程中采

---

① 刘海啸. 战略层次与战略形态[J]. 西安邮电学院学报, 1999(2)：42-47.

② 扎根理论研究法是由哥伦比亚大学的 Anselm Strauss 和 Barney Glaser 两位学者共同发展出来的一种研究方法，是运用系统化的程序，针对某一现象来发展并归纳式地引导出扎根理论的一种定性研究方法，其主要宗旨是在经验资料的基础上建立理论。研究者在研究开始之前一般没有理论假设，直接从实际观察入手，从原始资料中归纳出经验概括，然后上升到系统的理论。这是一种从下往上建立实质理论的方法，即在系统性收集资料的基础上寻找反映事物现象本质的核心概念，然后通过这些概念之间的联系建构相关性的社会理论(参见 Strauss A, Corbin J. Grounded Theory Methodology：an Overview. In N Denzin, Y Lincoln (eds.). Handbook of Qualitative Research[M]. CA：SAGE, 1994：273-285.)。

用持续比较(Constant Comparison)的分析思路，不断提炼和修正理论，直至达到理论饱和。

4.3.1　开放式编码

开放式编码(一级编码)即对国家及各部委 2005—2018 年发布的(不包括各省市颁布的地方法规)与数字文化产业创新相关性最强的 108 项政策作为原始资料，逐句或逐段进行编码、标签、登录，以从原始资料中产生初始概念，发现概念范畴。为了减少研究者个人的偏见、定见或影响，我们尽量以政策中的原话作为标签并从中发掘初始概念。在原始资料(政策样本)中一共得到 870 余条原始语句及相应的初始概念。由于初始概念的数量非常庞杂且存在一定程度的交叉，而范畴是对概念的重新分类组合，我们进一步对获得的初始概念进行范畴化。进行范畴化时，除剔除重复频次极少的初始概念(频次少于 2 次)，为了节省篇幅，对每个范畴我们仅仅节选 2~3 条原始资料语句及相应的初始概念(见表 4-3)。

表 4-3　　　　　　　　　　　　开放式编码范畴化

序号	范畴	原始语句(示例)
1	产业现状认知	体制不顺，机制不活，发展活力不强；产业转型缓慢，新业态尚未形成；原创内容不足，相关标准缺失，版权保护手段滞后
2	基本原则认识	社会效益放在首位，坚持社会效益与经济效益的有机统一；政府引导和市场调节相结合；维护国家文化安全
3	产业特性认知	以"创意"为核心；极具生机和活力的新兴文化产业；以数字文化为代表的新业态已成为新闻出版业发展的新的战略制高点
4	总体目标	数字化转型升级；提高文化创新能力；以数字化带动出版业现代化，鼓励自主创新
5	发展指标	数字文化总产值力争达到新闻出版产业总产值 25%；形成 20 家左右年主营业务收入超过 10 亿元的具有国际竞争力的数字文化骨干企业
6	主要任务	加快推动传统出版单位数字化转型；加快国家数字文化重点科技工程和重大项目建设；推动数字文化产业聚集区建设
7	重大项目	国家数字文化产业创新工程；国家动漫产业公共技术服务平台建设；文化产业投融资体系建设推进工程

续表

序号	范畴	原始语句(示例)
8	制度完善	争取把行之有效的文化产业政策上升为国家法律法规,为文化产业发展提供法制保障
9	体制改革	深化文化行政管理体制改革,加快政府职能转变,强化政府调节、市场监管、社会管理、公共服务职能,推动政企分开、政事分开,理顺政府和文化企事业单位关系
10	财政投入	转变公共财政投入方式,通过政府购买服务、项目补贴、以奖代补等方式,鼓励和引导社会力量提供公共文化产品和服务
11	投资融资	鼓励民间创业投资机构、科技担保机构搭建文化科技投融资服务平台,为文化科技企业提供创业投资、贷款担保和银行融资服务;推动条件成熟的文化科技类企业上市融资
12	税收优惠	实行即征即退政策;免征进口关税和进口环节增值税;可申请享受国家所得税优惠政策
13	知识产权创造	加强出版产品内容创作生产的引导;以原创创意为重点
14	知识产权应用	加强著作权、专利权、商标权等文化类无形资产的评估、登记、托管、流转服务
15	知识产权保护	开展市场专项整治行动,严厉查处侵犯知识产权的行为
16	行业监管	网络出版服务许可;中外合资经营、中外合作经营和外资经营的单位不得从事网络出版服务
17	依法行政	行政执法制度健全;依法监督行政行为,支持依法行政
18	人才培养	依托国家各类人才计划,注重对高端文化科技人才的引进,培养造就专业化、复合型的人才队伍与团队
19	表彰奖励	表彰奖励成就卓著的文化科技工作者;音像制品、电子出版物、网络出版物奖数额20个
20	服务保障	为文化企业出口收汇开辟"绿色通道";为文化企业提供快捷、高效的风险保障、融资便利、资信评估和应收账款管理等服务
21	运行机制	要建立属地内新闻出版、外宣、公安、通信、"扫黄打非"等部门的协调、沟通和信息共享机制
22	组织实施	形成部门合力;要加强组织领导,完善组织机构,积极创造条件,设立专职数字文化管理部门

4.3.2 主轴编码

主轴编码（关联式登录）的任务是发现范畴之间的潜在逻辑联系，发展主范畴及其副范畴。本书根据不同范畴在概念层次上的相互关系和逻辑次序对其进行归类，共归纳出 4 个主范畴：基础认知、目标设定、发展路径和执行措施。各主范畴及其对应的开放式编码范畴，见表 4-4。

表 4-4 主轴编码形成的主范畴

主范畴	对应范畴	
基础认知	产业现状认知	
	基本原则认识	
	产业特性认知	
目标设定	总体目标	
	发展指标	
发展路径	主要任务	
	重大项目	
	制度修改	
	体制改革	
执行措施	供给构面	财政投入
		税收优惠
		投资融资
		人才培养
		知识产权创造
	需求构面	表彰奖励
		知识产权应用
	环境构面	行业监管
		知识产权保护
		运行机制
		组织实施
		依法行政
		服务保障

根据 Rothwell 和 Zegveld 从政策对创新活动的作用层面，对政府创新政策进行的基础分类，我们将执行措施范畴又分为供给构面、需求构面和环境构面政策。供给构面政策作用于产业创新的供给，即财务、人力、技术支持、公共服务等政府直接投入影响和作用于产业创新；需求构面政策，以市场为着眼点，影响和作用于产业需求，如扩大消费，以政府奖励等形式鼓励产品创新和服务创新，强化知识产权的权利流转等；环境构面政策指间接影响创新发展的环境，如知识产权保护、行业监管等法律法规的制定，政策的组织实施和运行机制的完善，以及政府通过依法行政和提高行政效率等各项规则的制定。基础认知、目标设定和发展路径三个主范畴总体上影响和作用于 3 个构面的政策。

4.3.3   选择性编码

选择性编码(核心式登录)是从主范畴中挖掘核心范畴，分析核心范畴与主范畴及其他范畴的联结关系，并以"故事线"(Story Line)方式描绘行为现象和脉络条件，完成"故事线"后实际上也就发展出新的实质理论构架。本书中，主范畴的典型关系结构，见表4-5。

表 4-5   主范畴的典型关系结构

典型结构关系	关系结构的内涵
认识—行为	基础认知是行为的内驱因素，直接决定产业创新的政策激励结构及其构成要素
目标设定 ↓ 认识—行为	目标设定是政策激励结构的宏观条件，影响"认识—行为"的关系强度与关系方向
发展路径 ↓ 认识—行为	发展路径是政策激励结构的控制条件，影响"认识—行为"的关系方向
执行措施 ↓ 认识—行为	执行措施是政策激励结构的保障条件，影响"认识—行为"的关系强度

我们确定"数字文化产业创新的政策激励结构"这一核心范畴，围绕核心范畴的"故事线"可以概括为：基础认知、目标设定、发展路径和执行措施 4 个主范畴，构成数字文化产业创新的政策激励结构；基础认知是

内驱因素，直接决定产业创新的政策激励结构及其构成要素；目标设定、发展路径和执行措施则决定和调节着"认识—行为"之间的联结关系和强度。以此"故事线"为基础，本书提出数字文化产业创新的政策激励整合模型，如图 4-2 所示。

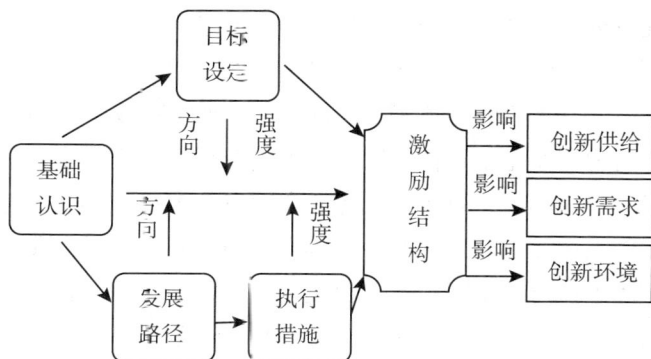

图 4-2　数字文化产业创新的政策激励整合模型

4.3.4　理论饱和度检验

对政策样本进行理论饱和度检验的结果显示，对于政策激励结构包含的 4 个主范畴，均没有发现形成新的重要范畴和关系，4 个主范畴内部也没有发现新的构成因子。由此可以认为，上述"数字文化产业创新的政策激励整合模型"是理论上饱和的。

4.4　我国数字文化产业创新政策的系统失灵分析

创新不仅由系统的要素决定，而且也由要素之间的关系决定。创新系统研究方法强调将制度环境作为系统中的决定性和结构性要素。但是，现有的研究多是针对制度本身的设计和选择出现的问题，而较少以创新政策系统的整体目标、政策制定者之间的联系、互动，以及政策之间功能的相互补充和协调为研究对象。因此，本书基于系统失灵理论，以创新政策所构成的系统为研究对象，根据创新政策的系统特性和作用，着重分析我国数字文化产业创新政策的系统失灵表现和原因。

4.4.1   创新系统研究方法与系统失灵理论概述

国家创新系统(National Innovation System)的概念出现在 20 世纪 80 年代,开始成为学术界研究的议题。国家创新系统被认为是一种制度,带动国家整体的发展,走向经济成长、复苏,并建立国家的竞争优势。针对国家创新系统对创新发展的作用,虽有部分研究显示不同看法,但大体上文献皆认同创新系统对产业创新发展具有正向的影响(Nuvolari & Vasta,2015)。前述"数字经济的创新范式转型"中谈到,在数字经济中,创新活动与知识传播为主要竞争条件,因此国家创新系统在产业发展过程中居重要地位,引领产业创新、再生。国家创新系统的应用不仅止于科技产业,也包含文化创意产业等新兴产业,凡具有创新需求本质的产业,都可利用国家创新系统来探讨政策面与产业面发展(Haseman & Jaaniste,2008)。

创新系统研究方法。人们对于创新的认识经历了一个过程。美国在"二战"后,长时间内把创新视为一个线性的过程。"创新理论同其他生产函数一样被视为单一路径的线性模型,在此线性模型中,研究引导发展,发展引导生产,生产再引导市场,然而线性模型其实扭曲了创新的真实现况。"①实际上,创新面对的是信息不充分、充满不定性的环境,需要反馈的过程来协助行动者掌握创新的进行。线性模型缺乏反馈的过程,而反馈却是评估下一阶段的创新是否可行的重要机制。同时,反馈机制所累积的信息以及对行为者的行为修正,也是一个学习的过程,这正是创新活动重要的特征。因此,Kline(1986)提出了一个连锁式的非线性模型,强调创新路径的多样化、网络化,同时还包括反馈的机制。在线性模型中,知识流的建模相当简单:创新的发动者是科学,而科学投入的增加将直接增加从下游段流出的新创新和技术的数量。20 世纪 80 年代中期,"创新系统"(innovation system)理论兴起,Lundvall(2000)认为,其目的是把握研究与开发系统和生产系统之间的相互联系。Jenson 等(2016)提出,创新系统提供了一种理解和管理创新过程的方法,也为探索创新系统的弱点与创新失败之间的关系提供了一个机会。创新系统方法已成为创新研究界最具影响力的范式(Lindner et al.,2016)。这一观点不仅为有关创新的科学辩论提供了框架,而且为许多政府、国际组织和超国家组织提供了概念定位和战略指导。创新系统方法提供了有用的分析视角,并为科学、技术和创新

---

① Barfield C E. Science for the Twenty-first Century: the Bush Report Evisited[M]. Washington: American Enterprise Institute Press,1997:206.

政策的设计提供了有价值的概念参考框架（Lindner et al.，2016；Markard et al.，2015）。据此，我们认为，创新系统研究方法的重要特征表现为：①将创新和学习过程置于中心位置；②采用整体性和跨学科视角，试图包括广泛的或所有重要的创新决定因素；③强调创新过程随时间发展并且包含许多因素的影响和反馈过程；④强调系统之间的差异，而不是强调系统的最优性；⑤强调相互依赖和非线性，企业几乎从不进行孤立的创新，而是或多或少地通过复杂的相互作用并在多个回路上与其他组织相互影响，创新不仅由系统的要素决定，也由要素之间的关系决定；⑥强调制度的中心作用，认识到创新系统方法尚未达到可以进行正式的或抽象的理论表述的发展阶段，因此其特别强调对经验的评价。

　　系统失灵理论。在分析国家创新系统的政策含义和政府介入"促进创新"的理由上有两个主要观点，两者由于模型的假设不同（如图 4-3 所示），导致政府在一国的创新活动中所采用的政策工具有所不同（林欣吾，1996）。

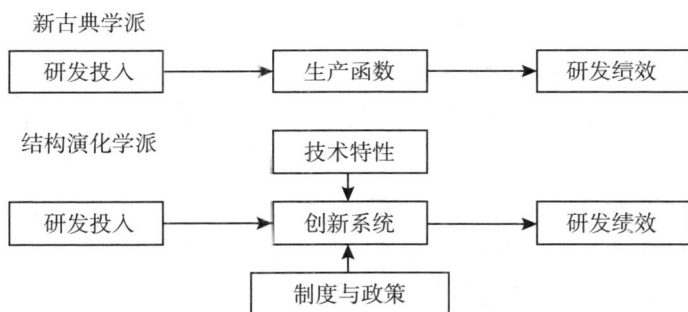

图 4-3　新古典学派与结构演化学派的假设模型
资料来源：整理自 Lipsey & Carlaw（1998）。

　　一是基于新古典学派提出的"市场失灵"（market failures）。在新古典经济理论的假设下，由于创新活动具有非敌对性的公共财特性（外部性），使得厂商从事创新活动的意愿不高，致使研发的投资低于社会理想的水准，因而产生"市场失灵"的现象。因此，政府必须增加研发经费，以鼓励创新活动，或是以税租减免、研发补贴的方式提高厂商从事研发的诱因。在市场正常运作下，由于创新的不确定性以及成果可能不完全由创新者所获得等原因，使得社会上进行创新的诱因与动机低于最合适的创新投入水准，为了弥补此种由于市场运作所造成的诱因及投入不足，有必要从政策的角度介入促进创新。创新政策的市场失灵方法因其简单性而具有吸引力，并在决策者(OECD，2010)和依赖公共研发支持的组织领导人中继续具有影响力(Edler & Fagerberg，2017)。然而，市场失灵也被批评为"理论上存在缺陷"，并且"与创新过程的实证研究结论的不一致"(Cohen，2010)，甚至"导致治理失败"(Bach & Matt，2005)。首先，有人指出，即使理论家所认为的那种类型的市场失灵严重抑制了创新活动，但这并不意味着政府有能力通过设计和实施适当的政策来改善这种状况。事实上，如果做了错误的事情，很可能会使情况变得更糟，即所谓的政策或治理失败(Mazzucato & Semieniuk，2017)。这种失败的可能性可以说是由于市场失灵方法所提出的政策建议的模糊性而变得更加复杂。其次，对这种方法的一种更为根本的批评是，它错误地将信息和知识混为一谈(Metcalfe，2005)，虽然信息可能很容易获得，但与市场失灵理论家的假设不同，知识并不一定如此。此外，创新可能需要掌握许多不同类型的知识，但并不是所有的知识都是科学的和法典化的。最后，在创新过程的早期阶段，市场失灵方法与现有的理论和经验证据相矛盾。Cohen(2010)研究表明，大多数行业的公司并不太担心缺乏用于其所从事创新的拨款机制，可能是因为支撑其创新绩效的能力不容易被复制。他们也不担心在创新过程中与其他相关方密切互动(Dodgeson，2017)。相反，他们认为这种知识交流，特别是与客户和供应商的交流，对于他们的创新绩效至关重要。因此，尽管市场失灵的论据继续被作为政策的依据，特别是作为资助基础公共研究的理由，但它越来越被视为"不足以更广泛地证明和指导创新政策的设计和实施"(Mazzucato & Semieniuk，2017)。

另一个是基于结构演化学派，即国家创新系统理论的"系统失灵"(system failures)。国家创新系统理论以经济体系间不同知识与各种角色更容易互动的观点为基础(Metcalfe，1998)，因此如果有任何因素造成各种互动与流动的障碍，都将成为政策介入的理由(OECD，2004)。相对于新古典学派认为竞争可以确保均衡地达成，结构演化学派则认为，竞争只是厂商为增加利润所采行的手段，是一种过程，而经济体系常处于失衡的状态，所以没有所谓的社会理想状况可作为政策比较的基准。因此，结构演化学派并没有所谓的福利极大化政策，而只建议如何增进一国创新系统的效率。结构演化学派的模型强调技术的重要性，认为技术变动决定于一个经济体系下所有个体运作的结果(内生性，endogeneity)，并且认为技术的进展与当时技术的发展水准密切相关(互补性，complementarities)(Lipsey & Carlaw，1998)。学者们认识到，各国不仅在经济绩效方面存在差异，而且在创造和传播创新的模式以及支持创新的国家制度框架方面也存在差异（Freeman，1987）。因此，政策制定者开始更加关注政策如何，以及是否促进创新活动，从而振兴经济。结构演化学派认为，创新的后果不仅取决于企业内部发生了什么，还取决于更广泛的社会和经济环境。创新系统方法的倡导者通过积累大量的实证研究，转而关注环境如何作为企业级创新的资源（或促成因素）发挥作用，以及政策如何对此做出贡献（Weber & Truffer，2017）。例如，实证研究将创新描述为一种互动现象，高度依赖于企业与创新体系中其他参与者互动的能力（Dodgson，2017）。因此，支持这种互动以及支持这种互动的能力就成了这种方法的核心政策建议。国家创新系统不仅仅是互动的框架，也是企业在创新活动中依赖的各种资源的储存库，更是影响这些资源的各种机构的创建者。实证研究表明，成功的创新取决于许多不同的因素，如知识、技能、财政资源、需求等，这些因素在很大程度上被视为在国家内部提供的，因此被称为"国家"创新系统。随后，这些通常被视为补充的各种因素在创新系统文献中被称为功能、过程或活动（Edquist，2004；Weber & Truffer，2017）。可以说，如果制度不能充分满足创新需求、获得补充知识、得到技能或资金供应等因素，我们可以称之为阻碍创新活动的"系统失灵"。因此，根据现有研究的观点，国家不应像市场失灵观点所建议的那样，为获取基础知识提供资金，并通过实施知识产权来帮助保护创新，同时更需要识别和纠正此类系统性问题（Metcalfe，2005）。对创新政策的这种系统性理解需要从"整体"角度看待政策（Edquist，2011）以及政府不同部门之间的有效协调（Fagerberg，2016）。

总结前述主要观点，结构演化学派强调创新作为经济和社会变革的驱动力，不仅取决于企业内部发生的事情，还取决于更广泛的社会和经济环境，并因此转而关注"环境"作为企业创新资源（或推动因素）的作用，以及政策如何促成这一点。因此，结构演化学派非常强调制度面的因素，如现行的科技政策与法规及其政策结构，以及科技发展环境等。结构演化学派认为，创新是一种互动现象，高度依赖企业与创新体系中其他参与者互动的能力。基于此，结构演化学派在创新政策上着重创新如何产生，以及如何扩散至国家系统，然后针对系统内运作的缺失提出对策；政策施行后，利用创新监视系统来衡量其成效，再依据此结果来改进政策。因此，结构演化学派认为，政府在创新政策上所扮演的角色为矫正国家创新系统内的"系统失灵"，创新政策的重点在于消除系统失灵，而且必须随着政策实行的成效，以及外在市场环境的变化与科技水准的进展，动态调整其政策内涵。因此，如果不能形成有效运行的机制，行为者的学习和创新可能会被锁住并拖慢整个创新系统，而导致系统失灵。学者们总结了由于系统不完善而导致系统失灵的主要类型。

①基础设施失灵(Infrastructural failures)：物理基础设施不完善，不能提供行为者所需要的功能，如IT、电信和科技基础设施等(Smith，1999；Edquist et al.，1998)。

②转型失灵(Transition failures)：企业无法适应新技术发展(Smith，1999；Edler & Fagerberg，2017)。

③路径锁住失灵(Lock-in/path dependency failures)：社会制度体系无法适应新的技术模式(Smith，1999；Martin & Trippl，2014；Edler & Fagerberg，2017)。Edquist 等(1998)强调相同的故障，但没有严格区分转型失灵和锁定失灵。

④硬制度失灵(Hard institutional failures)：社会规则框架和一般的法律制度导致的创新系统障碍(Smith，1999)。由于这些制度是专门创建或设计的，因此被称为正式的制度或硬制度(Johnson & Gregersen，1994；Negro，2012；Martin & Trippl，2014)。

⑤软制度失灵(Soft institutional failure)：社会制度，如政治文化和社会价值观导致的创新系统障碍(Smith，1999；Carlsson & Jacobsson，1997；Martin & Trippl，2014；Russo et al.，2018)。由于这些制度是自发地发展，而非正式和专门制定，Johnson & Gregersen(1994)称其为非正式制度或软制度。

⑥强网络失灵(Strong network failures)：即"盲目"地演进，由于行为者之间联系过于紧密，错过了新的外部发展(Carlsson & Jacobsson，1997；Martin & Trippl，2014)。

⑦弱网络失灵(Weak network failures)：行为者之间缺乏联系，其结果是没有充分利用互补性，无法互动学习和创新(Carlsson & Jacobsson，1997；Negro，2012)。McKelvey(1997)称之为"动态互补失灵"。

⑧能力失灵(Capabilities' failure)：Smith(1999)和McKelvey(1997)都提到了这个现象，即企业，尤其是小企业，可能缺乏迅速和有效地学习的能力，从而锁定在现有技术中，因而无法接受和适应新技术(Russo et al.，2018)。

从上述创新系统的研究结论可以看出，在创新系统的演化过程中，制度对创新行为和表现至关重要。法律(如规则和法律)和习惯制度(如文化和价值观)形成了创新系统的"游戏规则"或"行为准则"，这些规则由行为者之间的相互作用而形成，并推动行为者之间相互作用，它们减少了经济体制的不确定性。创新系统研究方法比各种线性方法更为细致和详细地为创新政策的制定做了准备，对创新政策发展具有重要意义，而创新系统失灵理论则为我们进一步分析创新政策系统运行障碍提供了一个基本的理论分析框架。

4.4.2　创新政策系统失灵分析框架的建构

结构演化学派指出，由于系统不同组成部分的责任分布在政府的不同领域，因此对创新政策的系统理解需要对政策采取"整体"观点（Edquist，2011）以及政府各部门之间的有效协调（Braun，2008；Fagerberg，2016）。

Edler & Fagerberg（2017）认为，市场失灵的理论基础的确提供了相当好的理由让政府介入"促进创新"这项议题，但是却无法提供明确的政策工具导引或药方（prescriptions）给予政策制订者参考。由于衡量或评估促进创新的政策工具绩效非常困难，并且政策工具确实可以不同程度地协助提升整体创新水平，因而无法明确地评价整体政策组合的绩效，而从系统失灵观点出发对创新系统进行研究多是从实际现象中发现问题，然后拟出相应的政策工具，并随着工具的实施进行动态调整；其关注的重点在于影响"创新"发生的整个系统，而不是单纯关注"创新"的生产者；不仅仅从过去的政策经验中汇集出政策工具种类和形式，还从流程出发了解政策工具产生的过程。国家创新系统的系统失灵研究的基本方法是：针对所定义的系统，包括该系统底下的相关组织与机制（institutions），完整地观察该系统底下所涵盖的活动（activities），发掘并指出该系统所存在的弱点（deficiencies）后，再进一步拟定相应的政策工具和解决措施（Metcalfe & Georghiou，1998）。

现有关于国家创新系统的研究，重点是包括企业、大学、研究机构、中介机构、政府等在内的创新主体之间的关系和相互作用。虽然系统失灵研究强调将制度环境作为系统中的决定性和结构性要素，并分析了制度失灵的原因。但是，现有的研究仅针对制度本身的设计和选择出现的问题，而没有对政策系统的整体目标、政策制定者之间的联系、互动，以及政策之间功能的相互补充和协调加以分析；仅对单一政策对创新的限制或阻碍进行分析，但是没有注意到政策之间的相互冲突对创新的影响。本书基于系统失灵理论，以创新政策所构成的系统为研究对象，根据创新政策的系统特性和作用，重点关注和分析我国数字文化产业创新政策的系统失灵表现和原因。

(1)关于创新政策系统性的基本观点

创新政策作为一个独特的政策领域,反映出决策者和学者越来越重视创新在长期经济和社会变革中的作用。在政策制定者越来越重视创新的同时,学者们开发了一种新的、系统的方法来分析创新和影响创新的政策(Weber & Truffer,2017),即更多地重视"系统性"创新政策工具,以及国家创新系统中参与者之间的互动以及互动的能力。

首先,创新主要不是关于产生新的思想,这是传统科学和研究的重点,而是试图在实践中利用这些思想,以提高竞争力,应对出现的问题或挑战(Edler & Fagerberg,2017)。正是这种"解决问题"的性质,使创新成为处理重要社会和经济问题的一种力量。因此,有效的创新政策是为企业的创新努力提供方向的政策(Mazzucato & Semieniuk,2017)。以这种方式理解,创新政策可能成为从根本上改变我们经济的有力工具(Fagerberg et al.,2016)。其次,为了通过创新实现经济转型和应对社会挑战,决策者可能需要调整他们的工具。在许多国家,对企业研发支出的一般性补贴(通常通过税收制度)被视为创新政策的核心要素。然而,尽管此类补贴可能会对企业的研发投资,尤其是对小型企业的研发投资产生一些积极影响(Castellacci & Lie,2015),但其更广泛的社会影响,例如对创新、生产力和就业的影响,则不太确定(Larédo et al.,2016;Mohnen et al.,2017)。因此,为了使创新政策更加有效,决策者可能需要考虑改变政策组合,从一般研发补贴转向解决"系统性问题"的政策工具。正确选择政策工具则需要彻底了解阻碍创新产生和传播的系统瓶颈,包括能力不足、缺乏互动或需求不确定性等。再次,有效的创新政策需要允许不同的解决问题的方法共同发展和竞争,最佳解决方案的不确定性是创新的固有属性。创新不仅与狭义的科学或高科技活动或制造业相关,而且可能涉及社会所有变革的强大力量(Martin & Trippl,2014)。因此,创新政策不应该是政府某个部门的工作,所有部委(以及各级政府)都应该关注创新和创新政策,以及提高其完成任务的能力。因此,创新政策的责任需要在不同的政府部门/层级上进行扩展(Edler & Nowotny,2015)。此外,支持社会挑战和经济转型的有效创新政策不能仅仅依靠传统的以国家为中心的干预,还需要影响创新发展轨迹的所有行动者群体(包括非政府行为者)之间发展适当形式的协调(Kuhlmann & Rip,2014)。最后,制定有效的创新政策需要深入了解政策引入的背景,例如国家创新体系。创新政策面临的一个主要挑战是提高决策者和参与创新决策的其他利益相关者的能力。

（2）分析路线与分析内容

传统的制度主义经济学家一般认为，制度相当于规则，而组织相当于行为者（Bryant & Wells，1999）。这种规则和行为者的区分，可以使创新政策系统失灵类型相互区别。在此，我们将在创新政策系统中的行为者定义为政策制定者；将规则定义为他们行为的结果，即所制定的法律、法规、政策以及政策制定者之间共同形成的一种互动模式和习惯等。系统失灵理论可以为检视创新政策系统的效能提供一个可以信赖的路径和方法，以行为者和其行为的结果为线索可以分析和找出政策系统中阻碍、延滞创新的部分（Woolthuisa et al.，2005）。因此，本书以行为者—行为结果—障碍为分析路线，建构创新政策系统失灵的分析框架。

分析框架中的"行为者"主要以我国数字文化产业创新政策系统中战略层政策、控制层政策和执行层政策的制定者作为研究对象，以目标设定、发展路径和执行措施为主要分析内容。

系统的杠杆点是指，在一个复杂的系统中，一个事物的小小变化会带来所有事情的巨大变化。Meadows（1999）从许多学者对不同系统的研究中提炼出影响系统的杠杆点，这些系统中的杠杆点可能使微小变化导致大规模的转变行为。她认为，从系统内部层面上看，按照效力渐增的顺序，系统中规则的设计（如刺激、惩罚和约束）、系统自组织结构和系统的目标是系统中效力最强的杠杆点。根据这一理论，结合本书中关于"产业创新的政策体系及作用类型"的相关结论，分析框架中的"规则"或"行为结果"，以政策系统目标、系统中行为者相互作用、政策的设计为研究内容。

（3）分析框架的建构与目的

以行为者/行为结果为中心，建构创新政策系统失灵的分析框架（见表4-6），可以提供一个系统失灵原因的详细说明，从而使人们有可能分析创新的政策瓶颈所在，其目的主要在于为后续关于系统失灵的讨论设定一个路径和标准，为创新政策的研究以及政府相关决策提供一个实用的工具。

①以战略层、控制层和执行层三个层次政策的制定者为研究对象，可以使我们区分系统失灵发生在何时，分析和判定系统障碍产生的时间是在政策制定过程中还是政策执行过程中。

表 4-6   创新政策系统失灵分析框架

行动者 ↓ 行为结果	战略层政策	控制层政策	执行层政策
	目标设定	发展路径	执行措施
目标失灵	目标设计故障	目标执行故障	目标执行故障
制度失灵	—	规则设计故障	规则执行故障
互动失灵	—	—	强网络故障 弱网络故障

②以目标设定、发展路径和执行措施三个层面为主要内容，目的在于分析系统失灵发生在何处，是在系统目标层面、互动层面，还是政策的设计层面。

③区分行动者和行为结果的结构化分析方法的目的在于，更明确地区分创新政策系统失灵的原因和结果，通过各种故障发生的时间和位置，查明系统失灵发生的原因，并提出消除这些瓶颈和障碍的解决方案。

4.4.3 目标失灵

系统目标是指系统所希望达成的结果或完成的任务，它对系统的发展起着决定性作用。创新政策的目标引导、促进国家、产业、区域等创新，系统的目的性和功能性显而易见，这也为我们寻找到对其制定采取规范的科学方法提供了线索。这种方法就是与它的目标功能特性直接对应的目标功能树系统分析方法，即通过对分析对象本身所存在的目标功能结构进行系统分析，以确定分析对象的内在机构和发展运行的规律。通过这种目标功能树分析，可方便而有效地理清系统内部的层次结构。就创新政策这一特定系统而言，通过运用目标功能树系统分析模型对其进行分析，有助于我们从系统的目标原点出发，通过一个框架性工具梳理创新政策系统中不同层级和层面的政策目标，分析各类政策的目标与总目标之间的从属关系、对等关系和交叉关系，从而准确地找出创新政策系统中目标失灵的障碍所在。在目标树中，大目标与子目标的关系是：①子目标是实现大目标的策略；②大目标是子目标的结果；③子目标实现之"和"一定是大目标的实现；④大目标之"和"则是最终目标的实现。基于政策系统目标树的分析方法，数字文化产业创新政策系统中的政策目标失灵问题主要体现在以下几个方面。

（1）目标设计故障——目标设计滞后或虚化导致政策引导功能缺失

从 2005 年开始，我国新颁布的与数字文化产业直接或间接相关的政策达上百个，在很大程度上规范和促进了我国数字文化产业的发展，但是从目标设计来看，在某些主要领域还存在着较多缺陷，致使数字文化产业创新政策引导功能缺失。

首先，数字化发展倒逼产业政策目标的设立，政策引导落后于产业发展。数字文化产业政策制定有两个重要的时间点：一是 2006 年数字出版被国家列为"十一五"发展规划的重点；二是 2011 年"十二五"期间，国家对数字文化产业的重视程度再度提高。从政策制定和目标设立的时间点来看，均落后于行业的发展。2005 年以前，数字出版领域扮演着我国早期数字文化市场的开拓者角色，反衬出政府政策引导功能的缺失，综观 2005 年数字文化发展状况，电子书品种数位列全球第一；数字图书馆用户超过 2000 家；网络学术期刊出版总数达 7486 种，99% 的学术期刊实现了网上出版；数字文化整体规模（含网络游戏出版）预计超过 50 亿元。但国家新闻出版总署作为行政主管部门，对数字文化的重视与扶持从 2005 年 7 月第一届数字出版博览会的举办才得以体现。2006 年，数字出版才被国家列为"十一五"发展规划的重点。2009 年，国家新闻出版总署公布，数字出版业产值达到 799.4 亿元，首次超过传统图书出版业的产值。但直到 2010 年，《关于加快我国数字出版产业发展的若干意见》《关于发展电子书产业的意见》《关于促进出版物网络发行健康发展的通知》等与数字文化产业发展直接相关的促进型政策才开始密集出台（如图 4-4 所示）。

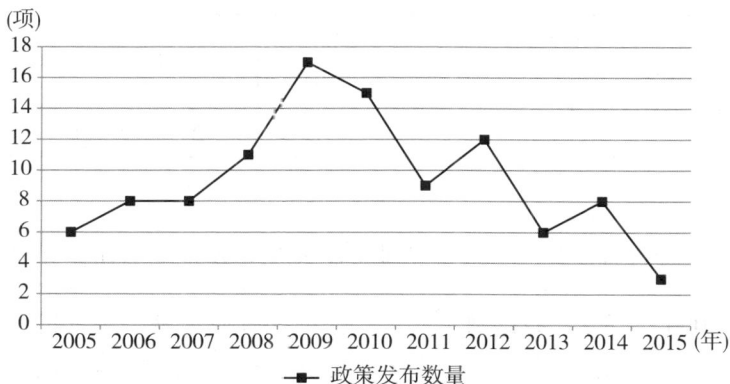

图 4-4　数字文化产业政策发布年度趋势

其次，产业政策忽略知识产权形成与应用，产业创新子目标虚化。在知识产权成为国家经济增长主要支撑的时代，数字文化产业发展主要依赖由知识产权所带来的创造力保护，"数字革命"使得政策制定者重新思考版权法在世界中的作用，因为几乎每个人都既是创造者，又是版权作品的使用者，生产和消费强烈地交织在一起(Towse，2010)。因此，知识产权制度之于数字文化产业绝不仅止于加强版权，提高创造力的保护作用，更在于其使创意可商品化的转化价值。知识产权经营(Intellectual Property Management)，亦称"知识产权管理"，是指权利人充分运用知识产权的确权和保护等制度，利用自身的知识产权获得财产收益的专业化管理，数字经济下的产业创新发展应通过知识管理的手段，将无形的企业智慧资产转化成商品或服务，并进而产生利润，提升企业的竞争力(冯震宇，2002)。2012年2月，文化部印发《"十二五"时期文化产业倍增计划》，提出以改革创新和科技进步为动力增强文化产业发展活力，并20余次明确提到知识产权，充分体现了知识产权之于文化产业的重要性。但仔细分析可以看出，该计划主要强调知识产权开发和保护，而极少涉及知识产权经营和管理的内容(见表4-7)。知识产权形成与应用是价值转换环节的核心要素。因此，我国数字文化产业政策单纯关注法律层面知识产权的保护，忽视知识产权在文化产业中的转化作用以及对知识产权的经济与商业价值的充分利用，由此导致激发创意形成和创造活力的数字文化产业创新政策子目标虚化。

表4-7　《"十二五"时期文化产业倍增计划》涉及的知识产权内容统计

(单位：个)

知识产权开发			知识产权保护	成果转化	知识产权入股	知识产权出口
技术研发	品牌开发	自主产品开发				
6	3	2	7	2	1	1

(2)目标执行故障——政策子目标扩大化导致系统总目标被替换

从2006年开始，我国数字文化产业的相关政策就把主要的政策目标定位于"产业创新"。但由前述2005—2018年发布的数字文化产业相关108项政策的开放式编码可见，涉及"产业规模化、集约化、专业化"的政策表述，如"骨干企业""龙头企业""大型企业"等原始语句为78个，"集团""基地"等原始语句为 34 个，因此，涉及"提高产业集中度"的政策表述合计为 112 个；而涉及"创新能力"培育的政策表述，例如"原创能力""科技创新""自主研发、生产""自主知识产权"等，为 31 个。① 政策系统的总目标是政府或有关组织为了解决有关问题而采取的行动所要达到的目的、指标和效果。在我国数字文化产业发展政策中，"提高产业集中度"和"培育创新能力"是"产业创新"总目标之下的两个主要的子目标。但是在目标执行过程中，盲目地扩大"提高产业集中度"子目标的内涵和外延以及政策调控范围、力度，使政策的实际功能与其预设功能出现了较大的偏离，导致该子目标被扩大化，这时政策执行得越有效，与原定政策总目标越远，甚至取代了原定的总目标。产业组织理论强调"研究在生产要素投入既定的前提下，为优化资源配置，既要保持市场机制下的活力，以实现有效竞争，又要充分利用规模经济性，避免过度竞争带来的低效率理论"②。2006 年以来制定的一系列产业组织政策，如提高文化产业规模化、集约化、专业化水平；重点培育发展大型文化企业和企业集团；支持和鼓励跨地区、跨行业兼并重组；支持中小型文化单位向"专、精、特、新"方向发展，形成富有活力的优势产业群等。③ 但是，我国文化产业组织政策在投入过多精力促进规模经济的同时，却忽略了对市场充分和有效竞争的关注。

政策系统是一个由若干相互区别又相互联系的政策子系统构成的政策巨系统。对数字文化产业创新政策的系统考察可以从不同的目标层次上展开。首先，政策系统的总目标是以数字文化产业创新发展拉动国民经济发展。在数字文化产业发展的不同阶段，各个国家的政府都根据产业发展的需要而调整国家的扶持或促进政策，采用不同的发展战略和发展路径，从而在政策、外汇、信贷和税收等方面予以重点扶持，其目的在于拉动本国国民经济发展。即使各国数字文化产业在发展过程中可能选择不同的发展路径，但其政策系统的总体目标都是一样的，即以不同路径、不同形式的创新促进数字文化产业发展。其次，在追逐政策系统总目标的同时，也不能忽视政策子系统的作用。无论是"提高产业集中度"还是"提高创新能力"，都属于在不同时期、不同发展阶段下的政策子系统，这些子系统的

---

① 相关数据是运用扎根理论研究技术对政策样本进行逐句或逐段编码、标签、登录，得到原始语句及相应的初始概念。以政策中的原话作为标签，在 108 项政策样本中一共得到870 余条原始语句及相应的初始概念。
② 邓伟根. 产业经济学研究[M]. 北京：经济管理出版社，2001：163.
③ 杨吉华. 文化产业政策研究[D]. 中共中央党校博士论文，2007：50.

作用在于从不同角度和方面支持政策系统总体目标的实现。但需要注意的是，子系统同样具有自身的目标，它的目标既要服从与服务于系统总体目标，也要与其他子系统相互配合和相互促进。如果过度强调某一个子目标而忽略其他子目标，甚至替代总目标，则永远无法达到一个总体效应。

4.4.4　制度失灵——以版权投机现象为例

由于制度是创新系统的关键因素，因此很多学者都关注创新系统失灵中的制度失灵。虽然制度背景被设想为系统中的一个界定性和结构性元素，但在如何界定和建构上，不同学者持不同观点。Carlsson & Jacobsson（1997）区分了"硬"和"软"的制度，区分标准为是"有意识地创造"还是"自发演化"的制度。Edquist（1998）等区分了正式和非正式的制度。虽然命名不同，但他们有一个明确的共识，即"硬"的制度是正式的、书面的、自觉设计和制定的规则；"软"的制度是非正式的、自发形成的，往往是隐含的"游戏规则"（North，1990），包括社会规范、价值观念、文化、与其他行为者分享资源的意愿（Saxenian，1994）、产业、地区或国家的创业精神、信任倾向、风险厌恶等（Fukuyama，1995）。由于本书探讨的是以政府部门制定的正式制度为主要内容的创新政策系统，因此，仅分析数字文化产业创新政策中的硬制度失灵，并以中美版权投机现象为例，详细分析数字文化产业创新政策系统中的制度失灵的表现。

前述研究中，我们提出的观点是：虽然无论是数字经济发展还是产业创新都依赖知识产权保护，但是知识产权制度之于数字经济的作用绝不仅止于"保护"。这里我们以版权投机现象为例，提出社会正式规则和一般法律制度的设计或执行也同样可能成为创新发展的障碍。数字经济发展背景下，我国开始在制度和规则上不断寻求与国际知识产权保护的新要求同步。然而，法律制度中所体现的知识产权保护限度是否偏离了知识产权制度的立法宗旨，甚至背离了鼓励和促进创新的根本目标，这是我们应当检视的重要内容。

版权投机（copyright troll）是2010年以来，在美国版权领域开始兴起的一种专利钓饵（patent troll）的镜像手法，其不仅改变了以威慑和阻止侵权为主的传统版权维权模式，还利用大规模诉讼赚取超额利润，甚至发展成为一种版权维权商业化模式。美国版权投机问题及其制度诱因提示我们，缺少限制的版权保护规则亦会使本应激励创造的版权制度对社会创新带来负面影响。

（1）版权投机的主要模式

早期美国唱片业协会（RIAA）的大规模诉讼策略被认为是以威慑阻吓为主的传统维权模式，其主要目的是遏制作品的非法转播[1]，而2010年以来在美国影视、音乐、新闻等多个版权产业领域开始兴起的大规模诉讼则是以侵权诉讼相要挟，以获取和解赔偿为主要目标，可总结为以下三种模式。

第一，聚合索赔模式。2010年和2011年，制片商Voltage影业公司委托美国版权组织"USCG"（由华盛顿律师公司Dunlap Grubb & Weaver组建）在美国对5000名和2.5万名非法下载影片共享文件者提起诉讼，双方签订特殊协议进行利润分成，其诉讼目的并非基于传统的阻吓策略或通过法院寻求全面赔偿，以防止非法共享，而是通过以战逼和，寻求快速和解，并以诉讼的大规模聚合使版权所有者通过专业化代理人以及特殊的代理协议和费用结构，获得巨额和解赔偿金。

第二，目录公司模式。主要表现为音乐目录公司起诉流行音乐艺术家采样[2]版权作品，其通过大量购买音乐作品版权，一经发现一首歌在使用其目录作品的音乐元素，即以"开发未经授权的衍生作品"提起诉讼。例如，2010年出版商Larrikin公司起诉索尼BMG音乐娱乐公司与百代唱片澳大利亚公司，称被告作品未经许可使用其购买的于1932年创作的童谣《笑翠鸟》的长笛乐段，并获巨额特许权使用费赔偿。

第三，执法中间商[3]模式。主要表现为非版权领域执业实体创建以诉讼为基础业务的商业化维权模式。2010年初运营的美国Righthaven公司被认为是版权投机的第一个经营公司，其通过侵权行为发生后有目的地取得被侵权作品的专有许可，对侵权行为寻求赔偿，并利用被告的风险规避心理，以提供较低赔偿金的和解机会诱使被告放弃选择在法庭争讼。仅一年半的时间，该公司已经对其他网站上非法转载《拉斯维加斯评论杂志》文章，提起276件诉讼，在141件和解案中获得约35万美元的赔偿。

---

[1] Lantagne Stacey M. The Morality of MP3s: the Failure of the Recording Industrys Plan of Attack [J]. Harvard Journal of Law & Technology, 2004(18): 269-280.

[2] 采样是指从其他音乐作品中抽取一段长度的循环或重复的部分用于新的作品。

[3] Balganesh认为，版权投机者在某种程度上是"执法中间商"，他们通过垂直整合为版权运行系统增加价值。参见Balganesh Shyamkrishna. Copyright Infringement Markets [J]. Columbia Law Review, 2013(113): 2277.

（2）版权投机的界定及其特征

在目前美国学者涉及版权投机研究的文献中，对版权投机的界定各有其视角：Samuelson（2013）强调版权投机的行为特征，认为版权投机是指"版权持有人以威胁或提起侵权诉讼为手段迫使复制者支付相对较低的和解赔偿金的行为"；DeBriyn（2012）关注版权投机的行为目的和性质，认为版权投机是指"原告寻求侵权赔偿的目的不在于保护版权作品本身，而是将其作为一个辅助的或主要的收入来源"；LaFond（2012）从行为的主体、性质及形式三个方面提出，版权投机是指"从原始版权所有者处获得许可的个人或组织，以诉讼并获得被控侵权人的和解赔偿为唯一目的，通常以起诉成千上万名被告的大规模诉讼为形式"。曾任《洛杉矶加州大学法律评论》主编的美国知识产权学者 Greenberg（2014）认为，版权投机者违反版权制度的立法宗旨，利用版权制度有目的地行使版权权利：以侵权诉讼为目的收购版权；补偿作者或作品仅因作品的诉讼价值，而非商业价值；版权的交易或许可程序缺乏诚信；利用法定赔偿等版权制度赚取和解赔偿金。

从版权投机的主要模式以及学者对版权投机的界定可以看出，其特征包括以下几点。第一，非基于利用作品意图而行使权利。版权投机的主体并不仅限于执法中间商，创作者和传播者（如前述的报业集团、制片商或目录公司）也可能是版权投机的行为主体，尽管他们可能选择采用不同的方法，与专业的律师事务所签订特殊的代理协议或与执法中间商合作按比例分配侵权赔偿的所得款项，但有一点是相同的，即违反版权制度的立法宗旨，行使版权权利的目的并不是创造、传播或实际使用作品，亦有别于基于作品运用法律抓住商业机会的正当诉讼行为，而是利用版权诉讼获取侵权赔偿利润，即并非基于作品利用的意图。第二，通过侵权诉讼或以诉讼相要挟获取商业利益。从运行模式上看，版权投机可通过两种方式获取商业利益，一种是通过收购版权和提起侵权诉讼寻求支付或补齐其目录下旧作品的许可使用费，另一种是版权所有者以自有、收购版权或通过许可授权赋予执法中间商相应权利，提起诉讼或以诉讼进行威胁，其主要目的并非基于传统的阻吓策略或通过法院寻求全面赔偿，而是通过利用被告避免高额诉讼成本和不确定审判结果的风险规避心理，要挟和迫使被告选择与其进行和解，以获取商业利益。第三，侵权诉讼经营化运作。从版权投机的三种主要模式来看，执法中间商借由以诉讼为基础的商业模式，将侵权赔偿作为其主要收入来源；目录公司则是将内部闲置版权资本化通过诉讼获取利润；制片商和报业集团是在维护自身合法权益的同时，创造一个新的收入来源。三种类型的权利人均通过侵权诉讼经营化运作，将寻求侵权赔偿作为一种主要或辅助收入来源。第四，通常以聚合诉讼为主要形式。诉讼攻击的目标或诉讼标的通常是复数，这样可以保证尽可能通过较少的诉讼成本获得较大的收益。

从以上特征中，我们可对版权投机做一个参考性的界定，目的在于厘清权利界限，以保证权利行使的正当性：版权投机是指违反版权制度的立法宗旨，通过侵权诉讼或以诉讼相要挟，对持有、收购或授权取得的版权作品的特定权益进行经营化运作，以获取商业利益的行为。

（3）版权投机的制度诱因

法定赔偿规则的制度诱因。版权投机并不是一个新的现象。英国人 Harry Wall 通常被认为是世界上第一个版权投机者。1833 年，英国《戏剧版权法》（*Dramatic Copyright Act*）曾制定作品侵权的法定赔偿制度。1842 年，Harry Wall 创办了一个公司，并获得了一些作曲家的授权委托书，随后辗转于各城市向演奏者收取许可费用，如果对方拒绝支付，则以诉讼和法定赔偿相威胁。英国音乐出版业曾严厉批评这是一种"只在乎赚钱而不关心作品的生意策略"，随后，英国议会通过法案删除了版权的法定赔偿制度，赋予法院侵权损害赔偿的自由裁量权。[①] 如今的版权投机行为与 Harry Wall 的做法类似，虽然其策略更为复杂，但美国版权法关于法定赔偿的规定是版权投机演化成为一种商业模式的最主要的制度诱因。

自 1790 年美国版权法中首次出现法定赔偿条款，其后对于法定赔偿规则又有多次修订，现行的美国 1976 年版权法的法定赔偿规则构成了版权投机不可或缺的条件。

首先，法定赔偿的适用不要求以实际损失或侵权人所得为基础。美国 1976 年版权法第 504 条（c）款规定，版权所有者在终局判决做出之前的任何时候，可要求赔偿诉讼中涉及的任何一部作品版权侵权行为的法定损害赔偿，以代替以实际损失及侵权人所得进行的赔偿。据此，被告没有能力挑战法定赔偿的适用，或要求原告提供实际损失或被告获利的证据，版权投机者正是利用这种适用限制的缺失，以法定赔偿作为诉讼要挟的基础筹码。

---

① Alexander I. The Birth of the Performing Right in Britain, Privilege and Property：Essays on the History of Copyright[M]. Cambridge：Open Book Publishers, 2010：321-339.

其次，允许权利人选择损害赔偿的方式。美国 1909 年版权法引入法定赔偿的原因是实际损害和损失的利润难以确定，如果实际损失可以被证明，在通常情况下，美国法院将拒绝适用法定赔偿。① 由于没有出现实际的市场表现，无论是创作者还是其他版权所有者，没有因侵权行为失去利润受到实际伤害，因此，这种偏重补偿性质的赔偿规则对于版权投机者的意义不大，使其无法将诉讼作为一种基础业务而创造利润。然而，根据美国 1976 年版权法的规定，在法院最终判决做出之前，权利人可以在第504 条(b)款规定的实际损失加侵权利润和第 504 条(c)款规定的法定赔偿，这两种赔偿途径中进行选择。由此通过允许版权所有者选择法定赔偿，同时限制法院不能判决低于每部作品 750 美元的赔偿下限，为版权投机者利用被告的风险规避心理诱使被告接受和解提供了条件。

再次，法定赔偿额度不断提高。美国 1976 年版权法规定，法定赔偿的额度为每部作品至少不低于 250 美元，最多不超过 1 万美元；此外，如果版权所有者能够证明，法庭能够认定侵权是基于故意而产生的，可以判处总数不超过 5 万美元的法定赔偿。美国 1988 年版权法又将三个赔偿额度分别修改为 500 美元、2 万美元、10 万美元，2000 年版权法分别修改为 750 美元、3 万美元、15 万美元。据此，法定赔偿额度的不断提高为版权投机创造了更大的利润空间，为其发展为一种商业模式提供了经济动因。

最后，缺少法定赔偿金额聚合的限制规定。Samuelson 等(2012)认为，美国法定赔偿的适用太过任意甚至过度，其主要体现在被侵权作品众多或法定赔偿金额聚合的情况下。虽然美国 1976 年版权法规定了每部作品的最高赔偿额度，但却缺少对法定赔偿金额聚合的限制规定，也为版权投机通过诉讼标的的聚合获取超额利润提供了便利，例如，在环球唱片公司诉 MP3. com 公司案中，法庭曾在涉及 4700 部作品的情况下，判决每部作品的法定赔偿金为 25000 美元，总额超过 1. 18 亿美元。②

其他制度诱因。除"法定赔偿规则"这一最重要的制度诱因以外，美国版权制度及其他规则也为版权投机的出现创造了理想的法律环境，它们使版权投机者在寻求被控侵权人赔偿的同时，获得最大限度的投资回报率。

---

① Samuelson Pamela, Tara Wheatland. Statutory Damages in Copyright Law: a Remedy in Need of Reform[J]. William & Mary Law Review, 2009, 51(2): 439-446.

② UMG Recordings, Inc. v. MP3. com, Inc. , 92 F. Supp. 2d 349 (S. D. N. Y. 2000) (edited version).

第一，独立诉权。根据美国 1909 年版权法的规定，只有版权的所有者可以提起侵权诉讼，即只有作者或受让人被视为所有者，而即使专有许可的被许可人，也只能加入所有者一方共同起诉，不能独立行使诉讼救济权。美国 1976 年版权法将所有者的定义扩大到版权专有许可的被许可人（非专有许可的被许可人仍不能单独提起诉讼）①，这意味着版权投机者只需要获得所有者的专有许可受权，就可以独立提起诉讼，这使权利行使脱离了作品本身，为版权投机发展成为一种独立的商业模式创造了积极条件。

第二，权利分解。美国 1976 年版权法允许版权权利的分解，并可以进行"转移"和"单独所有"。该法第 201 条（d）款（1）规定，"版权所有权可以全部或部分通过任何转让方式或法律的实施来转移"；第 201 条（d）款（2）规定，"组成版权的任何专有权利，包括第 106 条所述权利下的任何分项权利，均可按第（1）项规定转移，并被单独拥有。任何特定专有权利的所有者，在该权利的范围内，都有资格得到本法给予版权所有者的一切保护和补救方法"。至此，这种专有许可的被许可人有权获得与这一权利相关的所有法律保护和补偿，甚至可以有目的地创造一个人工授权，仅仅转移对侵权的诉权即可，而这个特征则被版权投机者利用。

第三，合并审理。版权投机之所以能够创造巨额利润，还得益于程序法上的合并审理制度。根据 1938 年《美国联邦民事诉讼规则》第 20 条（a）款的规定，许可当事人合并只要同时满足以下条件即可成立：现有当事人的请求；单一的交易或事件；共同的法律或事实问题。其中"单一的交易或事件"是一个宽松的规则，无论是相同的交易或事件还是系列的交易和事件，都可以视为单一的交易或事件。"共同的法律或事实问题"则只要共同当事人之间至少有一个共同的事实问题或法律问题即可。此外，联邦规则"鼓励在多数人诉讼中进行有效率的合并"②。由此，版权投机者通过利用这种宽松的合并审理规则，节约了巨大的诉讼成本，进而使版权投机成为一种成功的高回报商业模式。

第四，对人管辖权。版权投机案件经常涉及法院对众多不同居住地的被告的对人管辖权（Personal Jurisdiction）问题。美国法院的司法实践具有

---

① 美国 1976 年版权法第 101 条关于"版权所有者"和"版权所有权的转移"的定义："版权所有者"是指版权中包含的任一特定专有权利的所有者；"版权所有权的转移"是关于版权或包括在版权中的任何专有权利的转让、抵押、给予专有许可或任何其他的转让、让与或抵押，不论其时间和地点的效力有无限制，但非专有性许可不包括在内。

② United Mine Workers v. Gibbs, 333 U. S. 715, 724（1966）.

"长臂管辖"的特点，即被告的住所不在法院地州，但和该州有某种"最低联系"，而且所提权利要求产生于或与这种联系有关时，就该项权利要求而言，该州对于该被告具有对人管辖权。① 据此，版权投机案件的众多被告因"具有互动性、相互依存性和高度连接性等特征的网络共享"而与互联网服务提供商所在地法院地州具有"最低联系"，使该法院得以对其行使管辖权。这为版权投机者在一个案件中共同起诉成百上千名分散于各地的被告提供了便利，同时也避免了原告单独起诉需要花费的巨额成本。

(4)我国的版权维权异化现象

近年来，随着我国提出推动数字文化产业创新发展，版权保护日益受到重视。但与此同时，利用版权诉讼获取商业利益的维权异化现象也有日益明显的增长趋势，主要有以下表现形式。

第一，利用维权打击竞争对手。2009 年，我国网络视频的诉讼混战引起广泛关注。由搜狐视频等互联网视频版权各权利方共同创建的"中国网络视频反盗版联盟"宣布起诉优酷网和迅雷网等视频网站，并分别在法院立案上百宗。然而，高举反盗版大旗的"维权英雄"本身也是业内公知的盗版者：搜狐视频及其反盗版同盟者优朋普乐于 2009 年也分别因盗版问题被起诉，并处以巨额赔偿②。对于这场诉讼混战，业内评价认为，"所谓反盗版不过是名义，背后唯一的原因就是出于商业目的"③。反盗版联盟的行为与美国版权投机有异曲同工之处，后者是通过诉讼要挟赚取维权利润；而前者则是通过版权诉讼锁定目标，以打击对手进而垄断市场为主要目的。

第二，反盗版维权商业化运作。近年来，我国开始出现批量取证、批量诉讼的维权商业化运作现象，并已扩展到音乐、动漫、图片等多个文化领域④，其中最为典型的当属北京网尚文化传播有限公司(以下简称"网

---

① IMO Indus. , Inc. v. Kiekert, A. G. , 155 F. 3d 254, 263 (3d Cir. 1997); Shaffer v. Heitner, 433U. S. 186, 204 (1977).

② 搜狐视频于 2009 年 11 月遭央视电影频道、网尚、迅雷等 5 家机构起诉；优朋普乐的子公司北京因赛思科技发展有限公司因"我国网络视频版权第一案"被法院一审判罚 121 万元。

③ 新华网. 网络视频：谁动了我的版权[EB/OL]. (2010-06-26)[2017-12-01]. http://finance. sina. com. cn/roll/20100626/01498183579. shtml.

④ 重庆五中院. 知识产权保护典型案例——当前知识产权维权商业化趋势明显[EB/OL]. (2014-08-10)[2017-12-01]. http://www. cq5zfy. gov. cn/information/displaycont. asp? newsid=44140.

尚"）的维权产业链运作模式。2009—2013 年网尚在银川、郑州、北京、长沙、桂林、广州、深圳、东莞等多地成批起诉多家网吧盗播网尚享有网络传播权的影视作品。网尚由美国国际数据集团（简称 IDG 集团）于 2004 年投资设立，其运作模式是"边维权边推销"，通过招商赋予代理商某城市的维权授权，与此同时推销其正版网吧院线软件，反盗版维权收益由网尚、代理商和律师三三分成。① 由此，网尚的维权商业化运作不仅使诉讼成为"致富"的手段，而且打造了一条批量调查、取证、诉讼、推销的产业链。

第三，外资版权投机诉讼侵扰。2009 年的"华盖风波"被称为诉讼维权商业化的样本。华盖创意（北京）图像技术有限公司（以下简称"华盖"）是美国盖帝公司与一国内企业联合设立的中外合资企业，获得了美国盖帝公司在我国对其所有图片著作权侵权的追索权。2009 年，华盖起诉中山市等 7 家公司涉嫌在公司宣传品中使用美国盖帝公司图库内的 16 张图片，并索赔 32 万元，此案引起广泛争议。据估算，一张图片通过华盖诉讼获得的收益是美国盖帝公司直接销售获得收益的 6 倍左右。② 目前，国内已有相当数量的公司被诉侵权，据我们在北京法院网的不完全统计，2006—2014 年华盖公司的已判决文书就有 114 份，且大多以华盖公司胜诉告终。此外，人民法院公告网显示，仅 2016 年，华盖公司相关的判决文书就达到 5 个，起诉状副本及开庭传票 1 个，执行文书 1 个。

由前述趋势可以预见，随着我国数字文化产业的发展和融入国际舞台以及权利意识的提高，国内版权投机也将日渐滋生。

（5）版权投机所体现的制度失灵对创造力的影响

版权投机现象在美国日益受到司法、学术等领域重视，2012 年 Third Degree Films 诉 Does 案，法院指出，版权投机背离了鼓励创造的版权法立法宗旨，使创新环境受到极大破坏。③ 版权制度以激励创造为基本目标，其以排他性权利建构而成的禁制规范对社会创新以及公共福利的影响和制度效用，应作为制度检视的内容。从数字经济下的产业创新发展来看，版权投机所体现的制度失灵在以下 3 个方面对创造力激励具有负面影响。

第一，扭曲激励机制的目的与功能。美国最高法院主张版权法的立法

---

① 我国信息产业网. 一北京公司批量起诉东莞网吧播放盗版影视剧[EB/OL]. （2012-02-24）[2018-11-10]. http：//www.cnii.com.cn/internet/content/2012-02/24/content_959159.htm.

② 新华网. 华盖创意批量维权诉讼出名遭疑：是否包含敲诈？[EB/OL]. （2012-11-20）[2017-12-01]. http：//news.xinhuanet.com/fortune/2012-11/20/c_123974434.htm.

③ Third Degree Films v. Does 1-47, 286 F. R. D. 188, 189-90 (D. Mass. 2012).

宗旨是"建立创造力的激励机制"①。我国学者冯晓青(2007)也提出,版权制度的"目的是通过激励作品最广泛的创作和传播而增进知识和学习,而不是强调这些作品的价值"。吴汉东(2013)强调,"知识产权法其有独立的主导性价值,即创新价值","著作权的效率功能,体现在创作——传播——使用的法律链环中,通过著作权保护、利用、限制等三大制度安排,以实现信息资源优化配置的效率目标"。版权投机的出现使作品侵权赔偿通过诉讼商业化,并形成一种诉讼激励,导致作品的创作者、生产者或传播者专注现有作品的诉讼价值,而弱化了机制中的创造力激励诱因,并进而造成对传播和使用的限制和影响,扭曲了版权制度鼓励创造的根本性目的和效率功能,破坏了整个"法律链环"。

第二,降低制度的创造力激励效用。Balganesh(2013)认为,版权的侵权索赔,如同其他私法诉讼中的索赔一样,存在一种系统性的执行不足(under-enforcement),这种执行不足并不是纯粹偶然的,而是版权制度运行的重要安全阀和非正式的喘息空间,久而久之,执行不足的结果在"可行"和"实行"之间形成一种平衡,即虽具有索赔的可行性,但仍"可容忍使用"(tolerated use)。版权投机的出现破坏了版权所有者这种"可容忍使用"的耐受性以及"可行"和"实行"之间的平衡,这使版权制度的运行不仅有悖于其鼓励创造的宗旨,而且演变成一种利润保护机制,在版权所有者本应具有的侵权耐受性之下,其容忍的信息分享所形成的创造力激励效用及其社会效益也将因此而大大降低。

第三,引发创意的寒蝉效应。版权投机的影响不仅仅是潜在的文化损失以及对知识和信息传播的阻碍,美国法院已经开始认识到版权投机"具有创意的寒蝉效应,因为它们不鼓励合理使用现有作品去创作新的作品"②。版权保护为创作提供了经济诱因,但创作并不完全倚赖商业组织提供的交易架构,即使在没有经济诱因的情况下,仍可激发可观的创作与反馈式再创作,尤其是网络媒体,使创作者能够大量吸收与撷取文化环境中的各种信息素材,并形成"一种自由、开放且分布式的信息近用场域",而版权投机使创作者可能因惧怕动辄触犯法律而使作品创作数量大幅减少,进而削弱了版权制度的功能。因此,版权投机的出现将造成沉重的社会成本——使创作者和社会公众失去"自由表达的引擎"。

综上所述,版权投机导致的权利滥用不仅破坏了合理利益秩序的构

---

① Sony Corp. of Am. v. Universal City Studios, Inc. , 464 U. S. 417, 450 (1984).
② SOFA Entm't, Inc. v. Dodger Prod. , Inc. , 709 F. 3d 1273, 1280 (9th Cir. 2013).

建，也阻碍了社会创新能力的进一步提高，这正是当前我国在大力发展数字文化产业以及加强知识产权保护的同时应当警醒的制度失灵问题。

4.4.5　互动失灵

系统中行为者之间的联系、相互作用和合作关系是国家创新系统分析中的一个核心要素。这些互动不仅涉及企业之间的关系，而且也包括企业与政府、公共机构等第三方的互动。互动过强或过弱都可能导致系统失灵，因此，互动失灵有两种表现形式：强网络故障和弱网络故障。以往的研究中关于互动失灵分析的对象主要是企业，其分析内容也主要涉及企业之间的互动创新。从前述的分析中，我们得知数字文化产业政策的制定涉及从中央到地方各级政府以及相关部委等不同层级和层面的多个行为者，他们之间的相互作用同样影响着整个政策系统的功能和目标，因此，本书主要分析我国数字文化产业创新政策系统中的行为者——政策部门之间的互动问题。

(1)强网络故障——限禁型"政策社区"阻碍产业创新

行为者之间的密切合作作为一种资源互补、能力共享，对创造性解决问题是极有成效的。但是，某一组行为者之间建立强大的合作关系也意味着风险，尤其是在个别行为者引导其他系统中行为者向错误的方向发展，并阻止整个系统从外部重建的时候，这种情况被 Woolthuisa 等（2005）称为"强网络故障"。

目前，我国主要的数字文化企业还是国有资本占绝对主导地位。长期的保护政策以及片面的绩效考核导致受保护的国有数字文化企业对短期化和表象化绩效的执着和对风险的厌恶，因而其所制定的企业发展战略难免具有鲜明的机会主义特征，企业创新的能力较为薄弱。此外，地方政府和产业主管部门在社会效益与经济效益、政府引导与市场调节、国际化与维护国家文化安全等命题下一直无法理清文化产业与文化事业之间的区别，因此，一个由产业主管部门、地方政府和国有企业形成的强网络推动了数字文化产业限禁型"政策社区"①（policy community）的形成，阻碍了产业创新。这个网络中的行为者基于各自的以及共同的利益，形成强大的合作

---

①　政策社区是政府机构、压力集团、媒体以及包括学者在内的个人所组成的集团，基于各种原因而关注某特定的政策领域并试图影响它，并且会努力限制外来者的参与。（参见 Press A P. Pressure Groups：Talking Chameleons. In M S Whittington，G Williams（eds.）. Canadian Politics in the 1990s[M]. Toronto：Nelson Canada，1995：265.）

与互动关系，导致创新政策系统的失灵。

第一，限禁型政策力度与产业发展收入规模成反比。促进型政策是对以促进或鼓励为目的，通过积极的倡导性或鼓励性手段来实现促进功能的政策的总称，其主要使命是引导和协调社会力量的参与，注重以诱致性和多样性手段引导政策对象的行为（焦海涛，2010）。另一类以消极的限制或禁止为目的的政策类型，可称为限禁型政策，在我国政策体系中，长期担任经济与社会稳定发展促进之职的政策类型主要是偏重限禁功能的政策。然而限禁型政策在数字文化产业却失去了其促进功能：从 2006—2013 年的数字出版产业产品收入规模统计来看，行业监管力度最强的电子图书、数字期刊和数字报纸的收入规模增长幅度较小，而监管力度较小的手机出版和网络游戏则增幅明显。此外，2005—2009 年限禁型政策占政策发布总量的 76%，2010 年以后促进型政策数量明显增多，限禁型政策发布比例降至 45%，而从产品收入规模的增长上来看，2010 年以后的收入规模增长明显高于 2009 年之前，见表 4-8。为了更清晰地展现，将表 4-8 的内容用趋势图的形式进行表达，如图 4-5、图 4-6 所示。

表 4-8　　　　　　**2006—2013 年数字文化产品收入增长情况**　（单位：亿元）

数字文化产品	2006 年	2007 年	2008 年	2009 年	2010 年	2011 年	2012 年	2013 年
电子图书	1.5	2	3	4	5	7	31	38
数字期刊	6	7.6	5.13	6	7.49	9.34	10.83	12.15
数字报纸	2.5	1.5	2.5	3.1	6	12	15.9	11.6
手机出版	80	150	190.8	314	349.8	367.3	486.5	579.6
网络广告	49.8	75.6	170.04	206.1	321.2	512.9	753.1	1100
网络游戏	65.4	105.7	183.79	256.2	323.7	428.5	569.6	718.4

资料来源：根据 2006—2013 年《中国数字出版产业年度报告》整理。

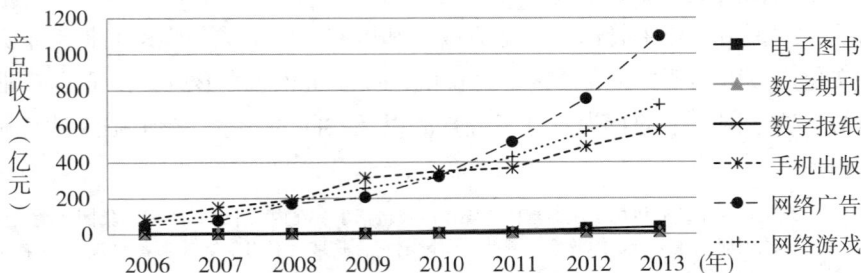

图 4-5　2006—2013 年数字文化产品收入增长趋势

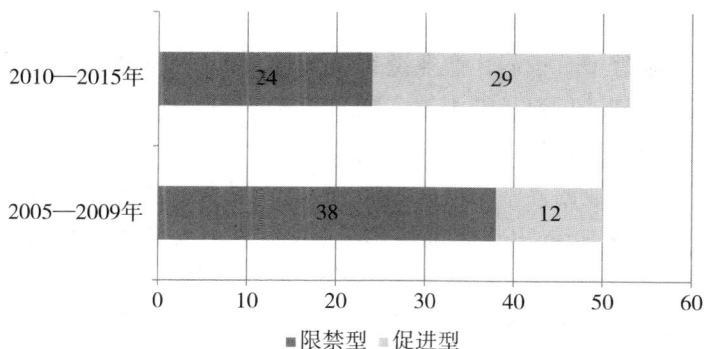

图 4-6　2009 年前后限禁型政策与促进型政策发布数量

第二，限禁型政策弱化创造力激励效用。以我国电影产业为例，1999—2009 年我国出台的 60 个主要电影产业政策中，内容涉及最多的是"行业标准"（8 个）、"市场监管"（7 个）、"内容审查"（6 个），即使涉及"数字电影"（10 个）的政策，也多是强调科技创新的重要性。2010 年，国务院办公厅下发《关于促进电影产业繁荣发展的指导意见》，提出"大力繁荣创作生产"和"大力加强专业人才队伍建设"。但其主要措施仅限于"进一步改进政府评奖"，"建立健全政府资金投入机制，引导和繁荣创作"以及"积极发展电影高等教育和职业教育"等。2011 年 12 月《电影产业促进法（征求意见稿）》发布，其中涉及鼓励创作的部分仅包括国家建立电影奖励制度，对做出突出贡献的个人给予奖励；创作国产电影剧本享受税收优惠政策；保护与电影有关的知识产权等内容。显然，被赋予极高期望值的《电影产业促进法（征求意见稿）》并没有真正关注促进产业创新发展的核心问题，相反，该意见稿中第 26 条规定："未取得《电影公映许可证》的电影，不得发行、放映、参加电影节（展），不得通过互联网、电信网、广播电视网等信息网络进行传播，不得制作音像制品。"这意味着视频网站的自制影片、微电影在互联网上播放将受到限制①，也将影响 UGC 模式②的发展。如果产业创新赖以生存的创作"源头活水"被断绝，那么后续的一系列政府奖励、税收优惠、政府投入等措施也将"仅止于宣传的价

---

①　该意见稿第 23 和 24 条还规定，企业取得《电影公映许可证》需经过所在地省、自治区、直辖市人民政府广播电影电视主管部门进行初步审查，以及国务院广播电影电视主管部门的最终审查决定。

②　UGC 是"User Generated Content（用户原创内容）"的缩写，最早起源于互联网领域，即用户将自己原创的内容通过互联网平台进行展示或者提供给其他用户，是一种用户使用互联网的新方式，社区网络、视频分享、博客和播客（视频分享）等都是 UGC 的主要应用形式。

值"。

第三，限禁型政策弱化产业链对接机制。从个人创意到转化为一个大众商品，其关键转折就是能否被多数消费者所接受，并且通过消费者传播分享以形成新的文化积累。我国文化产业政策中最明显的问题之一就是文化产业与文化事业的界限不清。2006 年发布的《关于推动我国动漫产业发展的若干意见》的指导思想明确指出，"为未成年人健康成长营造良好氛围"，如《喜羊羊》《熊出没》等深受观众喜爱，但因含有"暴力粗俗"内容受到央视的批评；2017 年《电影产业促进法》中，渲染暴力恐怖、传授犯罪方法、侵害未成年人合法权益或者损害未成年人身心健康等内容被列入新的被禁条款，但在缺少明确界定和判断标准的情况下，将会成为一种"口袋罪"，导致以往所谓的"重口味"但高票房的电影可能会无法播映；2009 年文化部发布的《关于改进和加强网络游戏内容管理工作的通知》提出，"改变以打怪升级为主导的游戏模式，对游戏玩家之间的 PK 系统、婚恋系统等进行更加严格的限制"。由此，"打怪升级"与"PK 系统"这种贯穿整个游戏，用来吸引玩家，增强用户黏性的主要工具将受到限制。从我国数字文化产业政策中的内容限制规定来看，几乎都与文化产业的消费者导向背道而驰，而限制政策不是采取分而治之的办法（如电影分级制度），而是"一竿子打死"，我们可以从政策内容中看到价值观导向或公益导向，唯独没有看到体现数字经济下文化产业发展特征的消费者导向。消费者不仅是创造力的动力来源，也是产业价值创造的主要成员。尤其是在数字经济背景下，消费者在文化产品使用和分享的过程中会伴随价值产生和价值积累，使文化产业的价值创造活动形成一个循环。正如 Stähler（2002）的研究指出，价值并非来自现有产品，而是经由满足顾客需要而创造出的。

综上，限禁型政策社区形成数字文化企业难以突破的强网络故障，使数字文化产业创新环境恶化。

（2）弱网络故障——政策积极行动滞后，政策作用方向与激励目标不统一

有效的创新是要素之间的互补性和行为者的密切相互作用的结果。如果这些元素之间的连通性差，可能会阻碍有效地学习和创新循环，这种情况为弱网络故障。其与 McKelvey（1997）提出的关于动态互补失灵的概念相同，如果在一个系统中行为者之间互动不足，则缺少实现未来发展的共同愿望，这反过来又可能妨碍相互的协调与合作，从而阻碍成功的创新。因此，弱网络故障会导致互动学习不足，并阻碍创新。

回顾我国数字文化产业政策发展历史，数字文化产业政策的目标和途径主要有两个：一是以限禁型政策保证产业有序发展；二是以促进型政策激励产业创新。但其执行结果显示如下。

第一，数字文化产业政策积极却行动滞后。从 2006 年数字文化产业得到政策的重视与扶持开始，法律法规的建设与完善几乎是每一项政策必然提及的内容，其重要性不言而喻。例如，数字出版物与传统出版物相比具有自身特征，其法律法规的制定不仅直接涉及著作权的授权、保护，还涉及图书、杂志、报刊等内容利用以及孤儿作品利用等知识产权相关议题，而且还包括网络信息安全、不良文字图像散播、名誉权侵权，以及涵盖电子商务、网络广告、技术规范、域名管理、经营场所安全和管理、刑事犯罪和民事纠纷等方方面面。从根本上来说，数字文化产业相关法律法规应当是通过规范行业发展和竞争秩序，作用于各方主体之间的关系与互动。但是，在我国宏观政策目标确定和政策积极的背后，却是相关法律法规的制定一直处于滞后的状态。首先，针对数字文化产业的法律、法规比较分散、不成体系。除《中华人民共和国著作权法》和《信息网络传播权保护条例》外，绝大多数是部门规章和带有决定性质的专项管理行政通知。其中，除 2000 年国务院颁布的《互联网信息服务管理办法》、2002 年新闻出版署与国家信息产业部共同制定的《互联网出版管理暂行规定》、2013 年《关于加强数字文化内容投送平台建设和管理的指导意见》等规章外，基本上都是关于印刷、书号、编码等方面的管理规定，这对于日新月异的互联网来说，显得粗糙且不适用。其次，框架性东西多，缺乏可操作细则。例如，当前的短视频已经非常普遍，而在数字背景下的海量信息面前，内容管理仍想要按传统出版模式进行管理几乎不可能，但由于相应的法律法规建设滞后，即使相关部门一直不停地"制裁"或"封杀"，仍无法扭转行业内混乱无序的状态。

第二，政策的作用方向与激励目标不一致。首先，从政策的作用方向和作用强度上看，行业监管类政策在 2007—2013 年主要作用于内容监管、经营监管和设立生产监管，而且相关政策力度较大，而涉及行业发展争议最大且最为迫切的标准管理和知识产权保护等问题，相关政策强度却较小，而且时间间隔也明显较长，例如，知识产权保护类政策制定的时间跨度从 2005 和 2006 年到 2010 年，与网络和数字文化产业发展速度不适应；标准管理方面的政策更是到 2012 年和 2013 年才有所重视。即使在所有的限禁型政策中，也是绝大多数内容涉及内容监管、经营监管、生产监管等，极少涉及知识产权保护的内容（如图 4-7 所示）。其次，从政策的具体内容来看，面对数字文化产业这种新兴业态，监管措施的重点是"禁"，而所谓"原创能力""内容创新""自主知识产权""业态创新和服务创新"等激励目标都要被禁锢于这种"限禁"思维，多数激励措施的效用也抵消于这些监管措施。例如，新闻出版总署草拟《网络出版服务管理办法》并征询意见，第七条规定，只要在我国境内通过信息网络向公众提供网络出版物的行为，都必须依法经出版行政主管部门批准，取得《网络出版服务许可证》。根据上述规定，绝大部分网站均应当办理《网络出版服务许可证》，因为网站发布信息的行为，不论是发布文字、图片、音乐、影视剧、网络游戏，均应符合通过信息网络向公众提供"文学、艺术、科学等领域内具有知识性、思想性的文字、图片、地图、游戏、动漫、音视频读物"的数字作品定义，可以视为网络出版行为。然而，《网络出版服务管理办法》把网上的各种信息都纳入数字作品的范围，也就是说，成百万计的网站因此都应该办理许可证，但问题是，《网络出版服务管理办法》又对申请互联网出版许可证规定了很高的门槛，包括注册资本、人员资质等，由此绝大多数网站可能构成"违法"。可见，该办法的目的是"便于"行政管理，创新目标根本不在其考虑范围之内。

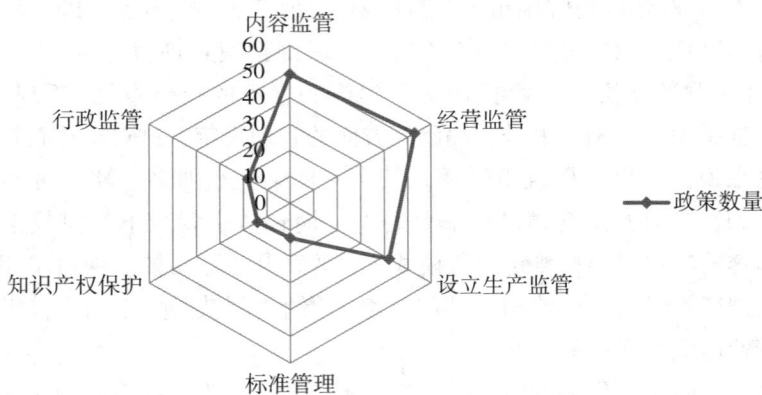

图 4-7　行业监管政策作用方向

4.5　我国数字文化产业创新系统失灵的原因

4.5.1　基础认知不足导致目标设定偏差

创新政策是一个与外部环境紧密联系的输入—输出系统，创新政策的产生和执行从某种意义上讲就是政策与外部环境互动的过程。创新政策对环境有着明显的依存关系，经济环境因素是制定、实施创新政策的基本出发点，而政治环境因素决定创新政策的政治性质。从这个过程来看，对外在环境的认知是政策决定的基础，而我国数字文化产业创新政策制定存在着对数字经济发展现状与创新特性这个"外在环境"认知不足的问题，数字经济下产业发展的核心价值也有待厘清。

首先，对于数字经济下产业的创新特性的认知不足。前述目标失灵分析显示，我国数字化发展倒逼产业政策目标设立，政策引导落后于产业发展，以及产业政策忽略知识产权形成与应用，产业创新子目标虚化，这些都反映出政策制定者对于数字经济以及文化产业创新特性的认知不足，造成政府引导功能的缺失，政府行动落后于行业的发展。在目标设定上仍沿袭传统制造业思维模式，政策制定的重点主要在产业的规模化、集中化和专业化上，但是却忽视了数字文化产业的创新特性，即它是由知识产权的价值实现决定产业的规模，而不是仅由场地、投资、生产经营的规模决定。从政策制定的现状来看，数字文化产业的目标设定以规模和集中度为主，而激励产业创新的知识产权创造、应用和保护政策却仅为次要目标，这种目标设定的偏差是导致当前我国数字文化产业低层次繁荣的主要原因。

其次，对推动数字经济下产业发展的核心价值与核心目标认知不足。对于基础认知的不足还主要表现在对政策需求的政治转化过程中，始终未能厘清推动产业发展的核心价值，没有确立产业政策体系的核心目标。通过前述系统失灵分析可以看出，"提高产业集中度"目标扩大化致使行业竞争不充分和国有企业丧失创新动力的"政策目标执行故障"，以及产业主管部门、地方政府和国有企业形成"强网络故障"，即限禁型"政策社区"对产业创新的阻碍，这些系统失灵表现的深层次影响因素都主要基于政策核心目标的缺失，导致当前我国产业创新政策仍偏重于对文化产品和服务供给的行政干预，而缺少充分发挥市场机制的引导型、治理型、服务型政策。政府创新政策中所体现的政府导向、激励方式、制度建设等未能有效针对"数字经济"的需求和产业的创新特性，也未能有效解决创新所面临的制约因素，而一直徘徊在社会效益与经济效益、政府引导和市场调节、国际化与维护国家文化安全等命题中，造成重视多，执行少；投入多，效果少。

4.5.2　目标设定矛盾导致执行路径模糊

在整个社会系统中，由于存在不同的小系统或者亚系统的利益要求，因此，这些基于不同利益期望的社会子系统间的矛盾也构成了公共政策中价值冲突的客观因素之一（杜宝贵等，2003）。我国经济发展以及数字文化产业创新中所呈现出的各种不利因素与诸多问题相互交错，这决定了我国数字文化产业在当前乃至今后一个较长的时期都将面临创新能力、专业化发展、体制改革、产业融合等多重目标。对于多属性或多目标决策来说，必然涉及属性或目标冲突时的取舍判断，在特定时期和阶段，多重目标的确立与选择，因受时间、资源、精力等局限很难同时实现多个目标的同步改善，只能在众多可能目标中做出非此即彼的优先排序选择（项保华，2012）。但是目标的设定决定着执行路径的选择，也影响着具体执行措施的强度，如果在不同时期和产业发展阶段，多重目标的择优排序不清或目标设定出现矛盾，将导致执行路径模糊，从而减损政策系统的整体运行绩效。

通过前述系统失灵分析可以看出，"弱网络失灵"中政策积极行动滞后，政策作用方向与激励目标不统一，都体现了政策制定主体之间，以及政策制定主体与市场主体之间互动不足，使创新要素之间的连通性差，阻碍有效地学习和创新循环，究其原因主要是缺少实现未来发展的共同愿望，其互动不足的结果反过来又妨碍了相互的协调与合作，从而阻碍成功的创新。从我国数字文化产业发展的现实来看，这种缺少共同愿望的互动不足主要来源于目标设定的矛盾导致的执行路径模糊。例如，产业规划中设置了经济效益目标，如产业总产值的提高、产业园区与基地的数量增加、产品收入规模的增长，那么产业发展的路径选择本应倾向于企业竞争有序、市场机制的建立，相应的政策执行措施也应致力于对市场主体的互动与服务；但是我国产业政策始终坚持"社会效益"放在首位和政府主导，这种目标设定的矛盾造成的结果是：各政策制定部门一方面投入大量人力、物力和财力，通过财政投入、用地支持、税收减免、金融支持等促进产业发展，以达成产业规划中的发展指标；而另一方面又不得不以限禁型政策对企业的内容、经营、生产、进出口等设置一系列的障碍，使得原有的激励效用被抵消。

4.5.3　信息不对称与信息不确定导致执行措施冲突

在限禁型政策中，政策执行的主要目的就是惩罚违法者，而偏重"管理"和"限禁"的政策都具有事后规制的特点。即使是以保障产业稳定有序发展为主要目标的公共政策，单纯的事后控制既不能有效惩治并威慑违法者，也不能完全实现政策的功能。这是因为政策执行的有效性过于依赖信息，但政策严厉性又限制了信息收集的渠道（Stähler，2002）。限禁型政策运行中的信息问题，主要来自两个方面。

首先，就经济型政策来说，当执法机关无法观测或监督市场主体的行动或者无法获取市场主体行动的完全信息，或者观测与监督的成本过高时，双方所掌握的信息就是一种"非对称信息"（asymmetric information）。过于严厉的限禁型政策有时并不能实现威慑违法行为的目的，反而可能会诱发市场主体隐匿信息（hidden information）和产生逆向选择（adverse selection）的机会主义行为（三小龙，2005），随着违法行为的日趋复杂和有限的执法资源，执法机关必然无法"事无巨细"地将每个市场主体的每个违法行为都调查得清楚、彻底，这显然会严重削弱政策的运作实效。这一点在前述"制度失灵"引发版权投机现象中有充分体现：过于严苛的著作权法定赔偿制度使市场主体隐匿信息（数字盗版技术提升）或逆向选择（作品侵权赔偿通过诉讼货币化，并形成一种诉讼激励或公众表达的寒蝉效应），不仅削弱了版权保护制度的执行效果，也弱化了机制中的创造力激励诱因。

其次，作为一种对市场经济进行调控与规制的制度，要想实现其功能，就必须充分考虑市场信息的不确定性。由于市场主体的很多行为都具有模糊性，不仅行为结果的有效与否不能一概而论，行为的性质也难以作"一刀切"的认定。如果信息处于不确定状态，严格的政策规范与过于僵化的执法方式虽然在形式上容易满足规制的要求，实质上却可能会产生对政策价值的"阻却效应"①。通过前述系统失灵分析可以看出，"强网络失灵"中限禁型政策弱化创造力激励效用和产业链对接机制。限禁型政策的规制方式以"限禁"为主，执法方式缺少灵活性，在信息不确定的情况下，严苛的限制政策无法采取分而治之的办法，而只能一律"一竿子打死"，这不仅导致产业促进型政策对创新的激励效用消耗殆尽，自身的执行效果也因信息的不确定性而折损了效率。

综上，从我国数字文化产业创新政策系统失灵的障碍表现和深层次制约因素来看，完善数字经济下的产业创新政策体系，形成有效创新激励机制的重点在于，如何解决政策运行中的基础认知不足、目标设定矛盾和信息不确定与不对称等问题。

---

① 罗伯特·K. 默顿. 社会研究与社会政策［M］. 上海：生活·读书·新知三联书店，2001：86.

5. 模式建构：创新政策系统的
协同学分析及运行机理

创新政策系统是由相互依赖、相互协调、相互促进的不同层面和类型的创新政策子系统构成，并动态耦合而成的一个复杂系统。不同层面的政策之间是相互联系、相互作用的，任何一项政策在其特定的领域中发挥主要作用，同时也对其他领域产生重要影响，而某一领域的政策实施也需要其他领域的政策提供支持才能正常发挥作用。本部分内容应用协同学基本理论，基于我国数字文化产业创新系统失灵表现及成因提出创新政策的协同组合模式。

5.1 创新政策的系统特性和作用

目前，对国家创新系统的研究有两个具有代表性的侧重点：一种观点认为，国家创新系统"是由一些要素和联系构成，这些要素和联系在新知识(经济意义上有用的知识)的生产、扩散和使用中相互作用"(Nelson，1993)，着重于研究"相互联系的机构"之间的交互作用和分析国家创新系统中组成分子；另一种观点认为，国家创新系统是一组制度，是"一国境内为发展、引进、改进和扩散新技术而形成的一个相互联系的组织机构和制度网络"(Freeman，1987)，制度的设定和功能是决定创新体系效率的关键，着重于研究私营企业、公共企业、大学和政府机构以及有关的制度因素及其相互作用。尽管研究的侧重点不同，但是，国家创新系统的研究者大都接受了这样一种观点，即创新过程中各主体之间的联系对于改进技术实绩至关重要，一个国家的创新实绩很大程度上取决于这些主体如何相互联系起来，而公共政策体系就是建立这种联系的核心(Klein & Sauer，2016)。

根据英国学者拉卡托斯的观点，任何一种理论体系都应该有其理论硬核(Hard Core)和保护带(Protective Belt)，"一切科学研究的纲领以其'硬核'为特征"①。其中，理论硬核是由一个或一组核心命题组成的，它既是该理论由此进行理论推演的出发点，又是整个理论体系的指南。从国家创新系统的相关研究结论，可以得出国家创新系统理论硬核。第一，科学技术知识的循环流转是通过国家创新体系各组成部分之间的相互作用而实现的，国家创新体系核心或基本表现是一种有关科学技术知识的循环流转及其应用的制度安排。第二，创新主体之间不是简单的线性关系，而是复杂的网络互动关系，创新和技术进步是生产、分配和应用各种知识的各主体之间一整套复杂关系的结果。第三，国家创新体系的特点很大程度上是由国家专有因素决定的，国家创新体系分析主要是在国家层次上进行的。从国家创新系统的理论硬核来看，国家创新系统是一种结合政府、产业、研究机构创新能力的机制，是各种政策的系统整合。国家创新系统运行的核心就是政策安排，即通过政策安排促进科学技术知识的循环流转，加强创新主体之间的联系与互动，根据国家专有因素进行各种资源的配置与协调；通过政策安排提高国家创新系统的效率，校正国家创新系统的缺陷。

公共政策学认为，政策系统是"政策制定过程所包含的一整套相互联系的因素，包括公共机构、政策制度、政府官僚机构以及社会总体的法律和价值观"②。国内有学者将政策系统界定为由政策主体、政策客体及其与政策环境相互作用而构成的社会政治系统，而狭义的政策系统是指政策主体、客体及其他要素所组成的一个内部系统(陈振明，1998)。所谓政策的系统性，一方面指政策总是以系统的形式而存在；另一方面指政策的制定、执行、载体、环境等构成一个系统，在这个系统中，其一个环节、层次或部分的缺损或失灵都将使政策失效或失去价值(刘邦凡等，2010)。

在国家创新系统理论视角下，创新政策系统作为影响"公共和私人部门的活动和相互作用以及创新业绩"的国家创新系统中的关键要素，除了具备一般公共政策的系统特性以外，还具备以下几个方面系统特性和作用。

①全面激励：政府以创新为导向，制定与实施技术的创造、扩散与利用等方面的政策，通过全方位的政策网络体系营造国家创新系统发展的政策环境，激励、引导和扶持创新成果转化为现实生产力。②协调整合：加

---

① 伊·拉卡托斯. 科学研究纲领方法论[M]. 兰征，译. 上海：上海译文出版社，1986：66.

② 克鲁斯克，杰克逊，唐理斌. 公共政策词典[M]. 上海：上海远东出版社，1992：72.

强主体间的联系与互动，减少因缺乏沟通而造成的信息障碍，协调各主体之间的关系，整合各主体之间的利益，减少各主体因利益冲突而产生的政策制定与操作上的抵触或脱节。③引导控制：引导创新主体以市场为导向进行创新，使之有利于提高整个社会的经济效益、社会效益和环境效益。控制资源的合理流向，形成资源的集中和合理利用，避免资源投入过度与不足，保证创新发展符合国民经济和社会发展的总目标。④功能耦合：通过打破各领域创新政策在功能上的条块分割和原有科层式组织的僵化运作机制，实现各类政策在时间和空间上的整体协同配合，形成功能互补、互相支持、互相调节、互相促进的政策功能耦合状态，实现政策价值的最大化，达到预期的政策效益。

系统演化的进步，是在一定条件下对于系统的组织、结构和功能的改进，从而实现耗散最小而效率最高、效益最大的过程（魏宏森，1995）。因此，研究创新政策系统的目的在于调整系统结构，协调各要素关系，使系统达到优化目标。创新政策系统的完善不仅单纯依靠政策数量的增长、调整范围的扩大、规范内容的细化，更应当注重建立合理的运行机制，依托这种结构的完善，可以使各创新要素达成一定的系统功能，并大于各创新要素功能的简单叠加，使政府作为协调集成创新系统各要素联系的纽带，利用创新政策系统实现国家的创新发展目标。

5.2　创新政策系统的协同学分析与启示

5.2.1　协同学应用于创新政策系统研究的可行性

"协同"一词来自古希腊语，或称"协和""协作"，合作现象、协同作用是协同学（Synergetics）的基本范畴。关于"协同"的思想源远流长，无论是古老的东、西方哲学，还是现代的自然与社会科学，实际上在研究人与自然、人与人乃至整个宇宙协调发展问题的同时，都必然要涉及"协同"。而"协同学"恰恰是一门关于"协同"的科学，是一种关于自组织的理论，它研究系统各要素之间、要素与系统之间、系统与环境之间协调、同步、合作、互补的关系，研究新的有序结构的形成，揭示系统进化的动力。

作为一门交叉学科，协同论的创始人是联邦德国斯图加特大学的赫尔曼·哈肯教授（H. Haken）。这位理论物理学教授从激光理论出发，在完全不同系统之间发现深刻相似的基础上，采取类比的方法，揭示了范围相当广泛的一些学科的共同特征，认为非平衡相变是一种自组织过程，生成怎样的组织和结构是系统内部大量子系统协同作用的结果（赫尔曼·哈肯，1995）。他于1970年斯图加特大学冬季学期演讲中首次引入了协同学的概念；1971年，在 *Umschau* 杂志上与他的学生合作发表《协同学：一门合作的学说》一文，深刻阐述了协同的概念，认为自然界存在着各种各样不同时间、空间跨度的系统，结构千差万别、成千上万，尽管其属性不同，但在整个环境中，各个系统间存在着相互影响而又相互合作的关系，同时也存在一系列不稳定与稳定的相互转换，其中包括通常的社会现象，如不同单位间的相互配合与协作，部门间关系的协调，企业间相互竞争的作用，以及系统中的相互干扰和制约等；1972年，在联邦德国埃尔姆召开第一届国际协同学会议，1973年，该国际会议论文集《协同学》出版，协同学随之诞生；1983年出版的《高等协同学》标志着协同学的微观理论走向成熟；1988年，中英文版的《信息与自组织：复杂系统的宏观方法》同时出版。

协同论在物理学、化学、生物学、经济学、社会学以及管理科学等许多方面具有广阔的应用范围。1979年，联邦德国生物物理学家 Eigen 将协同学的研究对象扩大到生物分子方面（Eigen，1979）。1994年，英国学者、曼彻斯特商学院教授 Beer（1994）将协同学应用于管理科学，他的协同整合策略在今天被应用于一系列相关管理方法，其目标是以某种途径整合不同的立场和态度，以形成一种宏观秩序。"干预一个系统的12个杠杆点"是美国学者 Meadows 于1999年提出的，Meadows 主要以协同理论研究经济增长的环境限制条件。20世纪90年代初期，她在参加北美自由贸易协定（NAFTA）会议中发现：一个大的新型系统正在形成，但是这个系统的运行机制却是无效率的。她建议在一定程度上干预一个系统，并识别和操纵一些杠杆点，以形成自组织和集体智慧。基于序参量原理，她认为，在所有社会科学中，由于存在意识目标、选择、自由意志、自利性和自我意识等因素，使得在自然科学中适用的任何控制组和严格的预测模型不能以同样方法在社会科学中适用。因此，在 Meadows 的作用模型中，自组织的影响力明显低于目标设定，更低于主观意向和改变意向的能力。俄罗斯科学院哲学研究院学者 Knyazeva（1999）认为，协同学理论与自组织理论的发展使我们找到了一种新的方法，为我们提供了复杂社会系统协同进化的建设性原则，也为国家间的协同进化、处于不同的发展阶段区域地缘政治，以及东西方冲突与南北问题的解决提供了思路。Chaturvedi 等（2007）从实证角度研究了公共政策、市场、知识与企业技术发展之间的协同，通过追踪印度制药企业从反向工程到致力于转变为研究开发型企业的战略转变，他们认为，国内和国际创新发展和公共政策的变化是印度制药企业技术进步的决定性因素，为企业发展新技术、知识和市场竞争力提供了新的机会。May 等（2012）提出运用协同学理论，将基于专业判断的协同分数评分系统用于评价公共政策具体措施的运行绩效。Meynhardt 等（2016）将协同学理论运用于服务生态系统的研究，提出了价值共创的 9 个系统原则。我国学者陈劲、阳银娟（2012）提出，协同创新是以知识增值为核心，企业、政府、知识生产机构（大学、研究机构）、中介机构和用户等为了实现重大科技创新而开展的大跨度整合的创新组织模式。他们从整合维度与互动强度两个维度探索了构建协同创新的框架、协同创新的理论框架与内涵，以及对协同创新的组织和平台构建提出建议。袁旭梅等（2018）基于协同学理论，建立了高新技术产业协同创新系统的创新实体和创新环境子系统，确定了高新技术产业协同创新系统的影响因素。吴金玉等（2019）通过构建知识协同概念模型，描述了概括技术创新网络知识协同创新机制启动的条件，以协同学的核心指标序参量分析网络的知识和结构由无序向有序转变的过程，以共生度作为模型的调节参量，创新性地提出知识协同是知识、组织能力熵变过程与节点共生关系演化过程相互融合的结果。

创新政策系统是一个复杂的开放系统。随着国内外环境的急剧变化，科技竞争、产业发展、文化教育、对外贸易等许多因素无不对创新政策的制定与实施产生重要的影响。在这种形势背景下，政策系统运行的复杂性和风险程度远远超过了现有任何单一理论可以解释的范畴。许多创新没有实现其预期的最佳效益的一个重要原因正是没有采用系统的方法，忽略了系统中各要素间的相互关系（Tidd，2005）。对创新政策系统的研究不仅应当关注以各种规则形式存在的政策内容，更应注重它们之间的相互关系。各类政策之间相互掣肘、离散、冲突或摩擦，会造成整个政策体系的内耗增加，难以发挥应有的功能，致使整个系统陷于混乱无序的状态。实现各类政策的全面协调是数字经济下我国创新政策系统有效运行的关键。创新政策系统的完善应强调制定与实施过程中各类政策之间的协同，以实现由传统经济模式向数字经济发展转型的总体目标。

哈肯教授创立的协同学是关于系统中各个子系统之间相互竞争、相互合作的科学。作为一门横断学科，协同学"研究由完全不同性质的大量子系统所构成的各种系统"以及系统中的子系统之间怎样合作以产生宏观的空间结构、时间结构或功能结构（H. 哈肯，1989）。将协同学应用于创新政策系统研究的可行性源于协同学理论的普适意义和创新政策系统的特征。首先，协同学理论所揭示的是有生命自然界和无生命自然界中的共同本质规律，是以不同学科中共同存在的本质特征为研究目的的系统理论（H. 哈肯，1984）。它不仅广泛应用于自然科学领域，也为人口学、社会学、经济学以及管理学等社会科学研究提供了新的思维模式和理论视角，其卓越的普适性已获得多学科研究及实践的验证。其次，协同学的研究对象是自然界和人类社会中大量存在的复杂的开放系统，而创新政策系统正具有这种开放性和复杂性的系统特征，其具体表现为：第一，创新政策系统是一个开放的系统，是一个"与外界既有能量交换又有物质交换（包括信息交换）的系统"（郭治安，1988），其中的物质交换特别是信息的交换，体现于政策的运行既需要以外界环境信息为基础，又必须对外界环境进行干预性信息输出；第二，创新政策系统是一个复杂系统，无论是从政策的层次等级、作用层面还是实施过程来看，都是由多个部分构成，并具有特定的结构和功能，这种多元化和系统结构的多层次性，使得创新政策系统通常不表现为一种线性的直线模型，而呈现出非线性的网络模型形式。据此，作为复杂的开放系统的创新政策系统可以成为协同学的研究对象，而协同学的引入也必将对创新政策系统理论的发展和解决现实中存在的问题具有启迪意义。

5.2.2 基于协同理论的创新政策系统分析

协同学认为，所有系统的结构、特性和行为都不是子系统的结构、特性和行为的简单或机械的总和，而是通过子系统之间的相互作用，整个系统将形成一个整体效应或者一种新型结构，这个整体效应具有某种全新的性质（郭治安，沈小峰，1991）。协同的实质在于强调系统发展过程中内部各子系统之间的合作性、集体性的状态和趋势，强调在某种模式的作用下众多子系统能以自组织的方式形成宏观的有序结构，使系统产生不同于原来状态的质变过程。协同理论为解决政策运行中的无序性、复杂性和不确定性等问题提供了良好的分析工具。

（1）序参量对创新政策系统的主导与子系统参量的反制

协同学用序参量的概念来描述一个系统的宏观有序度，整个系统的行为由序参量的行为所决定，在序参量的主导作用下有组织、有规则地运行。序参量是子系统集体运动的产物、合作效应的表征和量度。但序参量的支配作用并不是绝对的，各种子系统及其参量对序参量也有反作用。宏观战略目标是创新政策系统的序参量，指导各类政策有组织、有规则地制定与实施。但是，各政策子系统可能由于不同的政策力度和作用重心而形成不同的系统参量，某些子系统及其参量的行为可以经过放大扩充变成起支配作用的序参量，替代原有的序参量，即政策子系统的功能可能脱离原有的政策总体目标，并对政策体系的发展方向产生重大影响或起决定作用（如图5-1所示）。例如，数字文化产业以"产业创新"目标为宏观政策导向，而致力于提高"产业集中度"产业组织政策的子系统偏重于提高产业规模和企业产销量，而缺少对内容创新、技术研发和知识产权的重视，因而脱离原有宏观战略目标，并影响整个政策系统的运行方向。

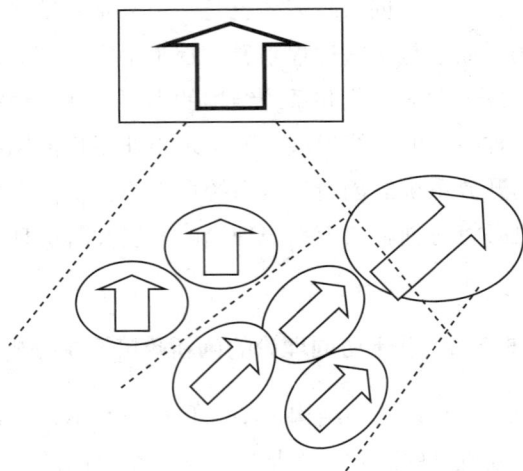

图 5-1   子系统参量对序参量主导的反制

（2）自组织是创新政策系统有序的驱动力量

协同理论核心是自组织理论，它解释了在一定的外部能量流、信息流和物质流输入的条件下，系统会通过大量子系统之间的协同作用而形成新的时间、空间或功能有序结构（白烈湖，2007）。按照自组织的观点，系统可以在一定的条件下，由系统内部自身组织起来，并通过各种形式的信息反馈来控制和强化这种组织的结果，使具有相对独立、自治和自利能力的各个政策子系统能相互默契地协同工作，实现共同的终极目标，这种自组织能力推动系统从无序向有序发展演化。创新政策系统是一个由多个相

互作用的子系统组成的开放系统。因此，创新政策系统完善的着力点应当
是建立一种政策运行机制，推动和促进系统内部自组织能力的形成，控制
和强化自组织的结果。

（3）协同效应是创新政策体系构建的本质要求

协同效应是指由于协同作用而产生的结果，是指复杂开放系统中大量
子系统因相互作用而产生的整体效应或集体效应。协同作用是系统有序结
构形成的内驱力。任何复杂系统，当在外来能量的作用下或物质的聚集态
达到某种临界值时，子系统之间就会产生协同作用。这种协同作用能使系
统在临界点发生质变产生协同效应，使系统从无序变为有序，从混沌中产
生某种稳定结构（潘开灵、白烈湖，2006）。创新政策系统构建的本质要
求是实现政策子系统间的互补，聚合放大和功能倍增。而实现这一目标，
就要求各个子系统按照一定的协同方式相互作用、协调、同步，使系统的
整体功能最强并产生协同效应，从而使政策体系的整体功能效应倍增，系
统向有序方向发展。

5.3　创新政策系统协同运行机理

基于协同学理论，涨落是指状态变量对于其平均值的偏离，旧系统通
过涨落使得旧结构失稳，促使人们寻找新结构。创新政策系统的涨落是各
类政策子系统所形成的创新激励效用。当旧政策系统中的微涨落推动系统
达到临界点时，在各种系统参量的竞争中，序参量选择对系统失稳之后的
政策系统演化方向至关重要。数字经济下，产业创新政策系统所构成的激
励结构促使微小涨落通过系统协同效应迅速放大，当达到临界水平时放大
成巨涨落，即形成协同激励效用，使原有政策系统的激励结构发生变化，
产业完成跨越式发展，有序度递增，形成新的有序状态（如图 5-2 所示）。

自组织产生于系统内部作用体间"由下而上"的互动。自组织是指在
一定的外部条件下，通过内部作用体之间的互动作用，自发地从一种无序
状态走向有序状态，或者从一种简单初级的有序状态发展为更复杂高级的
有序状态的演变过程。在系统处于不稳定状态的前提条件下，通过自组织
的过程，系统会从无联系的混沌状态发展到规律有秩序的状态，而秩序的
形成并非源于某些定理法则，而是由系统内部作用体间"由下而上"的互

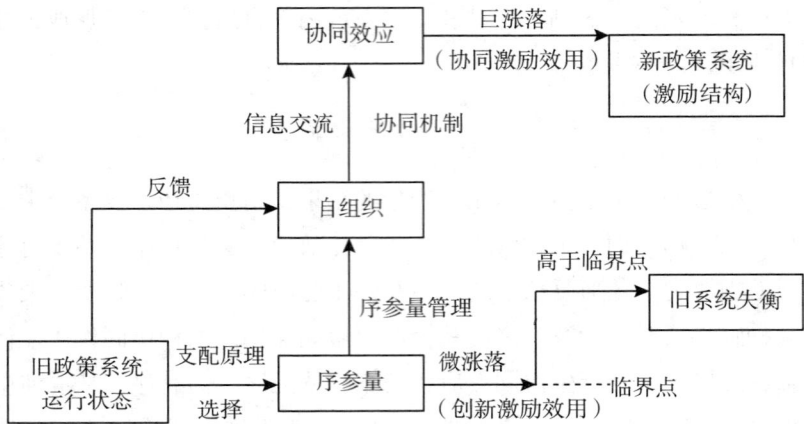

图 5-2　创新政策系统的协同运行机理

动所产生(Stacey，1996)。因此，自组织本质上是因为非线性互动的自然结果，并非源于某个体所追求的秩序。当大量成员互动中包含正向回馈循环，某些行为自然会自我凸显，并被锁定(lock-in)，再加强循环并排除其他行为，导致集体行为的秩序自然显现。自组织的行为必须在有大量作用体复杂互动时才能产生。当环境变化动荡时，就需要不断输入能量，使自组织行为得以自我维持。

局部层次的互动可以导致整体层次模式或结构的出现(Mihata，1997)。换句话说，就是个别元素的组合带来了全新宏观事物的产生，也就是 Holland(1995)所称的"聚集"效果。从复杂观点出发的策略思维，主要是用于描述组织与系统环境间互动的关系，认为单独个体的行动与体系内其他组织所实现的结果存在着杠杆效果(Lengnick-Hall & Wolff，1999)。在复杂的网络中，不仅存在简单的横向共生链和纵向共生链的结构，更为常见的是横向与纵向相互耦合的共生创新网络。复杂的共生创新网络使得处于共生关系中的节点的关系更加稳定；同时，网状结构也具备一定的开放性，共生创新网络具备较强的包容性(吴金玉等，2019)。这样的思维逻辑表现在组织所面对环境的分类中，即体系式环境与交易式环境(Anzola et al.，2017)。体系式环境是指该环境会对组织造成影响，然而组织却不具备影响该环境的能力，在该环境中，组织必须通过内部事务的安排与环境达成配适；交易式环境则是指组织具备影响该环境的能力，同时亦受该环境所影响，在该环境中，组织可以通过策略安排以达到控制环境的目的。上述组织环境的分类，解释了自组织的过程：为达成综合效应，整合次系统并营造宏观目的，必须进行评估体系式环境、影响交易式环境以及控制组织本身等三方面的行动。正如 McCollum & Barker(2017) 所指出的，营造自组织的首要任务是树立清晰且一致的组织身份，包括组织的愿景、目标及价值，以说明组织对于环境所主张的信念与意图。

协同学的理论观点提示我们：

第一，如果政策系统的序参量尚未形成，各政策子系统之间不能很好地协作，各个子系统之间独立运行明显，协调和合作关系不密切，当微涨落所产生的系统变化高于临界点时，政策系统将处于失衡和无序状态。因此，当政策系统处于临界点时，序参量选择是把握创新政策系统的发展方向的途径。通过序参量的选择，可以调节政策子系统间的竞争与协作关系，促使创新政策系统向我们期望的方向发展。

第二，序参量是通过自组织状态来维持的，在一定条件下由系统内部自身组织起来，并通过各种形式的信息反馈来控制和强化这种组织的结果。因此，政策系统需要通过对旧政策系统运行状态的反馈来检视和评估自组织的结果，并通过信息反馈来管理序参量，以达成自组织状态，是产生协同效应的前提。

第三，建立政策协同机制是提高创新政策系统有序程度的手段，通过政策协同机制可以促进创新政策系统的自组织形成，并使这种自组织能力成为系统从无序到有序转变的驱动力量；各政策子系统的信息交流是提高政策系统有序程度的基础，各政策子系统应与其他子系统始终保持信息交换，并与其他子系统所共同构成的外部环境相适应才能保证系统的有效运行，形成协同效应。

5.4　创新政策的协同组合模式

从创新政策系统协同的机理分析可见，其特征是：关注的重点在于影响和促进创新的整个政策系统的完善，以政策系统的整体效应的形式对创新产生影响，作为检视政策绩效的方式，而不是单纯地关心某项政策促进创新的直接成果。因此，根据创新政策系统的协同运行机理，可以构建出创新政策的协同组合模式，如图5-3所示。

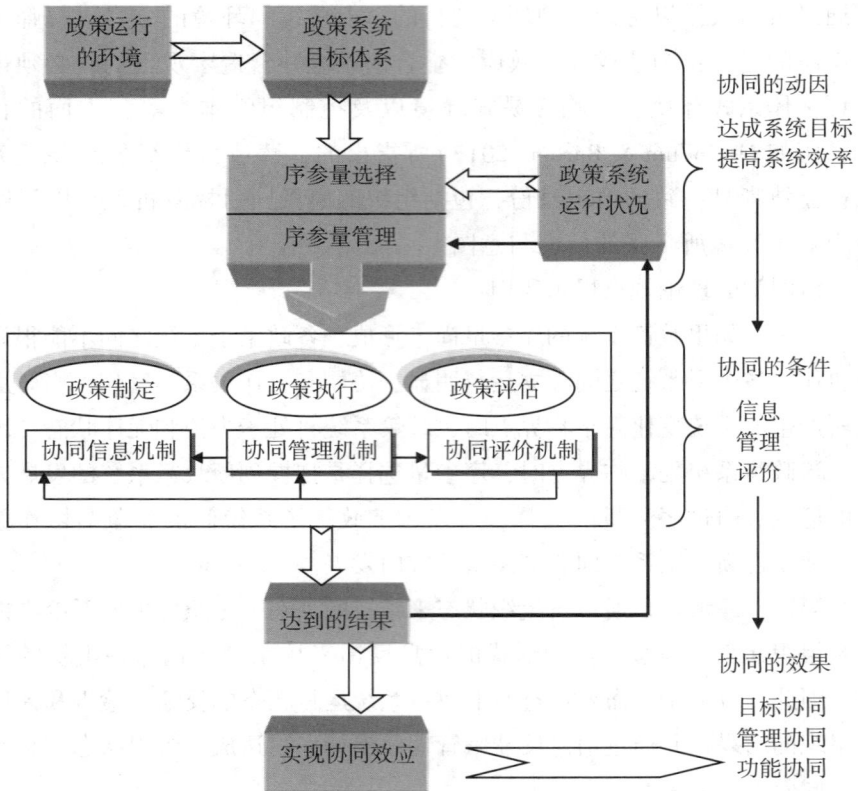

图 5-3　创新政策组合的协同模式

(1) 分析创新政策运行的环境

　　美国公共政策学家安德森认为，"公共政策行动的要求产生于公共政策环境，并从公共政策环境传到公共政策系统。与此同时，公共政策环境还制约着公共政策主体的行动"①。公共政策环境是指影响公共政策的所有外部因素的总和，是一个包含政治、经济、社会文化、国际环境等大量因素的庞大而复杂的系统，几乎涵盖了公共政策面临的一切外部条件(陶学荣，2006)。因此，"分析创新政策运行的环境"在这里主要是指分析对产业创新具有重要影响的环境因素，例如在数字经济这种新型经济模式下，需要分析数字背景下的国内外经济环境、产业发展动态和趋势，以及新经济模式下的产业创新特性等，而数字经济下的创新政策是否有效运

---

　　①　Anderson J E. Public Policy-Making (Third Edition) [M]. New York：Holt，Rinehart and Winston，1979：23.

行，关键看其是否适应政策运行的环境变化，否则创新政策会成为创新的阻力而不是动力，因此，分析创新政策运行的环境是创新政策协同运行的起点。

(2)确定创新政策系统的目标体系，评估政策系统运行状况

系统目标是系统所需要达到的结果或完成的任务。在这里，由于协同模式关注的重点在于影响和促进创新的整个政策系统的完善，因此，创新政策系统的目标包括两层含义，一是指通过创新政策体系的建构达到政策的制定和实施所期望的促进产业发展的总体目标，它可以分解一个相互联系、相互依存的目标体系，如生产规模目标、市场发展目标、创新能力目标等，它们之间相互促进，共同推动产业的发展；二是通过相关机制建立和有效管理实现政策系统的有序、稳定和整体功能效应的协同目标。总体目标与协同目标两者在本质上是一致的。对政策系统运行状况的评估也包括两个方面：一是现行政策系统运行对产业创新的影响和绩效评估；二是通过政策系统运行结果的反馈以及与期望目标的对照，对政策系统的运行是否处于有序状态进行评估。因此，协同的动因有两个，即达成政策系统的目标和提高系统的效率。

(3)序参量选择和管理

确定政策系统的目标体系和评估政策系统运行状况，其目的在于了解现实水平与期望水平之间的差距，进行序参量的选择和管理。序参量是描述系统整体行为的宏观参量，一旦形成就支配子系统的合作行动。在政策系统处于临界点的时候，影响产业发展走向的因素有很多，包括生产规模、资本、市场以及创新能力等，每一个因素都对应着一个政策系统的序参量，每一个序参量都对应着一种潜在的新的有序结构，因此这里存在一个序参量选择的问题。例如，在我国数字文化产业发展的初期，生产规模主宰着整个数字文化产业的发展，因此政策系统以提高产业集中度为序参量，推动我国数字文化产业由弱到强、由小到大向前发展；2009年以后，我国数字文化产业迅速成长并超过传统出版产业，这时政策系统处于发展的临界点，面临着"以行政干预和政府主导提高产业集中度"还是"以市场机制强化创新能力"的序参量选择，这种选择不仅支配着政策子系统的合作行为，也决定着我国数字文化产业升级的主动力和未来的发展走向。对于产业发展的宏观政策制定者来说，就需要通过序参量选择明确政策系统的演化方向。序参量管理是指通过政策系统运行结果的反馈以及与期望目

标的对照，了解现实水平与期望水平之间的差距，对所选择的序参量施加管理，通过强化和突出序参量或者重新选择，促使系统按照理想的状态发展。

(4)建立核心机制满足政策协同效应的必要条件

政策组合协同运行机制的形成是政策主体对政策系统自身运行状况以及所处环境变化等多角度认识下，为提高政策系统运行效率，实现政策系统的有序、稳定和整体功能效应的有目的的行为过程。因此，准确识别影响政策系统运行的制约因素和瓶颈环节，采取有针对性的措施满足协同条件，才能突破制约和瓶颈取得协同效果。针对我国数字文化产业创新政策运行中的障碍环节以及基础认知不足、目标设定矛盾和信息不确定与不对称等制约因素，提出建立以下三大核心机制，以满足政策协同的条件。

1)建立协同信息机制

信息交换和信息反馈是各部门分析产业发展环境、创新特性、产业需求的基础以及确立政策核心价值的前提，也是保证各部门政策中的各项措施和手段的协调性及管理导向与政策目标一致性的前提。因此，各决策部门需要在政策运行过程中建立协同信息机制，即定期交换政策运行过程中的各种信息，并对由于环境情况变化而导致的政策运行障碍和冲突进行及时的反馈。协同信息机制一方面可以保证各部门得到决策所需的完整信息，做出符合实际需要的政策选择；另一方面保证政策在运行中能够得到所涉及的其他领域的信息反馈，可以及时采取相关措施，做出与其他部门政策相适应的政策调整。

2)建立协同管理机制

在政策制定环节，利益矛盾会影响部门政策制定者对政策问题的认识、政策信息收集和选择，从而成为封闭决策和单向决策，使不同部门政策在规划和制定的初始阶段就陷入原发性的冲突。因此建立防止利益冲突的协同管理机制是保证政策协同的基础。任何一项政策都不是孤立存在的，而是政策体系的一个组成部分，其功能的发挥都要受其他政策的影响和制约，其本身又影响和制约其他相关政策。各部门政策目标之间的冲突必然会导致政策效力锐减。因此，各决策部门之间需要建立协同管理机制，即在政策制定和政策运行过程中，综合统筹考虑政策的各种相关要素，使各部门在制定和运行政策时必须对各项政策之间的相互联系进行综合考察，并在政策资源的配置上考虑不同领域政策的相互关系，这样既可以防止因利益矛盾而引发的政策冲突，也保证了各类政策的作用目标一致。

3）建立协同评价机制

政策体系的整体功能是通过各部门政策的最优组合和相互协同作用实现的。虽然各部门政策的功能和特征不同并各有侧重，但对国家创新体系的整体功能来说都是不可缺少的，任何一个子系统的功能衰弱或残缺都会影响整体功能的发挥。因此，各部门需要建立协同评价机制，以此作为政策运行绩效的监控手段，即为各部门政策制定与实施的评估制定一个完整的、统一的评价标准，保证各部门政策在运行中不会偏离总体目标；对各部门政策的运行绩效有一个系统性的功能评价，不仅评价其在本领域的政策绩效，还能显示其在政策系统中与其他政策相互协调和相互作用的政策绩效。

6. 机制运行：创新政策的协同组合机制及其应用

本部分内容的研究的目的是将协同组合模式的建构思路和运行机理这种理论意义上的可行性转化为现实可操作的运行机制，基于数字经济的产业创新特性及创新系统转型中的政策组合原则，提出创新政策协同组合的形成机制和实现机制，并将其应用于数字经济下产业创新政策制定的具体实践，结合我国数字文化产业创新政策的系统性失灵及其原因分析，提出数字经济下文化产业创新政策组合设计的具体建议，以期为提高数字经济下创新政策制定与运行的科学性和系统性提供具有实用价值的方案。

6.1 创新政策协同组合的形成机制

6.1.1 协同组合的设计原则

我国政策组合问题的成因在于：第一，还原论思维。由前述我国数字文化产业创新政策现存问题的分析可见，现行政策的制定与实施是典型的还原论管理方法：在政策制定中，各决策部门根据宏观战略目标进行分解并制定本部门的相关政策，信息仅在上下级之间流动，各决策部门之间缺乏有效的沟通和反馈；在政策实施中，由于政策大系统被分解为几个割裂和孤立的子系统，且彼此关联和互动不足，尤其是在中观和微观层次，由于缺少总体设计和总体协调，使得政策组合无法发挥整体优势，甚至由于部门利益冲突而导致"1+1<2"的结果。总体来看，我国数字文化产业创新政策组合是个开放的矩阵式复杂系统，需要运用系统思维方式，而由还原论思维导致的部门分隔，是这种非线性复杂系统运行障碍的主要原因之一。第二，结构性缺陷。我国数字文化产业创新政策的结构性缺陷也是影响其有效性的原因之一。政策组合追求的并不是单一目标，它所追求的是

一个彼此联系和相互支持的目标体系，政策组合的工具和内容由不断变化的各种显性和隐性目标所左右，其中有许多冲突表现为一个目标的实现只能以另一个目标为代价，正是这些政策基本原理和政策目标，以及政策执行的方式，使政策组合经常处于一种紧张的或冲突的状态（崔雪、郭伟伟，2016）。缺少一个统筹型的决策支持系统是现行政策组合中的一个结构性缺陷。虽然在很多政策的制定过程中引入了政策智囊团/智库，但从专家甄选到建议采纳仍是决策部门各自主导，因此从结果来看仍是"各为其政"和"各行其政"，只具现代化决策支持系统之形而不具其实，不仅加大了政策制定成本，更给政策实施造成了很多实质性的障碍，使整个政策组合运行效率低下。第三，管而不理。政策制定通过接收和聚集社会行为信息，根据一定的目标或价值选择，以行为规范的形式传输给社会中的行为者，从而调控各主体的行为和整合社会关系。由于政策环境和政策系统的复杂性以及信息处理能力有限，政策运行中往往出现事与愿违的结果。在政策制定与实施中，任何一个决策都或多或少牵涉其他子系统的信息反馈，如果信息反馈失灵，就会导致政策运行中的无序状态。"管理＝管＋理"，"管"强调的是对被管理系统所拥有的权力，而"理"是为使特定系统实现特定价值目标而进行的协调活动（霍宪丹等，2008）。我国数字文化产业创新政策运行中的冲突问题很多源于"管而不理"。虽然影响政策实施的准确性及协调配合的表层原因有很多，例如部门本位、功利主义、人员素质、技术局限等，而且在某些配套政策制定中也吸收了"系统"思维方法，但在实际操作中，现行政策没有真正运用系统方法将各项政策工具组合起来，使政策组合本身并不系统。因此从根本上看，缺少实现政策组合系统运行的"总体方案"的"技术途径"是其深层次原因。

近年来，对政策组合研究的关注反映了当前创新政策实践的两个方面的变化，即"扩大"与"深化"。我国数字文化产业创新政策引入了更多新的和更复杂的政策工具，并延伸和广泛渗透到许多传统的政策领域。按照系统科学理论，凡是由一定的制度、组织、程序构成的、系统内部与外界环境发生交换的系统就是人造的开放系统，而创新政策组合这一开放政策系统，其系统及其环境的复杂性问题更为突出。第一，系统复杂性。创新政策组合本身就是一个复杂系统，从政策数量上看，据笔者不完全统计，仅2017年发布的与数字文化产业知识产权直接相关的政策就有46项，并涉及多个相关决策部门。从政策作用的投射范围看，仅文化产业相关的创新政策（不包括各省市颁布的政策）制定主体至少涉及17个部委，且政策内容涵盖创新的激励措施、市场监管、人才教育、税收财政、标准化管理等各个方面①。此外，这一复杂系统不仅具有制定主体与政策内容的复杂性，还因受政策制定结构、制定过程、新兴观念与传统文化等多种因素的影响和制约，而具有过程复杂性、观念复杂性和信息复杂性。第二，系统环境复杂性。当前我国创新政策运行还面临前所未有的系统环境复杂性，不仅社会结构急剧演变，还要面对数字经济下创新思维与商业模式的颠覆性转变。此外，国际经济、贸易甚至政治等各方面的联体化互动也使我国面临更加复杂的国际环境。随着国内外环境和竞争的急剧变化，科技竞争、产业发展、文化教育、对外贸易等的许多因素无不对创新政策的制定与实施产生重要的影响。在这种形势背景下，政策运行的复杂性和风险程度远远超出现有的单一性理论可以解释的范畴。

政策系统基于政策环境通过建立规范来界定、调节和控制人的行为，但它又是由人建立且由人调控的，这种人建、控人和人控的互动性以及政策环境的多因素、多变量更增加了其复杂性。从系统科学的角度来看，我国数字文化产业创新政策组合是一个内在关系复杂、互动效应较强的大系统，而"系统整体性问题往往不能还原为元素层次的简单性线性问题进行处理"②。因此，需要以一种新的方法论构建形成有效政策组合的科学模式，以此发挥系统整体效应。

法治系统工程是1979年钱学森先生在我国改革开放初期提创的一个有关法治现代化的综合性交叉科学新领域。法治系统工程是指从系统思想出发，以达到最佳的法治效果为目标，广泛研究复杂法治系统的总体功能设计和运行，以维护社会整体最大利益和局部合理利益的一种现代思维方式，同时它也是一种现代化的组织管理技术(杨建广、骆梅芬，1996)。法治系统工程强调运用系统工程框架和综合集成方法体系，将多领域知识、人类经验、现代科学技术以及社会实践活动运用于法治系统的组织建立和有效运转(常远，1999)，其相关理论可以帮助政策制定者从整体观点出发，在系统分析的基础上正确地认识部分之间、部分与整体之间以及整体与环境之间的联系，据以优化决策并实现其预期的政策效果。

吴世宦先生早在1989年就指出，"由于理论和方法没有更新，基本上

① 该数据来源于作者对2017年中共中央、国务院及各部委制定的与数字文化产业知识产权直接或间接相关的政策统计。
② 熊继宁.关于建立综合集成立法决策支持系统的设想[J].系统工程理论与实践，2006，26(2)：108-117.

建立采取'就经济抓经济'单一系统孤军作战的方法，导致新旧矛盾并发……"①法治系统工程观点提示我们：解决政策系统及其环境的复杂性问题，不能只孤立地研究单项政策的制定与实施，而应在国内外经济社会发展的现实环境下，基于信息集成对多因素进行动态的综合分析，使之相互作用、协调发展，才能充分发挥整体效能，构建有效的政策组合。因此，我们提出基于法治系统工程方法论设计创新政策组合，这种协同组合设计所遵循的原则如下。

(1)思想方法：还原论+系统观

我国现有创新政策组合是一种基于还原论思维的封闭系统，具有直线性和单向性的思维特征，其功能仅限于孤立地解决某一方面的问题，忽视系统内部互动及其与环境的信息交换，因而不能有效地反映系统运行的实际状态。钱学森先生提出的法治系统工程，从思想方法上是将还原论和系统观两种方法结合起来，在对系统进行分解和研究的基础上，再综合集成为整体，以达到系统地研究问题和整体地解决问题的目的。其"输入—分析"方法是还原论，即将实践中错综复杂的问题进行结构分层，而其"输出—运行"方法则运用系统观，这种思想方法既吸收了两种方法的优点，同时也弥补了各自的局限性。因此，基于法治系统工程方法论的政策协同组合设计的思维方式应侧重多维性和多视角的全面系统把握，从而达成政策组合的综合性、一致性和平衡性。

(2)实施纲领：协同与优化

系统及其环境的复杂性决定了创新政策运行是一种多目标决策和系统化实施的过程，采用法治系统工程的思维方式和管理技术，首先，可以实现政策系统的目标协同、管理协同和功能协同，使整个系统对人力、物力、时间、空间和信息的利用率最高，并可降低达到相同目标所需付出的代价和成本；其次，可以通过有效的管理技术增强政策系统的整体功能，追求整体最优化。因此，基于法治系统工程方法论的政策协同组合设计具有不同于传统模式的根本属性，是以协同和优化为纲领，不是各领域的机械混合，而是各相关领域在观念、知识和方法上的有机融合；基于战略目标通过政策工具之间的互动与互补实现政策组合的综合性与一致性；避免

---

①　吴世宦. 建立"法治体制"是政治体制改革的第一步[J]. 甘肃政法学院学报，1989(1)：6-12.

政策工具之间的矛盾或冲突，促进相互支持和协同增效，并以此实现政策制定与实施的有效性。

(3)技术路径：综合集成

钱学森先生先后提出"从定性到定量综合集成方法"以及"从定性到定量综合集成研讨厅体系"(简称"综合集成")，并把运用这套方法的集体称为总体设计部。法治系统工程的管理技术强调建立由有关领域的专家组成的跨学科、跨建制、跨部门的开放的综合性决策支持机构，进行总体分析、论证、规划、设计、协调，提出现实可行的具有可操作性的决策，从而为决策部门提供科学的决策支持(于景元，1993)。我国现行创新政策组合的信息面较窄且分门制户，信息贯通性差，信息分析也一般满足于较为粗放的定性描述。基于法治系统工程方法论的政策协同组合设计是以综合集成为组织管理的技术路径，强调跨领域的信息获取开放性；注重在定性的基础上寻求更为清晰和精确的定量分析方法；集成各类情报、资料和信息，集合各类主体的思维、知识、经验和智慧，以发挥政策组合的综合优势和整体优势。

(4)核心环节：信息处理与转换

政策制定与运行也是一种信息输入与输出的过程。信息输入是收集、鉴别、分析政策系统和政策环境信息的过程，信息输出是将信息转换成各种具有实施效力的经济杠杆(乃至政治杠杆)、经济参数和信息并进行输出，作用于经济生活和规范、引导人们的各种行为，从而调节和控制社会发展与经济运行的过程(俞梅荪，2000)。现行创新政策制定虽然也追求决策的规范化和体系化，但基于法治系统工程方法论的政策协同组合设计还注重在政策制定与运行过程中，实现对所集成信息的整体利用，并通过信息输入和处理实现"实体集成"，通过信息的输出和转换为政策规范并作用于人的行为而实现"关系集成"。因此，信息的处理与转换是将实体集成转化为关系集成以实现政策的组合效应的核心环节。

6.1.2　协同组合的过程与关键环节

运用系统科学或系统工程的语言，可将"模式"理解为：在特定环境中由特定要素/元素基于特定关系形成的具有一定抽象性的类型模型，每个模式都代表了特定背景、特定问题以及特定解决方案，都描述了一种在特定背景中重复出现的问题，以及该问题解决方案的核心所在。① 任何一种模式都是基于环境，并适应解决具体问题的需要而产生和运用的，法治系统工程本身就是现代复杂系统关于非线性和不确定性思维范式的产物。根据有效政策组合的性质以及法治系统工程方法论的政策协同组合设计原则，基于数字经济的特征，针对我国创新政策组合中的现存问题，可以构建出数字经济下我国创新政策的协同组合设计过程模型，如图 6-1 所示。

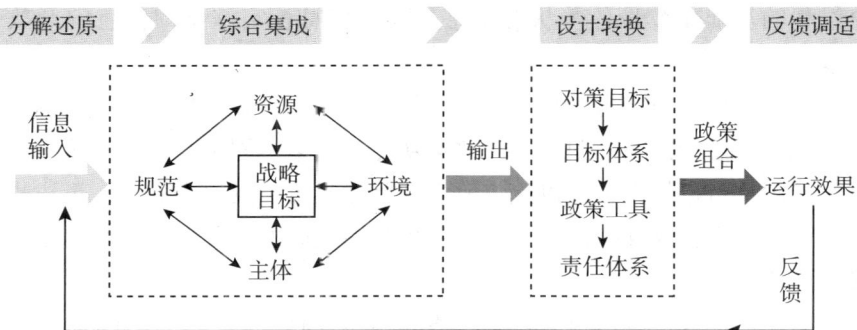

图 6-1　创新政策协同组合设计过程模型

①分解还原：利用数字信息技术将从社会系统中获取的复杂状态信息和环境信息还原分解为若干子系统，即规范信息系统(现行法律制度与公共政策等)、资源信息系统(人力资源、社会经济资源、基础设施资源等)、主体信息系统(市场主体、政策制定主体等)和环境信息系统(自然环境、社会经济环境、制度与文化环境、国际环境等)等子系统，并运用信息管理技术对获取的复杂信息进行条理化，以明确各子系统当前的状态。

②综合集成：将构成系统的各个部分、层次、过程、因素等认识联结起来，形成对系统整体的统一认识；根据政策系统的总体目标，对各子系统的信息进行系统化整合，找出不良运行状态的系统性障碍，包括互动关系障碍和要素流动障碍。

③设计转换：将各子系统目标与政策系统的总体战略目标联系起来，基于前述集成信息，提出消除当前不良运行状态的"对策目标"；基于战略目标，提出对策目标的优先排序，设计系统的"目标体系"，提出实现

---

① 霍宪丹，常远，薛惠锋. 如何理解系统视角下的"管理"和"模式"[R]. "世界化时代卓越治理与社会系统工程"计划研究报告(社会系统工程专家组. 北京实现者社会系统工程研究院)，2008：09.

各项目标的"政策工具",并对应政策工具设计详细的"责任体系"。

④反馈调适:收集、管理和运用反映政策组合运行效果的实施反馈信息,并将其作为新的状态信息输入系统,以调适现有政策组合,确保政策组合的持续有效性。

上述过程模型的关键环节包括以下几个过程。

第一,开放性获取信息。系统科学中的非平衡态理论认为,开放系统越是接纳环境新因素的输入,自身形成新结构的机会就越大,因此政策组合过程的基础环节是各种状态信息、环境信息、实施反馈信息的开放性获取。

第二,目标设定与工具组合。政策组合是一个多目标系统,而达成这些目标所需要的是一项项具体的政策功能。政策协同组合过程的重点环节是设计政策目标体系,并以此将所需的具体政策工具组合起来,形成支持各子系统之间相互连接的接口,以实现目标之间的协同调和与功能之间的最佳配置。

第三,形成持续的互动结构。集合不同领域和不同部门的信息或方案,并将其有效综合起来,形成政策的互动结构,以实现协同增效,这是政策组合的主要目的,因此,组合过程中的核心环节是"通过充分交流和有效的综合集成方式,建成开放的、可持续进化的系统"①。

6.2　创新政策协同组合的实现机制

根据前述组合过程模型及其关键环节,我们提出,要实现创新政策的协同组合,需要建立以下 3 个核心机制。

6.2.1　用户导向的政策信息机制

政策系统获取信息的准确性和充分度,以及信息处理方式和能力与当前复杂系统和复杂环境的适应性是实现政策组合的目标优化与决策优化的基础。法治系统工程的思路是建立基于网络的综合集成决策支持系统,在扩展信息源和扩大信息量的基础上,进一步集成专家智慧进行动态研讨,提高决策信息处理能力,其实质是专家经验、统计数据和信息资料、计算机技术三者的有机结合,构成一个以人为主的高度智能化的人—机结合系

---

① 杨建广,骆梅芬.法治系统工程[M].广州:中山大学出版社,1996:81.

统。我们认为，应在此思路的基础上建立用户导向的政策信息机制：从内容上看，包括三类信息，即政策主体的规范信息和资源信息、政策客体的需求信息以及态度与行为信息、政策系统环境信息；从信息处理过程上看，包括信息采集、信息导入和信息综合分析。其中，用户导向是指以满足政策主体和政策客体的需求为目标，即在信息采集、导入和综合分析过程中，关注政策客体的需求信息以及态度行为的变化，关注相关政策主体的规范信息和资源信息，以帮助各政策主体动态调整其政策目标和政策工具，实现政策主体之间的目标协同和资源共享，形成政策组合的互动结构。

6.2.2　目标导向的价值管理机制

系统目标是系统所希望运到的结果或完成的任务，它对系统的发展起着决定性作用。但在目标体系中存在着总体目标与子系统目标的冲突、各子系统目标之间的冲突、子系统内部的显性目标之间及其与隐性目标之间的冲突。创新政策组合的目标体系设计决定着各类子目标之间相互联系与相互依存的状态，同时也决定着政策工具之间的组合结构。如果多重目标的择优排序不清，将导致政策的实施路径模糊，减损政策组合的有效性。"任何政策领域的行动者都存有特定价值取向的思维基础，其显现于对特定价值的取舍及优先排序。"[①]因此，我们建议，建立政策目标价值管理机制。首先，清理目标关系。从系统总体目标的原点出发，通过框架性工具梳理政策系统中不同层级和层面的各类政策目标，清理目标之间的从属关系、对等关系和交叉关系。其次，价值优先排序。通过政策总体目标明确政策价值取向，并对各类政策子目标基于政策价值观，按其价值实现程度进行择优排序。目标导向的价值管理的目的在于防止各决策部门基于利益最大化追求破坏政策系统赖以持续发展的价值体系，造成决策部门的短期行为；推动各决策部门从单一价值思维向系统价值思维的转变；实现政策子目标服从且服务于政策组合总体目标，并与其他政策子目标相互配合和相互促进。

6.2.3　效能导向的综合评价机制

由于政策组合的内在结构多元性和多层次性，任何一环上的薄弱或脱节，都会影响或破坏其系统整体功能的发挥。政策工具的影响是一种有效

---

① Stewart J. Public Policy Values[M]. Basingstoke：Palgrave Macmillan，2009：76.

的混合或组合，政策工具之间相互作用和权衡的理念是政策组合概念的基础(Stewart，2009)。政策效能是指政策所体现的有利作用，强调主体行为目的和手段的正当性与效果的有利性。政策效能代表政策目标的实现程度，以效率、效果、效益为衡量依据。我们建议，建立政策效能的综合评价机制，从以下3个方面对具体政策工具的运行效能进行评估：一是评估政策工具运行的"成功度量"，通过将政策工具运行结果反馈与其期望目标进行对照，评估政策工具对预期目标的贡献程度；二是评估政策工具运行的"协同度量"，即评估在政策组合的系统总体目标之下，该政策工具与其他政策工具之间的协同程度及其对系统有序度的影响程度；三是评估政策工具运行的"效益度量"，即在前述两项评估的基础上，评估政策工具的执行成本与执行效益。政策效能综合评价目的在于对政策组合的有效性进行反馈控制，保障政策组合处于持续稳定的有序状态。

6.3　关于数字文化产业创新政策组合设计的建议

将创新政策协同组合的形成机制与实现机制应用于数字经济下产业创新政策制定的具体实践，提出数字经济下我国文化产业创新政策组合设计的具体建议。

6.3.1　政策目标体系

(1)现状与形势

第一，多元性产业联结是数字经济下文化产业创新的基础，主体的互动与协作是创新能力辐射的关键。文化产品的市场需求预测困难、评价标准多变，在数字环境下，又进一步加大了文化产品产制活动的复杂性与风险性，需要利用水平整合、垂直整合、国际化、多部门及多媒体整合等措施，以降低经营风险。这决定了文化产业发展过程中需要融合内容创意、生产制造、营销推广、传播渠道、产品消费等价值链环节，通过内部及与其他产业之间的并购重组，实现要素共享、资源互补，获得规模经济和外部经济效益，并形成一种既分工又协作，既相互竞争又共同发展的互动格局，以协同的方式增强创造力，实现创新能力的辐射。

第二，数字文化产品需要依靠消费者认同得以传播扩散，需求驱动是文化产业创新的直接动力。文化产业是以创意为核心的产业，从个人化创意转变为一个大众化商品，其关键转折就是能否被多数的消费者所接受，并且通过消费者传播分享得以形成新的文化积累。数字经济下，创意与市场和社会需求的联结中，既需要强调内容创新，也需要生产者通过新的技术、方法和通路对"内容"进行创造性的选择、重制和呈现的产品创新和服务创新。数字文化产业发展需要关注多重面向的需求及其与创意的联结，并致力于满足市场和消费者需求，才能成为有经济和社会价值的产业。

第三，知识产权是创意的经济形式，是数字经济下文化产业创新中增长最快、最集中和最可商业化的部分。数字文化产业创新来源于个人象征、独特主观与符号性的创意，但创意的价值因其本身无法凭借价格机制完全私有化而难以衡量和评估，需要通过知识产权转化为可以商品化形式去实现其经济价值。将创意转化为生产力是数字文化产业发展的核心，而知识产权是数字经济下创意增长、聚集、商业化以及呈现产业创新能力与绩效的主要形式，是最需要国家和政府关注和推进的部分。数字文化产业发展需要充分利用知识产权的经济与商业价值，作为激发创意形成和创造活力，增加产品和服务的垄断性文化要素和文化内涵，提升文化资源利用和转化的重要手段。

数字文化产业的创新特性显示，产业内外主体的联结和创意与需求的联结是文化产业创新的基础和动力，知识产权作为创意的经济形式，其价值需要由创作者、企业、消费者共同参与创造，才能更好地实现创意向生产力的转化。以知识产权价值共创为核心，建构数字文化产业创新政策组合的目标体系，是激发创造活力、聚集竞争优势、发挥市场机制、扩大消费需求的基础动力。

(2)构建以知识产权价值共创为核心的政策组合目标体系

1)战略目标：创造力激励

根据数字经济与产业创新的特性，我国数字文化产业创新政策组合的战略目标应着力于提升不同主体的协作创造力：促进创造性团队协作的组织建构、能力建构和环境建构，即引导国内领先文化企业集团化发展成为产业并购重组的载体，发展多样化组织形式，活化企业间协作模式，促进创造性团队协作的组织建构；搭建领先文化企业与中小型文化企业的互动平台，协助企业之间联结和整合，引领中小型文化企业在协作中发现和挖掘潜在机会，促进创造性团队协作的能力建构；建立跨部门、跨行业和跨学科合作和沟通机制，鼓励企业参与协作，促进创造性团队协作的环境建构。

2) 发展目标：知识产权利用与价值共创

第一，加强知识产权运营管理。发掘和规划知识产权资源，促进内容创意、技术开发、运营管理等要素的转化和协同。建立数字文化产业知识产权资源管理机制，发掘知识产权资源，协助中小型文化企业将内容创意、技术开发、运营管理转化为著作权、专利权、商标权及商业秘密等知识产权资源；规划知识产权资源，通过政策法规、行业标准、项目管理、金融投资管理、市场信息管理促进内容创意、技术开发、运营管理等要素的协同，实现知识产权资源与物质资源、资金资源和信息资源的集成和整合，实时响应市场需求和适应市场变化，并形成数字文化产业创新的合力。

第二，提升知识产权资源转化率。鼓励持续创新和延续创新提升数字文化产品附加价值。确立数字文化产业知识产权资源经纪人制度，通过创意经纪、作品经纪、技术经纪等制度将无形的智力和文化资产转化成商品或服务，提高文化产业知识产权资源的转化率，并进而提升文化企业的内容竞争力、技术竞争力、市场竞争力。鼓励持续创新和延续创新，提升数字文化产品附加价值，通过著作权、专利权、商标权、商业秘密等知识产权保护进一步提升现有产品的文化价值、经济价值和符号价值，延续和强化数字文化产品品牌的质量和成长潜力。

第三，鼓励和引导数字文化产品消费者参与知识产权创造和管理，并协同解决知识产权侵权问题。建立多元媒介和渠道，并充分利用现有网络社交平台和工具，鼓励和引导消费者参与到创作设计、营销推广、传播消费等知识产权价值创造的各个环节中，使消费者成为创意的动力来源和知识产权价值共创的主要成员，将潜在的数字文化产品需求转化为现实需求；建立数字文化产品消费者监管制度体系，鼓励和引导消费者对数字文化产品和服务进行社会监督，与消费者协同解决知识产权侵权问题。

3) 协同目标：加强组织保障、政策保障和机制保障

形成以知识产权价值共创为核心的政策协同运行机制。各级文化产业管理部门以服务企业、打通渠道和清除障碍为主要任务，减少不必要的管制措施并优化行政许可审批程序；制定充分发挥市场机制的引导型、治理型、服务型政策，建立健全协调机制，形成推动文化产业发展和知识产权价值共创的合力；建立"资源整合，协作共享"的数字文化产业信息化建设机制，融合内容大数据、渠道大数据、用户大数据，提高数字文化产业知识产权创造、运用、管理和保护信息服务水平和质量，探索知识产权资

源信息服务模式，形成以知识产权价值共创为核心的创意与需求相联结、文化与科技相融合、产业发展与国家创新体系相适应的政策协同机制。

6.3.2　政策组合结构

根据协同组合模式的建构思路和运行机理，以及创新政策的协同组合形成机制和实现机制，结合我国数字文化产业创新政策的系统性失灵及其原因分析，本书提出："确立以创造力激励为导向的政策组合结构"，具体建议如下。

根据 Lengrand（2003）提出的第三代创新政策理论以及协同学序参量理论，我们认为，数字文化产业政策组合应当注重非线性和多因果系统的过程，以创造力激励作为各政策领域的基本导向，并注重不同政策领域之间的协同。根据管理学关于战略层次的分类和概念以及政策的作用类型，可以从 3 个层次进行建构（如图 6-2 所示）。

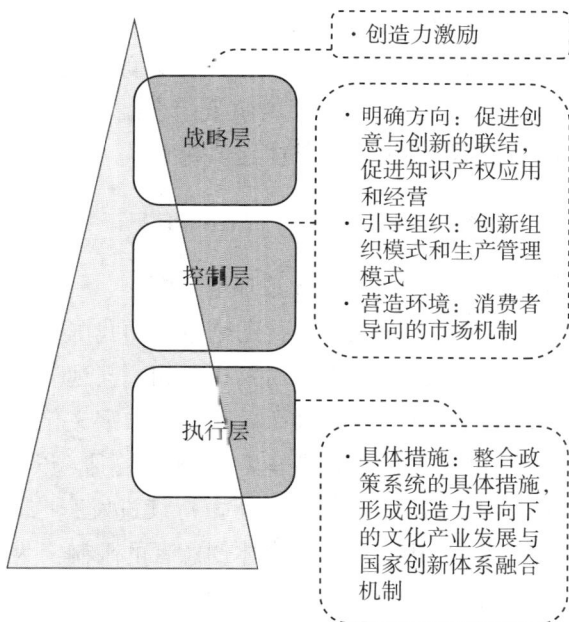

图 6-2　以创造力激励为导向的数字文化产业创新政策组合结构

①战略层：战略层政策是指，根据数字文化产业的特性以及发展的具体情况而制订的总体目标，发挥着指导原则的作用。数字文化产业创新政策体系的战略层建构应以激励创造力的政策目标作为政策系统的序参量，引导政策系统的发展方向，使各个决策部门根据政策系统目标相互作用形

成协同效应，为创意的产出、转化、传播和分享以及实现数字文化产业价值共创营造制度氛围。

②控制层：控制层政策是以政策系统目标（知识产权价值共创）为核心，通过选择特定的方式和途径，对指导性的方针和原则进行具体化的政策，包括明确方向、引导组织和营造环境，即以促进创意转化为生产力，促进知识产权的形成与应用为主要发展方向；创新产业组织模式和生产管理模式，促进企业内外部互动与协作；形成以消费者为导向的市场机制，将文化事业观念转换成文化产业理念，以经济手段代替行政干预，强化创意与消费者需求之间的联结。

③执行层：执行层政策是指具体性的措施、对策、程序等，主要针对具体问题。我们认为，应当以创造力激励为导向，以知识产权价值共创为核心对现行国家创新政策系统中的各领域政策措施进行梳理、协调和整合，形成创意与创新相联结、文化与科技相融合、产业发展与国家创新体系相适应的政策协同运行机制。

我们建议，构建以创造力激励为导向，以知识产权价值共创为核心，促进知识产权运营，维护产业组织互动和有效竞争，形成消费者导向与社会公益导向相结合的数字文化产业发展政策组合结构，并凝聚公众共识，构建生产者创新的系统激励模式。具体建议如下。

（1）数字文化产业创新政策组合结构的内容

1）营造以创造力激励为导向的政策环境氛围

文化产业发展的基础来源是个人化的创意，而我国数字文化产业政策实践表明，我们离个体创造力的有效激励机制相去甚远。激励新颖的创意内容供应对维系和促进文化产业发展至关重要，数字文化产业政策需要为创意的产出、转化、传播和分享营造良好的制度氛围，以"让一切文化创造源泉充分涌流，开创全民族文化创造活力持续迸发"。首先，在数字环境下的文化内容管理上，相对放开对个体创意者的限制，为创意的产出拓展空间。对个人创作的微电影、动漫、文学作品等，除法律、行政法规禁止的内容外，不予额外的内容限制。其次，设立个体创意者与企业的网络交流互动平台，为创意的转化提供条件。现有的文化创意展览会、交易会等基本上都以企业为参与主体，设立以个体创意者和企业共同参与的创意展示和交易平台可以提升创作者对创意商业化的敏感度，强化创意与文化商品产制和市场的关联性。再次，支持和鼓励建立民间评选和奖励机制，促进创意的扩散、分享和共创。政府评价与奖励侧重于文化产业发展的政策导向引领，民间评选和奖励机制设立的主要目的则在于提升创意或文化产品的消费者认知和社会认同，形成消费者参与文化价值共创的重要管道。

2）形成以促进知识产权运营为主的政策组合工具

知识产权保护固然是数字文化产业发展的重要内容，但是知识产权之于创意的转化价值提示我们，知识产权不仅是一种法律资产，更是一种具有经济价值的商业资本，我国数字文化产业政策应着重以知识产权经营促进企业形成、运用和保护知识产权，使静态的法律资产活化为动态的商业资本。首先，建立文化企业知识产权经营服务体系，为知识产权市场运营开辟道路。结合数字文化产业经营特征，在现有高新区建立文化知识产权运营中心，提供信息中介、评估交易、授权许可、维权投诉等服务，并促进文化创意与科技创新的融合。其次，对不同类型文化行业的知识产权战略进行分类指导。引导企业通过知识产权经营获取创意的经济价值；协助文化企业预测、评估和规避在知识产权形成、应用和保护等过程中可能遭遇的法律风险和商业风险；根据不同行业特征，引导企业研发针对文化产品的产制、销售、传播、保护等不同方面的科技创新。以各类政策工具的组合支撑数字文化产业链的完善。

3）完善促进和维护产业组织互动和有效竞争的支持机制

数字文化产业组织特殊的协调与控制模式是创意价值实现和增值的关键。对于我国当前的数字文化产业发展来讲，除了提高产业规模化、集约化和专业化，更重要的是以政府政策促进和维护产业组织内部互动和有效竞争：首先，建立产业组织间的互动支持机制，借助行业协会、风险投资机构协助企业水平整合、垂直整合和多部门及多媒体整合，以降低经营风险，加强产业支援，避免产业链断裂；其次，借鉴日本贸易振兴机（JETRO）的信息支持机制，针对文化企业在未来国外市场开拓中可能遇到的风险以及国外市场需求信息进行调查研究，定期收集行业资讯和竞争情报供企业参考；最后，逐步减少以行政手段保护本土文化产业的政策措施，着重建立公平的市场竞争环境，致力于协助本土企业参与竞争并"发挥市场的决定性作用"，而不是单纯以行政保护限制竞争。

4）建立消费者导向与社会公益导向相结合的政策取向

在数字经济时代，消费者参与是文化企业价值创造活动中的主要力量。数字文化产业中内容的核心价值通过网络中的价值链条扩散到其他关联产业，并在融合过程中实现新的价值创造。近年兴起的网络文学作品依托数字技术与互联网创设了多种价值实现路径，不仅带动了影视、动漫、游戏等关联行业的发展，实现了衍生作品的价值创造，又进而联动地促进了相关技术创新和商业模式创新。可见，打破各主体间的隔绝孤立，连接和疏通价值创造路径是数字经济下的政策重点。当前我国电影、动漫、游戏等重点文化行业政策对内容创作实行诸多限制，弱化了与消费者之间的互动与联结，而电影分级制能否在中国实行已经争论多年但仍无定论，不可否认的是，要求文化产品同时满足少年儿童受众和成年消费者的需求，必然为创作者带来极大的束缚。分级制固然存在管理过程难以控制和分级标准难以确定等诸多困难，但并不代表我们应当继续回避和忽视这个问题。中国数字文化产业政策需要将文化事业观念转换成文化产业理念，建立消费者导向与社会公益导向相结合的政策取向。

（2）实施凝聚社会公众共识的软性措施

①建立公众知识产权信用评估机制，提高公众对版权保护的认知度和参与感。

当前我国知识产权信用体系建设工作，主要面向企业、代理行业等主体，内容包括侵权行为信息、行政处罚信息、专利代理相关信息等。我们建议，建立公众知识产权信用评估机制，作为我国知识产权信用体系建设的有机组成部分，形成公众参与、配合、监督的知识产权信用体系。第一，建立公众知识产权信用信息系统。利用和结合现有支付数据平台，记录公众购买数字内容产品和服务的信息，通过对公众网络交易及行为数据海量信息的综合处理，对个人进行信用评估；第二，加强公众知识产权信用信息应用。通过公众知识产权信用评估建立消费者与经营者之间的连接与互信，基于信用评分经营者可予以消费优惠并确定目标消费群体，消费者也据此享受高效和优质的服务；第三，促进信用信息系统整合与共享。推动现有行业、企业、个人的侵权信息、交易信息、执业信息等信息系统有效整合、互通共享，以此降低知识产权行政执法成本，并充分调动公众监督和市场力量净化知识产权运营环境。

②建立合法内容来源网站认证机制，保障公众获取内容和服务的合法性与便利性。

各国对合法内容的来源认证已经进行了有效的尝试。2010年，英国通过 Music Matters 提供"认证标志"，帮助公众区分合法的数字音乐网站和服务。美国、法国和日本也有类似的计划。提供合法内容来源的认证既有利于为经营者提供有效的版权保护，有利于维护公众的网络安全与权益，也是提高公众获取内容和服务的合法性与便利性的一种行之有效的手段。因此，我们建议，建立合法内容来源网站认证机制，包括：第一，指定认证机构与提供认证标志，由政府管理机关制定认证和验证方案，指定相关认证机构并许可使用官方认证标识；第二，明确认证内容、标准与等级，由政府管理机关、行业协会及经营者协商确立认证的内容、标准、等级，保证为公众传递准确可靠的认证信息；第三，建立认证评价与监督制度，由公众和消费者对认证网站的服务质量以及价格合理性进行评价和监督。

③推动版权教育多方合作，加深公众对行业的尊重及对知识产权保护的理解与认同。

强化执法不应成为版权保护的唯一手段，经营者要在被盗版占领的大众市场中参与竞争，应首先调节自身以适应数字时代环境。2015 年，英国广播公司（BBC）实施"版权教育计划"，以吸引消费者的"软措施"来宣传保护版权的重要性。英国唱片业协会（BPI）则实施"The Big Music"项目，帮助公众了解音乐业务如何运作，以及如何安全合法地访问音乐网站等。我们建议，凝聚社会力量和资源，推动公众版权教育的多方合作。第一，拓展版权教育资源。鼓励企业、行业组织、教育机构参与版权教育，拓展和丰富版权教育和宣传的内容、渠道、措施和手段，提供更具行业特色、有针对性且多样性的教育资源。第二，开设版权体验项目。鼓励企业或行业组织开设体验项目，使公众在体验作品创作、生产和服务的过程中，加深对行业的尊重和认同，并了解版权的蕴含价值；使行业企业与公众和消费者建立互动沟通及表达诉求的畅通渠道，以增进理解、相互支持。

（3）构建生产者创新的系统激励模式

利用知识产权资源进行生产和经营的文化产业是数字经济体系下的核心产业，其与一般产业的区别在于，通过源自文化的创意提升竞争力，并推动产业升级。2013 年，中国人民大学发布"中国文化消费指数"，并指出当前我国文化供给规模和结构不合理、产品和服务创新性不足，不能满足动态变化的居民文化消费需求。可见，目前我国文化产业发展的困境是拥有足够的文化积累和厚度，却缺少展现其丰富内涵的创意，消费者对文化产品的接受程度仍然不高。如何将源于文化的创意与市场和社会的现实需求联结起来，数字文化产业的生产者在联结和转换过程中应承担怎样的角色和职能是我们需要关注的重点。

1) 重新认识价值共创理论视域下的生产者角色

价值创造(value creation)过程的传统观点是将消费者排除在外，价值仅由企业单方面进行创造，以进行产品及服务的生产制造，并单方面决定提供给消费者的价值。随着消费者及利害关系人的知识提升，价值共创理论(value co-creating)提出，价值必须由企业与消费者和其他利害关系人共同参与创造，而且企业在提供产品或服务的过程中也会产生价值。企业要创造或维持持久性的竞争优势，唯有确实掌握上、下游供应链及最终消费者的价值认知，并进行价值的创造、传递及管理等过程，才能真正获得企业经营绩效。数字文化产业是基于作品的创作、版权产品的生产(制作、发行和传播)以及社会公众的消费而形成的一个产业。在价值共创理论的视域下，主要涉及创作者、生产者、消费者以及其他利害关系人(如技术公司、中介机构、作品演出组织机构、交易机构和投融资机构等)四类主体，其中生产者在版权产业价值链中承担着价值创造、传递和管理的角色：首先，生产者经由创作者获取既有作品，并根据自身发展定位及其相关创意来创建新的内容；其次，生产者对内容进行选择、组织和处理；然后，运用具体的方式进行生产和制作，将内容转化为可分配的形式；最后，进行产品的营销和传播。在此过程中，生产者需要根据自身发展需求并联结创作者、消费者和其他利害关系人的需求和价值认知，创造产品的符号价值和经济价值，并通过价值传递和价值管理为产品赋予"文化意义"和"经济关系"，最终形成一种"消费结构"。因此，可以说生产者是将文化创意转化为文化产品，实现价值共创以及各主体之间联结的关键。生产者能否从既有的条件与结构中进行有效的"转化"与"联结"，取决于生产者的能动性和在产品生产过程中的创新活动。

2) 激励数字文化产业创新中的生产者行动

创新就是赋予既有资源创造财富的新能力，必须通过生产者行动进行价值创造，包括创造和采用新的和有用的知识及相关信息，并通过产品创新及流程创新等使企业获得竞争优势。所谓"文化产制的形式"，就是"以工业化的方式产制文本并加以流通"，因此"工业化"的概念给文化产品的生产者提供了一个较为具体的方法和取向——生产者"创新"从取材开始，依照消费者以及生产者的需求与想象加以重制，乃至于最后利用媒体进行一种再现。第一，创造性选择。数字经济下，生产者要生产既具备文化特质又能被市场和消费者接受的文化产品，需要对创作作品、生产技术、传播媒体和营销通路等进行创造性选择。经济和市场因素通常不是创作者选择如何进行"创意"的决定因素，数字经济下，在创意与需求联结的过程中，生产者行为发挥了决定作用。一个文化产品立足于市场竞争的基本要件是获得消费者的认同与肯定，因此，当生产者在对文化产品进行构思与想象时，需要将"消费者可能产生的需求、想象、期待与反应"考虑在内。生产者需要通过创造性选择，在产品生产过程中融入自己的"创意"，以努力凸显产品的特色，获得消费者注意和接受，同时也必须对不符合市场期待与消费者反应的文化产品进行修正和改进。例如，迪士尼在制作电影动画片《大象》的过程中，仅在造型色彩、线条、形象、动作基本特征等几个环节的选择上，就进行过 11 次市场调查，并广泛征询大众意见。这种创造性选择考验着生产者能否通过自身的创造力将文化产品与生产条件和消费者需求形成一种"结构性联结"。第二，创造性重制。数字经济下，在文化产品生产过程中，生产者需要对内容与技术条件、生产条件以及市场需求之间的协调进行"构思"，对既有资源的创造性再生产对产品的最终样貌和个性具有重大影响——生产者凭借自身特定的文化底蕴，在生产过程中与其他主体产生联结，赋予最终产品新的意义和新的价值。生产者可以通过新的科学技术、业务模式和行销方法对文化资源或既有作品进行创造性重制。例如，我国台湾地区流行的"网络拜拜"，即创建动态虚拟庙宇，使信众可以通过网络祈福，不仅使进庙上香人数增加了两倍，也扩大了香客的年龄范围和地域范围，这正是生产者联结消费者需求并通过新的行销方法和业务模式，将传统文化资源进行创造性重制的成功范例。此外，经过重新转制的《泰坦尼克号 3D》在全球上映并取得成功，也体现了利用技术创新对既有作品进行创造性重制。第三，创造性呈现。数字经济下，生产者对文化产品的定义以及想象也决定着生产者将以何种方式呈现该产品。生产者要创造一个为消费市场所接受的文化产品，需要将该产品的营销与服务内容、市场区隔、经营现况以及现有技术进行综合性评估，通过技术、方法以及营销通路的创新落实产品呈现姿态，不仅要在洞察消费者需求的基础上融合其定义与想象的文化特色，甚至可以创造出一种新的"消费次文化"。这种创造性呈现的重点就在于：生产者如何去利用和转化既有的，或是创造一种新的、足以吸引目标消费者的文化含义，使其融入该产品，并通过媒体的传播提高该产品的能见度。例如，盛大文学与YY 语音联手推出"美女读书"类直播节目，打造一种实时互动性的新网络文学商业模式，就体现了合作利用现有技术、运用新的商业方法和传播媒体的创造性呈现方式。

　　事实上，文化产品生产过程的每一环节都需要融入生产者的创造性努力，版权产业的根基源自文化的创意，但是这种创意不应被狭隘地理解为只是创作者对作品的创意，版权产业生产者的产品创新和服务创新同样是源于对文化的理解、阐释和创造。

3）系统化生产者创新激励模式及其机制

我国当前数字文化产业激励的流行观点强调以版权制度为核心，以版权保护为手段，认为"产业发展依赖于版权保护制度"。但无论是理论研究还是产业实践都显示，数字文化产业发展并不以版权制度和版权保护为主要激励手段。创造力心理学研究表明，版权的原创性要求则阻碍创造力：版权保护只能生成创作的外在动机，而不能提供创意所需的内在愿望，并可能会导致减少版权相关工作的创造性。此外，产业实践也表明，版权产业发展并不仅仅依靠版权保护：2009 年 iTunes 音乐网站为吸引更多消费者，宣布全面解除其数字音乐反盗版科技保护措施；美国五大杂志及报纸出版商 Conde Nast、Hearst、Meredith、News Corp. 及 Time Inc. 也正式宣布发展报纸杂志内容统一数字格式，这些舍弃"反盗版措施"的策略，都是基于快速扩充电子书消费市场的考量。没有经济利益，如何称为产业，版权产业生产者必须以一定程度的商业考虑维持消费者注意和接受，同时基于环境条件及需求对不符合市场逻辑和要求的行为做出理性权衡和调整。因此，以版权制度或版权保护为主体的激励模式并不完全适用于对版权产业生产者的激励。

当今的数字文化产业发展正面临着传统与现代、文化与科技、创意与创新的融合，这意味着我们需要从比以前更宽泛和更开放的视角看待版权产业创新，激发生产者创造力。欧洲创意产业研究团队（KEA）于《文化型创意的影响》报告中提出"文化创意经济的思维"，主张由"以文化为基础的产业"拓展至"运用文化创意元素，为企业与社会创造附加价值"，并指出，对文化创意影响力的探讨不应只是针对创意产品化的"内容"，而应将创意进一步提升为"方法"，强调更广泛地运用创造力与文化的结合，以形成企业的优势。这些观点和主张为我们重新审视数字文化产业生产者创新活动以及激励机制设计提供了新的视角和思路。

由前述分析可见，数字文化产业生产者角色和行动的核心是将创意与消费者、利害关系人以及生产者自身需求联结起来，通过创新活动转化成具有市场价值的文化产品。因此，数字经济下，文化产业既需要强调内容创新，也需要生产者通过新的技术、方法和通路对"内容"进行创造性地选择、重制和呈现的产品创新和服务创新，并通过它们之间的相互作用进行价值的创造、传递及管理。因此，数字文化产业生产者创新的激励模式设计需要突破以往的线性思维，以结构形式的激励系统呈现（如图 6-3 所示）。

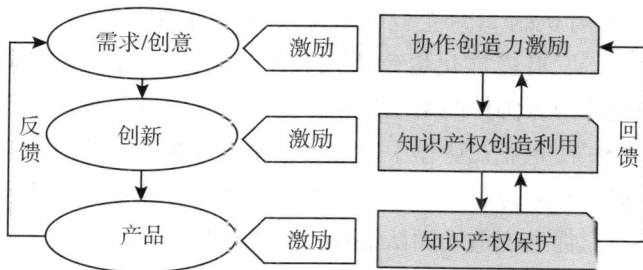

图 6-3　数字文化产业生产者创新的系统激励模式

生产者创新循环系统从创意开始，通过联结创意与需求的创新活动生产出文化产品，并对不符合市场环境条件和其他主体需求的产品进行反馈，以调整创意和创新活动。由于生产者以创意及其与需求的联结为起点，而创意价值的实现和增值需要以创新活动整合生产制作程序从而生产出文化产品。因此，我们提出的生产者创新系统激励模式的含义如下。第一，以协作创造力为核心，激励生产者的创意产出以及创意与需求的联结。生产者创新涉及不同主体需求的结合，使版权产业呈现出一种专业复合体的形态，牵涉了许多复杂的劳动分工以及专业团队的高度投入，这使得团队协作开始成为版权产品生产中的主要趋势，因此协作创造力是生产者创意产出以及创意与需求结合，取得创造性成就的主要能动力，也是版权产业生产者创新激励的核心。第二，以知识产权的创造和利用为重点，激励生产者创新行动和树立市场思维。知识产权制度之于数字文化产业的价值不仅在于加强版权的保护作用，更在于其使创意可商品化的转化价值；不仅在于知识产权的创造，更在于知识产权的利用。因此，树立市场思维，将无形的企业智力资产转化成商品或服务，并进而产生利润与提升企业的竞争力，以知识产权创造和利用作为企业价值创造的手段，是激励生产者创新行动和创造活力的重心所在。第三，以知识产权保护为保障，激励生产者持续创新和延续创新。知识产权保护不仅是版权产业创意产出、持续创新和长久发展的保障，而且我们还应注意其对于生产者延续创新的作用，即生产者可以通过版权、专利、商标、商业秘密等知识产权保护进一步提升现有产品的文化价值、经济价值和符号价值，并延续和强化文化产品品牌的能量和成长潜力。因此，知识产权保护既是对创造力以及创新的回馈，也是激励生产者延续创新、提升文化产品附加价值的主要手段。

基于上述分析，我们认为数字文化产业生产者创新激励的着力点在于"协作创造力提升机制"和"企业创新发展服务机制"的建立，具体包括以下几点。第一，发展多样化生产模式和组织形式，活化版权企业协作模式，促进创造性团队协作的组织建构；协助企业之间以及企业与其他主体的联结和整合，使企业在协作中发现和挖掘潜在机会，促进创造性团队协作的能力建构；建立跨部门、跨行业和跨学科合作机制和沟通平台，鼓励企业参与协作，促进创造性团队协作的环境建构。第二，建立行业发展与竞争信息服务体系，定期收集国内外行业资讯和竞争情报供企业参考，引导企业创新方向和创新布局；建立企业知识产权经营服务体系，帮助企业创造、利用和保护知识产权，促进企业将静态的法律资产活化为动态的商业资本；建立企业创新风险预警体系，协助企业预测、评估和规避在创新和知识产权利用和保护过程中可能遭遇的法律风险和商业风险，减少和避免企业创新风险。

创意与需求之间的联结成就了数字文化产业发展的市场基础和社会基础。数字文化产业发展不应只偏重供给，而应关注多重面向的需求及其与创意的深层次联结和提升协作创造力，并致力于满足市场及大众需求，使之成为有经济和社会价值的产业。数字文化产业发展更需要的是市场和社会大众的需求和认同，而不仅仅是政府的资助和嘉奖。我们希望，各级政府将有限的资金和资源投入运用创造力培育和服务企业创新，而不是分发政策红利，促使企业追求和堆砌文化产品的数量，套取政策性资助。

6.3.3　政策运行保障

(1) 现状：政策组合运行的执行障碍

自 20 世纪 70 年代起，公共政策执行研究逐渐成为一种独立理论系统，相关理论强调政策制定与政策执行并重，或强调凸显政策执行的重要性并摆脱其附庸角色。以政策执行相关理论为分析视角，我国创新政策执行在执行模式、执行方式和互动关系中主要存在以下问题。

一是"阶层关系"执行模式与国家创新系统基本特征的错位。

科学技术知识的循环流转是通过国家创新系统各组成部分之间的相互作用而实现的。国家创新系统的基本特征是，创新主体之间不是简单的线性关系，而是复杂的网络互动关系，创新和技术进步是生产、分配和应用各种知识的主体之间一整套复杂关系的结果。创新政策组合作为国家鼓励创新的首要政策机制，其作用之一就是加强创新主体之间的联系与互动，提高国家创新系统运行的效率。

　　我国现行创新政策执行是一种"阶层关系"模式：第一，决策与执行划分为界线鲜明的两个独立体系，各主体间链接断裂；第二，强调上层结构的决策是否正确无误，而忽视下层结构的执行过程；第三，执行于政策过程中的意义在层级节制的管理体制之下被弱化，使政策顶层设计的激励与导引作用的效力层层递减，形成一种"强干弱枝"的政策运行状态。首开政策执行研究先河的美国学者 Pressman & Wildavsky（1984）指出，政策运行是一种因素与因素之间互相依赖的体系，而执行正是代表了各个关键点的凝聚力与扭转力，所以执行就形成"一个无缝的网"。创新政策组合作为一种促进和激励各创新主体创新能力的机制，应遵循国家创新系统的基本特征，通过政策执行促进科学技术知识的循环流转，加强创新主体之间的联系与互动，而我国现行创新政策的执行模式与国家创新系统的基本特征呈现一种错位而并非吻合的状态。

　　二是"上决下行"的政策执行方式忽视了"执行者"的潜在作用。

　　当前，我国的创新政策仍未摆脱"上决下行"的执行方式：第一，政策的制定是政策过程的核心，执行附属于政策过程之中，只是一种"目标—结果"间机械化的转换过程，而不是制定者、执行者与政策对象间相互关联的过程；第二，主要强调"执行机关"之间的协调、沟通，以做到上情下达，而鲜少重视执行者本身对政策执行的心理与态度，以及如何采取多元的互动策略，在政策执行网络中发挥"执行者"潜在的影响力；第三，"由上而下命令结构"使执行者处于毫无质疑地执行决策的被动状态，使其大多只着重于政策量化目标的达成与否，以及可能影响政策产出结果的变项，而忽视政策对象的实际情况和反馈。

　　目标共识对政策的影响性大于政策变动的影响性。政策设计是通过执行而整合的，执行者才是政策过程的主角。而在这种"上决下行"的政策执行方式中，中央政府制定创新政策的目标、方针与策略，并通过层级节制的体系促使地方政府贯彻执行，中央政府才是政策执行产出与影响的主导者，地方政府则无自主意识地达成政策目标，既非政策过程的"主角"，也远未与政策制定者形成应有的"目标共识"，因此可能出现两种情况：一种是在缺少监督和评价机制的情况下，政策执行过程的随意性和形式化；另一种是不顾现实情况，机械化坚定不移地执行政策以达成形式意义的政策目标，但实质意义的政策效果与政策设想间存在较大的反差，且带来一系列负面效应。

　　三是单向式控制关系无法形成政策执行的关联互动网络。

从主体间互动关系看，我国创新政策执行中的单向式控制关系，限制和阻碍了政策执行网络的形成：第一，"政策制定者—执行者—政策对象"之间单向式的线性关联和控制关系，使得政策制定者忽视执行者需求，政策执行缺少制度性保障，进而使执行者忽视政策对象需求，政策执行偏离实际情况；第二，这种单向式控制关系忽略了各层次主体间的互动及其沟通线路所形成的复杂关联网络，在政策执行过程中，执行机构以及政策对象无法成为执行中的"协力伙伴"（parterner）；第三，关联网络的"断裂"使政策的制定与执行处于割裂状态，政策对象被动承受政策的作用和影响，其现实需求无法反馈至政策制定系统，其结果通常造成政策资源的分散或浪费。

政策执行并未受到应有的重视而处于"边陲"地位的主要原因在于，人们通常将政策执行看作政策过程中一个不重要的环节，认为只要政策一出台，就会理所当然地得到贯彻执行而取得理想的效果。创新政策组合的目标实现并非单以中央或地方的力量即可完成，而执行的过程与结果，也不仅依赖于单向式、单层次的影响变量，因此，中央政府与地方执行机构以及政策对象之间的单项式控制关系无法形成政策执行的关联网络。这使政策制定机关无法准确获知政策执行的实际效果，而对政策内容予以必要的修正或补充；地方执行机构对政策对象的意见反馈不能予以应有的重视；而政策对象对政策执行只能被动承受和服从，远未达到认同与内化，其最终结果导致大量政策资源堆砌下的"表面繁荣"，以及资源投入与产出的严重不匹配，更重要的是偏离了原本的政策初衷。

（2）构建政策执行的网络关联机制

第三代政策执行研究者提出，政策是权变的，政策执行受来自上层结构、下层结构以及双方互动的影响而有所差异，因此需关注政策执行过程中复杂的互动关系及其影响。基于前述创新政策执行在实践中的问题，借鉴第三代政策执行研究的权变整合理念，我们认为，应当构建政策执行网络的关联机制，对促进型创新政策的执行模式、互动方式及实施策略等提出以下建议。

第一，突破政策执行的僵化模式，在促进型创新政策执行中强调中央与地方的权变与互动。促进型政策不同于限禁型政策，其主要使命是引导和协调社会力量的参与，注重以诱致性和多样性手段引导政策对象的行为。因此从促进型政策执行模式的基本观念上来看，中央与地方应突破以往的"上决下行"执行方式，强调中央与地方的权变与互动：政策执行的制度保障等适合由中央统筹的，地方应予以充分配合，以杜绝政策执行的随意性；反之，若因各地区经济发展状况差异较大，政策适合由地方自行主导执行过程，则中央应充分授权、授能，激发地方政府在政策执行中的主动性，避免其以"普遍适用"的标准和方式形式化地执行中央宏观政策而造成资源分散与浪费。中央与地方各有专司，依政策类型而决定政策执行的主导者。

第二，制度化政策执行互动中的基层反馈机制，强化多主体在政策执行中的目标共识。执行实践中，无论是基层政策执行缺少人力、物力、财力的支持和保障，还是政策对象的被动承受状态都说明，"上决下行"的执行方式忽视了基层执行者及政策对象与上层决策者的互动。上层决策者对政策目标的决定以及对政策执行的指令，无法完全左右或影响执行结果，政策执行的成败取决于基层参与者对政策的认知及认同。因此，从促进型政策执行的互动方式来看，应改变"制定—执行"的二元分立模式，建立政策执行的多主体互动网络，疏通创新政策执行过程中的基层沟通线路，并将其制度化为政策执行的反馈机制，并以此强化基层执行者和政策对象对政策目标的共识。

第三，以"利益捆绑"促进创新政策执行中多主体的关联互动，使政策执行具有地方层面的合理性。实践中，政策执行方式的随意性和形式化以及支持措施的落实不到位都说明，国家对创新和产业发展的重视并未反映到地方政策执行上。政策执行的动力与利益密切关联，为弥合国家层面与地方及各主体的利益优先级之间的差异，建议将创新政策组合的执行与执行者及政策对象的切身利益联系起来，并实现不同政策之间的相互配合和相互作用，以达到协同效应。例如，针对执行机关，将促进创新主体互动的指标纳入地方政府核心考核评价体系，并在地方政府的经济增长、促进就业、产业发展等绩效考核指标中设立相关评价标准；针对政策对象，在激励创新主体时将物质激励政策与精神激励型政策相结合，并在税收减免、中小企业信用担保、国家科技计划资助、科技投融资等企业关注的政策中设立相关指标。

参 考 文 献

[1] Abernathy W J, Clark K B. Innovation: Mapping the Winds of Creative Destruction[J]. Research Policy, 1985, 14(1): 3-22.

[2] Abramov R A, Sokolov M S. Current Challenges and Competitive Advantages of National Innovation Systems (NIS) of the Countries-Participants of the Union State Up to 2030 [J]. Journal of Advanced Research in Law and Economics, 2017, 8(26): 1031-1039.

[3] Abramovitz M, David P A. American Macroeconomic Growth in the Era of Knowledge-Based Progress: the Long-Run Perspective. In S L Engerman, R E Gallman (eds.). The Cambridge Economic History of the United States [M]. New York: Cambridge University Press, 2000.

[4] Afonasova M A, Panfilova E E, Galichkina M A, et al.. Digitalization in Economy and Innovation: the Effect on Social and Economic Processes[J]. Polish Journal of Management Studies, 2019, 19(2):22-32.

[5] Afuah A. Innovation Management: Strategies, Implementation, and Profits [M]. New York: Oxford University Press, 1998.

[6] Alexander I. The Birth of the Performing Right in Britain, Privilege and Property: Essays on the History of Copyright[M]. Cambridge: Open Book Publishers, 2010.

[7] Allen C R, Fontaine J J, Pope K L, et al.. Adaptive Management for a Turbulent Future [J]. Journal of Environmental Management, 2011, 92 (5): 1339-1345.

[8] Anderson J E. Public Policy-Making (Third Edition) [M]. New York: Holt, Rinehart and Winston, 1979.

[9] Anderson P, Tushman M L. Technological Discontinuities and Dominant Designs: a Cyclical Model of Technological Change [J]. Administrative Science Quarterly, 1990(2): 604-633.

[10] Andrews K R. The Concept of Corporate Strategy. In Perry K (eds.). The Concept of Corporate Strategy[M]. New York: Irwin, 1987.

[11] Ansoff H I. The Concept of Corporate Strategy [M]. Homewood, IL: Irwin, 1987.

[12] Anzola D, Barbrook-Johnson P, Cano J I. Self-Organization and Social Science[J]. Computational and Mathematical Organization Theory, 2017, 23(2): 221-257.

[13] Ashford N A. Government and Environmental Innovation in Europe and North America[J]. American Behavioral Scientist, 2002, 45(9): 1417-1434.

[14] Bach L, Matt M. From Economic Foundations to S&T Policy Tools: a Comparative Analysis of the Dominant Paradigms[M]. Innovation Policy in a Knowledge-Based Economy. Berlin: Springer, 2005.

[15] Bahl M. The Work Ahead: the Future of Businesses and Jobs in Asia Pacific's Digital Economy[EB/OL]. (2016-11-29) [2017-12-01].https://www. cognizant. com/whitepapers/the-work-ahead-the-future-of-business-and-jobs-in-asiapacifics-digital-economy-codex2255.pdf.

[16] Balganesh S. The Uneasy Case Against Copyright Trolls [J]. Southern California Law Review, 2013, 86: 723-921.

[17] Banks M, et al.. Risk and Trust in the Cultural Industries[J]. Geo forum, 2000, 31(4): 453-464.

[18] Barfield C E. Science for the Twenty-first Century: the Bush Report Revisited[M]. Washington, D. C: American Enterprise Institute Press, 1997.

[19] Beer S. Brain of the Firm[M]. New York: Wiley, Chichester, 1994.

[20] Ben J. Copyright Trolls, not Just for Patents Anymore[EB/OL]. (2010-09-20) [2017-12-01]. TORRENTFREAK, http://torrentfreak. com/copyright-trolls-not-just-for-patents-anymore-100920.

[21] Berchicci L. Heterogeneity and Intensity of R&D Partnership in Italian Manufacturing Firms[J]. IEEE Transactions on Engineering Management, 2011, 58(4): 674-687.

[22] Bessant J, Tidd J. Innovation and Entrepreneurship[M]. Hoboken: John Wiley & Sons, 2007.

[23] Betz F. Academic/Government/Industry Strategic Research Partnerships

[J]. The Journal of Technology Transfer, 1997, 22(3): 9-15.

[24]Blind K. The Economics of Standards: Theory, Evidence, Policy[M]. Cheltenham:Edward Elgar, 2004.

[25]Boccella N, Salerno I. Creative Economy, Cultural Industries and Local Development[J]. Procedia-Social and Behavioral Sciences, 2016, 223: 291-296.

[26]Bödeker P, Rogge K S. The Impact of the Policy Mix for Renewable Power Generation on Invention: a Patent Analysis for Germany.//15th ISS Conference of the International Schumpeter Society[C]. Jena: ISS. 2014.

[27]Boekholt P. The Evolution of Innovation Paradigms and Their Influence on Research, Technological Development and Innovation Policy Instruments [R]. Cheltenham:Edward Elgar Publishing, 2010.

[28]Borrás S, Tsagdis D. Cluster Policies in Europe[M]. Cheltenham:Edward Elgar Publishing, 2008.

[29]Borrás S, Edquist C. The Choice of Innovation Policy Instruments[J]. Technological Forecasting and Social Change, 2013, 80(8): 1513-1522.

[30]Bossink B A G. The Development of Co-innovation Strategies: Stages and Interaction Patterns in Interfirm Innovation[J]. R&D Management, 2002, 32(4): 311-320.

[31]Bower J L, Christensen C M. Disruptive Technologies: Catching the Wave [J]. The Journal of Product Innovation Management, 1996, 1(13): 75-76.

[32]Braun D. Organising the Political Coordination of Knowledge and Innovation Policies[J]. Science and Public Policy, 2008(35):227-39.

[33]Breznitz D. Innovation and the State: Political Choice and Strategies for Growth in Israel, Taiwan, and Ireland[M]. New Haven: Yale University Press, 2007.

[34]British Computer Society. The Digital Economy[EB/OL]. (2014-10-11) [2017-12-01]. https://policy.bcs.org/sites/policy.bcs.org/files/digital%20economy%20Final%20version_0.pdf.

[35]Bryant K, Wells A. A New Economic Paradigm? Innovation-Based Evolutionary Systems. Canberra: Commonwealth of Australia, Department of Industry, Science and Resources[J].Science and Technology Policy Branch, 1999:73-81.

[36] Brynjolfsson E, Kahin B. Understanding the Digital Economy: Data, Tools, and Research[M]. Cambridge: MIT Press, 2000.

[37] Bukht R, Heeks R. Defining, Conceptualising and Measuring the Digital Economy[J]. Development Informatics Working Paper, 2017 (68): 11-34.

[38] Burns J E, Kang J S. Comparative Economic Analysis of Supporting Policies for Residential Solar PV in the United States: Solar Renewable Energy Credit (SREC) Potential[J]. Energy Policy, 2012, 44: 217-225.

[39] Carbone M. Mission Impossible: the European Union and Policy Coherence for Development[J]. European Integration, 2008, 30(3): 323-342.

[40] Carlsson B, Jacobsson, S. In Search of Useful Public Policies: Key Lessons and Issues for Policy Makers. Technological Systems and Industrial Dynamics[M]. Dordrecht: Kluwer Academic, 1997.

[41] Bemelmans-Videc M L, Rist R C, Vedung E O. Carrots, Sticks, and Sermons: Policy Instruments and Their Evaluation[M]. New Brunswick: Transaction Publishers, 2011.

[42] Castellacci F, Lie C M. Do the Effects of R&D Tax Credits Vary Across Industries? A Meta-Regression Analysis[J]. Research Policy, 2015, 44 (4): 819-832.

[43] Castellacci F, Natera J M. The Dynamics of National Innovation Systems: a Panel Cointegration Analysis of the Coevolution between Innovative Capability and Absorptive Capacity[J]. Research Policy, 2013, 42(3): 579-594.

[44] Caves R E. Creative Industries: Contracts between Art and Commerce [M]. Cambridge: Harvard University Press, 2000.

[45] Chandler H. Harnessing Variable Renewables: a Guide to the Balancing Challenge[J]. Paris, France: International Energy Agency, 2011.

[46] Chaturvedi K, Chataway J, Wield D. Policy, Markets and Knowledge: Strategic Synergies in Indian Pharmaceutical Firms [J]. Technology Analysis and Strategic Management, 2007, 19(5): 565-588.

[47] Chesbrough H. The Logic of Open Innovation: Managing Intellectual Property[J]. California Management Review, 2003, 45(3): 33-58.

[48] Chesbrough H, Bogers M. Explicating Open Innovation: Clarifying an Emerging Paradigm for Understanding Innovation [J]. New Frontiers in

Open Innovation, 2014,6(5): 3-28.

[49]Chiu V C H, Lin T T C. National Competitive Advantage and Cultural Proximity: Comparison Study of Digital Content Industries in China and Taiwan[J]. Journal of Media and Communication Studies, 2012, 4(1): 1.

[50]Chopra S, Meindl P, Kalra D V. Supply Chain Management: Strategy, Planning, and Operation[M]. Boston, MA: Pearson, 2013.

[51]Christensen C. The Innovator's Dilemma: When New Technologies Cause Great Firms to Fail[M]. New York: Harvard Business Review Press, 1997.

[52]Christensen C M, Ojomo E, Dillon K. The Prosperity Paradox[M]. New York: Harper Business, 2019.

[53]Christopoulos D, Ingold K. Exceptional or Just Well Connected? Political Entrepreneurs and Brokers in Policy Making [J]. European Political Science Review, 2015, 7(03): 475-498.

[54]Cohen W M. Fifty Years of Empirical Studies of Innovative Activity and Performance[J]. Handbook of the Economics of Innovation, 2010, 1: 129-213.

[55]Costantini V, Crespi F, Palma A. Charactering the Policy Mix and Its Impact on Eco-Innovation in Energy-Efficient Technologies [R]. SEEDS Working Paper Series, No.11, 2015.

[56]Cuesta C, Ruesta M, Tuesta D, Urbiola P. The Digital Transformation of the Banking Industry [EB/OL]. (2015-08-12) [2019-11-10]. BBVA Research, https://www. bbvaresearch. com/wp-content/uploads/2015/08/EN_Observatorio_Banca_Digital_vf3. Pdf.

[57]Daft R L, Becker S W. The Innovative Organization: Innovation Adoption in School Organizations [M]. North Holland: Elservier Publishing Cempany, 1978.

[58]Dahlman C, Mealy S, Wermelinger M. Harnessing the Digital Economy for Developing Countries[R]. OECD Publishing, 2016.

[59]Damanpour F, Evan W M. Organizational Innovation and Performance: the Problem of "Organizational Lag"[J]. Administrative Science Quarterly, 1984, 15(03): 392-409.

[60]DBCDE. Advancing Australia as a Digital Economy: an Update to the

National Digital Economy Strategy[EB/OL].(2013-10-02)[2018-05-10].
Department of Broadband, Communications and the Digital Economy,
Canberra. http://apo.org.au/node/34523.

[61] de Bruijn H A, Hufen H A M. The Traditional Approach to Policy
Instruments. In G B Peters, F K M Nispen (eds.). Public Policy
Instruments. Evaluating the Tools of Public Administration [M].
Cheltenham: Edward Elgar, 1998.

[62] de Heide M J L. R&D, Innovation and the Policy Mix[D]. Rotterdam:
Erasmus School of Economics, 2011.

[63] DeBriyn J. Shedding Light on Copyright Trolls: an Analysis of Mass
Copyright Litigation in the Age of Statutory Damages [J]. UCLA
Entertainment Law Review, 2012, 19(1):80-112.

[64] Deloitte What is Digital Economy? [EB/OL]. (2020-04-19) [2020-05-
12].Deloitte, New York, NY. https://www2. deloitte. com/mt/en/pages/
technology/articles/mt-what-is-digital-economy.html.

[65] Demircioglu M A, Audretsch D B. Conditions for Complex Innovations:
Evidence from Public Organizations [J]. The Journal of Technology
Transfer, 2020, 45(3): 820-843.

[66] Den Hertog L, Stroß S. Policy Coherence in the EU System: Concepts and
Legal Rooting of an Ambiguous Term[C]//Conference Paper the EU as a
Global Player. 2011.

[67] Dodgson M, Gann D. Technological Innovation and Complex Systems in
Cities[J]. Journal of Urban Technology, 2011, 18(3): 101-113.

[68] Dodgson M. Innovation in Firms[J]. Oxford Review of Economic Policy,
2017, 33(1): 85-100.

[69] Drucker P F. The Discipline of Innovation[J]. Harvard Business Review,
1985, 63(3): 67-72.

[70] Duraiappah A K, Bhardwaj A. Measuring Policy Coherence Among the
MEAs and MDGs[M]. Winnipeg: International Institute for Sustainable
Development, 2007.

[71] Economist Intelligence Unit. Digital Economy Rankings 2010 Beyond E-
Readiness[EB/OL]. (2010-06-01) [2020-03-15]. http://graphics. eiu.
com/upload/EIU_Digital_economy_rankings_2010_FINAL_WEB.pdf.

[72] Edler J, Nowotny H. The Pervasiveness of Innovation and Why We Need

to Rethink Innovation Policy to Rescue It[J]. Die Gestaltung der Zukunft. Wirtschaftliche, Gesellschaftliche and Politische Dimensionen von Innovation. Wien: echomedia, 2015: 498-524.

[73]Edler J, Fagerberg J. Innovation Policy: What, Why, and How[J]. Oxford Review of Economic Policy, 2017, 33(1): 2-23.

[74]Edosomwan J A. Integrating Innovation and Technology Management[M]. New York: Wiley, 1989.

[75]Edquist C, Hommen L, Johnson B, et al.. The ISE Policy Statement[J]. Innovation Systems and European Integration (ISE), 1998: 1-26.

[76]Edquist C, Hommen L. Systems of Innovation: Theory and Policy for the Demand Side[J]. Technology in Society, 1999, 21(1): 63-79.

[77]Edquist C. Reflections on the Systems of Innovation Approach[J]. Science and Public Policy, 2004, 31(6): 485-489.

[78]Edquist C. Systems of Innovation Perspectives and Challenges[J]. African Journal of Science, Technology, Innovation and Development, 2010, 2 (3): 14-45.

[79]Edquist C. Design of Innovation Policy Through Diagnostic Analysis: Identification of Systemic Problems[J]. Industrial and Corporate Change, 2011, 20(6): 1725-1753.

[80]Edquist C, Zabala-Iturriagagoitia J M. Public Procurement for Innovation as Mission-Oriented Innovation Policy[J]. Research Policy, 2012, 41 (10): 1757-1769.

[81]Eigen M, Schuster P. The Hypercycle: a Principle of Natural Self-organization[M]. Berlin: Springer, 1979.

[82]Elliott O V, Salamon L M. The Tools of Government: a Guide to the New Governance[M]. Oxford: Oxford University Press, 2002.

[83]Elmasry T et al.. Digital Middle East: Transforming the Region into a Leading Digital Economy [EB/OL]. (2016-01-01) [2019-11-12]. McKinsey & Company, New York, http://www.mckinsey.com/global-themes/middle-east-and-africa/digital-middle-east-transforming-the-region-into-a-leading-digital-economy.

[84]Elmore R F. Instruments and Strategy in Public Policy[J]. Review of Policy Research, 1987, 7(1): 174-186.

[85]European Commission, Expert Group on Taxation of the Digital Economy

[EB/OL].(2013-08-24)[2019-11-12].European Commission, Brussels, http://ec. europa. eu/taxation _ customs/sites/taxation/files/resources/ documents/taxation/gen_info/good _ governance _ matters/digital/general _ issues.pdf.

[86]European Parliament, Challenges for Competition Policy in a Digitalised Economy[EB/OL].(2015-05-24)[2019-11-12].European Parliament, Brussels, http://www. europarl. europa. eu/RegData/etudes/STUD/2015/ 542235/IPOL_STU(2015)542235_EN.pdf.

[87]Evans P B, Wurster T S. Strategy and the New Economics of Information [M]. New York: Harvard Business Review Press, 1997.

[88]Fagerberg J. Schumpeter and the Revival of Evolutionary Economics: an Appraisal of the Literature'[J]. Journal of Evolutionary Economics, 2003 (13): 59-125.

[89]Fagerberg J, Mowery D, Nelson R. The Oxford Handbook of Innovation [M]. Oxford: Oxford University Press, 2004.

[90]Fagerberg J, Verspagen B. Innovation Studies—the Emerging Structure of a New Scientific Field[J]. Research Policy, 2009, 38(2): 218-233.

[91] Fagerberg J, Fosaas M, Sapprasert K. Innovation: Exploring the Knowledge Base[J]. Research Policy, 2012, 41(7): 1132-1153.

[92]Fagerberg J. The Triple Challenge for Europe: the Economy, Climate Change, and Governance[J]. Challenge, 2016,59(3): 178-204.

[93]Flanagan K, Uyarra E, Laranja M. Reconceptualising the 'Policy Mix'for Innovation[J]. Research Policy, 2011, 40(5): 702-713.

[94]Florida R. The Rise of the Creative Class: and How It's Transforming Work, Leisure, Community and Everyday Life[M]. New York: Basic, 2002:53.

[95]Foster J F. Current Structure and Future Prospects of Institutional Economics[J]. Journal of Economic Issues, 1981, 15(4): 857-1007.

[96]Foxon T, Pearson P. Overcoming Barriers to Innovation and Diffusion of Cleaner Technologies: Some Features of a Sustainable Innovation Policy Regime[J]. Journal of Cleaner Production, 2008, 16(1): S148-S161.

[97]Francis D, Bessant J. Targeting Innovation and Implications for Capability Development[J]. Technovation, 2005,3(25):171-183.

[98]Freeman C. The Economics of Industrial Innovation[M].Cambridge: MIT

Press, MA, 1982.

[99] Freeman C. Technology Policy and Economic Performance: Lessons from Japan[M]. London: Pinter Publishers, 1987.

[100] Freeman C, Perez C. Structural Crises of Adjustment: Business Cycles and Investment Behavior. In Dovi G, Freeman C, Nelson R, Silverberg G, Soete L (eds.). Technical Change and Economic Theory [M]. London: Pinter Publishers, 1988.

[101] Frishammar J, Cenamor J, Cavalli-Björkman H, et al.. Digital Strategies for Two-Sided Markets: a Case Study Of Shopping Malls[J]. Decision Support Systems, 2018, 108: 34-44.

[102] Fukuyama F. Trust: the Social Virtues and the Creation of Prosperity [M]. New York: The Free Press, 1995.

[103] G20 DETF, G20 Digital Economy Development and Cooperation Initiative [EB/OL]. (2016-10-04) [2019-11-12]. G20 Digital Economy Task Force, http://www.g20.utoronto.ca/2016/g20-digital-economy-development-and-cooperation.pdf.

[104] Garnham N. From Cultural to Creative Industries: an Analysis of the Implications of the "Creative Industries" Approach to Arts and Media Policy Making in the United Kingdom [J]. International Journal of Cultural Policy, 2005, 11(1): 15-29.

[105] Gault F. Defining and Measuring Innovation in all Sectors of the Economy [J]. Research Policy, 2018, 47(3): 617-622.

[106] Gawer A, Cusumano M A. Platform Leadership: How Intel, Microsoft, and Cisco Drive Industry Innovation[M]. Boston, MA: Harvard Business School Press, 2002.

[107] Ghelfi D. Understanding the Engine of Creativity in a Creative Economy: an Interview with John Howkins [J]. WIPO, Creative Industries Division, Office of Strategic Use of Intellectual Property for Development, UNESCO, 2005: 1-40.

[108] Goertzel B, Goertzel T, Goertzel Z. The Global Brain and the Emerging Economy of Abundance: Mutualism, Open Collaboration, Exchange Networks and the Automated Commons [J]. Technological Forecasting and Social Change, 2017, 114: 65-73.

[109] Goh A L S. Evolution of Industrial Policy-Making in Support of

Innovation: the Case of Singapore[J]. International Journal of Innovation and Learning, 2005, 3(1): 110-125.

[110] Gokhberg L, Roud V. Structural Changes in the National Innovation System: Longitudinal Study of Innovation Modes in the Russian Industry [J]. Economic Change and Restructuring, 2016, 49(2-3): 269-288.

[111] Greenberg B A. Copyright Trolls and Presumptively Fair Uses[J]. U. Colo. L. Rev., 2014, 85: 53-581.

[112] Grossman G M, Helpman E. Innovation and Growth in the Global Economy[M]. Cambridge: MIT Press, 1993.

[113] Guerzoni M, Raiteri E. Demand-side vs.Supply-Side Technology Policies: Hidden Treatment and New Empirical Evidence on the Policy Mix[J]. Research Policy, 2015, 44(3): 726-747.

[114] Hartmann A. The Context of Innovation Management in Construction Firms[J]. Construction Management and Economics, 2006, 24(6): 567-578.

[115] Haseman B, Jaaniste L. The Arts and Australia's National Innovation System 1994-2008 Arguments, Recommendations, Challenges [R]. Council for the Humanities, Arts and Social Sciences, 2008.

[116] Heeks R. Examining 'Digital Development': the Shape of Things to Come? [J]. Development Informatics Working Paper, 2016 (64):124-156.

[117] Hekkert M P, Suurs R A A, Negro S O, et al.. Functions of Innovation Systems: a New Approach for Analysing Technological Change [J]. Technological Forecasting and Social Change, 2007, 74(4): 413-432.

[118] Henderson R M, Clark K B. Architectural Innovation: the Reconfiguration of Existing Product Technologies and the Failure of Established Firms[J]. Administrative Science Quarterly, 1990: 9-30.

[119] Heskett J L, Sasser W E, Schlesinger L A. The Value Profit Chain: Treat Employees Like Customers and Customers Like[M]. New York: Free Press, 1997.

[120] Hesmondhalgh D, Pratt A C. Cultural industries and Cultural Policy[J]. International Journal of Cultural Policy, 2005, 11(1): 1-13.

[121] Hesmondhalgh D. Bourdieu, the Media and Cultural Production [J]. Media, Culture & Society, 2006, 28(2): 211-231.

[122] Hillman A J, Hitt M A. Corporate Political Strategy Formulation: a Model

of Approach, Participation, and Strategy Decisions[J]. Academy of Management Review, 1999, 24(4): 825-842.

[123] Hoebink P. Evaluating Maastricht's Triple C. Evaluating Maastricht's triple C: The 'C' of Coherence. In P Hoebink (eds.). The Treaty of Maastricht and Europe's Development Co-operation[M]. Amsterdam, The Netherlands: Aksant Academic Publishers, 2004.

[124] Holland J H. Hidden Order: How Adaptation Builds Complexity[M]. New York: Basic Books, 1995.

[125] House of Commons. The Digital Economy[EB/OL]. (2016-06-12) [2019-12-01]. House of Commons Business, Innovation and Skills Committee, https://www. publications. parliament. uk/pa/cm201617/ cmselect/cmbis/87/87.pdf.

[126] Hovgaard A, Hansen E. Innovativeness in the Forest Products Industry [J]. Forest Products Journal, 2004, 54(1): 26-34.

[127] Howlett M, Rayner J. Design Principles for Policy Mixes: Cohesion and Coherence in 'New Governance Arrangements'[J]. Policy and Society, 2007,26 (4):1-18.

[128] Howlett M, Ramesh M, Perl A. Studying Public Policy: Policy Cycles and Policy Subsystems[M]. Oxford: Oxford University Press, 2009.

[129] Howlett M, Rayner J. Patching vs Packaging: Complementary Effects, Goodness of Fit, Degrees of Freedom and Intentionality in Policy Portfolio Design[J]. Lee Kuan Yew School of Public Policy Research Paper, 2013:5-13.

[130] Imlah B. The Concept of a Digital Economy[EB/OL]. (2013-09-02) [2019-12-01].OEDC, http://odec. org.uk/2013/09/02/the-concept-of- a-digital-economy/.

[131] Izsak K, Markianidou P, Radošević S. Convergence Among National Innovation Policy Mixes in Europe—an Analysis of Research and Innovation Policy Measures in the Period 2004-2012[EB/OL]. (2014- 03-11)[2019-12-11].GRINCOH Working Paper, http://www.grincoh. eu/media/serie_3_knowledge_innovation_technolog/grincoh_wp_3.11_ izsak_markianidou_radosevic.pdf.

[132] Jacobsson S, Bergek A. Innovation System Analyses and Sustainability Transitions: Contributions and Suggestions for Research [J].

Environmental Innovation and Societal Transitions, 2011, 1(1): 41-57.

[133] Jakobsen S E, Onsager K. Innovasjonspolitikk for Regional Næringsutvikling [J]. Innovasjoner i Norske Næringer: Et Geografisk Perspektiv, 2008 (1): 269-288.

[134] Jänicke M. On Ecological and Political Modernization. In Mol A P, Sonnenfeld D A, Spaargaren G. (eds.). The Ecological Modernisation Reader. Environmental Reform in Theory and Practice [M]. London: Routledge, 2009.

[135] Jeffery L. Pressman & Aaron Wildavsky, Implementation [M]. Berkeley: University of California Press, Third Edition, 1984.

[136] Jenson I, Leith P, Doyle R, et al.. Innovation System Problems: Causal Configurations of Innovation Failure [J]. Journal of Business Research, 2016, 69(11): 5408-5412.

[137] Jia W, Kim S. The Mediating Effect of Experiential Value on Customers' Perceived Value of Digital Content: China's Anti-virus Program Market [J]. Journal of Global Academy of Marketing Science, 2010, 20(2): 219-230.

[138] Johnson M R. Inclusion and Exclusion in the Digital Economy: Disability and Mental Health as a Live Streamer on Twitch.tv [J]. Information, Communication & Society, 2019, 22(4): 103-156.

[139] Johnson B, Gregersen B. System of Innovation and Economic Integration [J]. Journal of Industry Studies, 1994, 2:1-18.

[140] Jones T. Policy Coherence, Global Environmental Governance, and Poverty Reduction [J]. International Environmental Agreements, 2002, 2 (4): 389-401.

[141] Jordana J D, Levi-Faur D. The Politics of Regulation in the Age of Governance. In Jordana J, Levi-Faur D (eds.). The Politics of Regulation: Institutions and Regulatory Reforms for the Age of Governance [M]. London: Routledge, 2004.

[142] KEA European Affairs. The Impact of Culture on Creativity [EB/OL]. (2009-06-09) [2017-12-01]. KEA European Affairs, http://ec.europa. eu/culture/key.../doc/study_impact_cult_creativity_06_09.pdf.

[143] Kemp R. Ten Themes for Eco-Innovation Policies in Europe [EB/OL]. (2011-08-04) [2019-11-12]. S.A.P.I.EN.S [Online], 4.2, http://

journals.openedition.org/sapiens/1169.

[144] Kern F, Howlett M. Implementing Transition Management as Policy Reforms: a Case Study of the Dutch Energy Sector[J]. Policy Sciences, 2009, 42(4): 391.

[145] Khotamov I, Avazov N. I Digital Innovation Activities Today and Their Types [EB/OL]. (2020-11-04) [2020-11-12]. Архив научных исследований, https://journal. tsue. uz/index. php/archive/article/download/1752/961.

[146] Klein M, Sauer A. Celebrating 30 Years of Innovation System Research: What you Need to Know About Innovation Systems [R]. Hohenheim Discussion Papers in Business, Economics and Social Sciences, 2016.

[147] Kline S J, Rosenberg N. An Overview of Innovation. In Landau R, Rosenberg N (eds.). The Positive Sum Strategy: Harnessing Technology for Economic Growth[M]. Washington DC: National Academy Press, 1986.

[148] Kling R, Lamb R. IT and Organizational Change in Digital Economies. In Understanding the Digital Economy[M]. Cambridge: MIT Press, 2000.

[149] Knickrehm M, Berthon B, Daugherty P. Digital Disruption: the Growth Multiplier[EB/OL]. (2016-02-12) [2019-11-12]. Accenture, Dublin, https://www. accenture. com/_ acnmedia/PDF-4/Accenture-Strategy-Digital-Disruption-Growth-Multiplier.pdf.

[150] Knyazeva, H. Synergetics and the Images of Future[J]. Futures, 1999, 31(3):281-290.

[151] Kuhlmann S, Rip A. The Challenge of Addressing Grand Challenges[R]. EU Commission, 2014.

[152] Kulkarni S P. Innovation Management: Strategies, Implementation and Profits[J]. Advances in Competitiveness Research, 1998, 6(1): 90-110.

[153] Kuznets S. Modern Economic Growth: Findings and Reflections [J]. American Economic Review, 1973, 63(2): 247-258.

[154] LaFond, Jason R. Personal Jurisdiction and Joinder in Mass Copyright Troll Litigation[J]. Md. L. Rev. Endnotes, 2012(71):51-60.

[155] Lane N. Advancing the Digital Economy into the 21st Century [J]. Information Systems Frontiers, 1999,1 (3): 317-320.

[156] Lantagne S M. The Morality of MP3s: the Failure of the Recording

Industry's Plan of Attack[J]. Harv. JL & Tech., 2004, 18: 269-479.

[157]Larédo P, Köhler C, Rammer C. The Impact of Fiscal Incentives for R & D.//Handbook of Innovation Policy Impact[M]. Cheltenham: Edward Elgar Publishing, 2016.

[158]Lascoumes P, Le Galès P. Introduction: Understanding Public Policy Through Its Instruments—from the Nature of Instruments to the Sociology of Public Policy Instrumentation[J]. Governance, 2007, 20(1): 1-21.

[159]Le Galès P. Policy Instruments and Governance[M]. London: Sage, 2011.

[160]Leadbeater C. Britain's Creativity Challenge[R]. London: Creative and Cultural Skills,2004.

[161]Lee C S, Vonortas N S. Business Model Innovation in the Digital Economy.//Social and Economic Transformation in the Digital Era[M]. IGI Global, 2004.

[162]Lehmann P. Using a Policy Mix to Combat Climate Change: an Economic Evaluation of Policies in the German Electricity Sector[D]. Helmholtz Centre for Environmental Research (UFZ), 2010.

[163]Lehmann P. Justifying a Policy Mix for Pollution Control: a Review of Economic Literature[J]. Journal of Economic Surveys, 2012, 26(1): 71-97.

[164]Lehrer J. Imagine: How Creativity Works[M]. Boston, MA: Houghton Mifflin Harcourt, 2012.

[165]Leiringer R. Technological Innovation in PPPs: Incentives, Opportunities and Actions[J]. Construction Management and Economics, 2006, 24 (3): 301-308.

[166]Lemaire D. The Stick: Regulation as a Tool of Government[M]. London: Transaction Publishers, 1998.

[167]Lengnick-Hall C A, Wolff J A. Similarities and Contradictions in the Core Logic of Three Strategy Research Streams[J]. Strategic Management Journal, 1999: 1109-1132.

[168]Lengrand L. Innovation Tomorrow: Innovation Policy and the Regulatory Framework: Making Innovation an Integral Part of the Broader Structural Agenda [M]. Office for Official Publications of the European Communities, 2003.

[169] Lepori B, Van den Besselaar P, Dinges M, et al.. Comparing the Evolution of National Research Policies: What Patterns of Change? [J]. Science and Public Policy, 2007, 34(6): 372-388.

[170] Linder S H, Peters B G. A Design Perspective on Policy Implementation: the Fallacies of Misplaced Prescription[J]. Review of Policy Research, 1987, 6(3): 459-475.

[171] Linder S H, Peters B G. The Study of Policy Instruments: Four Schools of Thought. In Peters B G, Nispen F K M (eds.). Public Policy Instruments. Evaluating the Tools of Public Administration [M]. Cheltenham: Edward Elgar, 1998.

[172] Lindner R, Daimer S, Beckert B, et al.. Addressing Directionality: Orientation Failure and the Systems of Innovation Heuristic. Towards Reflexive Governance[R]. Fraunhofer ISI Discussion Papers-Innovation Systems and Policy Analysis, 2016.

[173] Link A N, Scott J T. Government as Entrepreneur: Evaluating the Commercialization Success of SBIR Projects[J]. Research Policy, 2010, 39(5): 589-601.

[174] Lipsey R G, Carlaw K. Technology Policies in Neo-classical and Structuralist Evolutionary Models[J]. STI Review, 1998, 22:31-74.

[175] Liu X, White S. Comparing Innovation Systems: a Framework and Application to China's Transitional Context[J]. Research Policy, 2001, 30(7): 1091-1114.

[176] Lockhart C. From Aid Effectiveness to Development Effectiveness: Strategy and Policy Coherence in Fragile States[C]. Background Paper Prepared for the Senior Level Forum on Development Effectiveness in Fragile States, 2005.

[177] Lundvall B, Tomlinson M. On the Convergence and Divergence of National Systems of Innovation[M]. Aalborg: University and University of Manchester, 2000.

[178] Lyasnikov N, Dudin M, Sekerin V, et al.. The National Innovation System: the Conditions of Its Making and Factors in Its Development[J]. Life Science Journal, 2014, 11(6): 535-538.

[179] Lynn G S, Akgün A E. Project Visioning: Its Components and Impact on New Product Success[J]. Journal of Product Innovation Management,

2001, 18(6): 374-387.

[180] Magro E, Wilson J R. Complex Innovation Policy Systems: Towards an Evaluation Mix[J]. Research Policy, 2013, 42(9): 1647-1656.

[181] Magro E, Navarro M, Zabala-Iturruagagoitia J M. Coordination-Mix: the Hidden Face of STI Policy[J]. Rev. Policy Res. 2015,31:367-389.

[182] Mandel G N. To Promote the Creative Process: Intellectual Property Law and the Psychology of Creativity[J]. Notre Dame L. Rev., 2011, 86: 1999-2026.

[183] Manyika J, Lund S, Bughin J, et al.. Digital Globalization: the New Era of Global Flows[M]. San Francisco, CA: McKinsey Global Institute, 2016.

[184] Margherio L, et al.. The Emerging Digital Economy[EB/OL].(1997-11-02)[2018-11-13]. Department of Commerce, https://govinfo. library. unt.edu/ecommerce/EDEreprt.pdf.

[185] Markard J, Raven R, Truffer B. Sustainability Transitions: an Emerging Field of Research and its Prospects[J]. Research Policy, 2012, 41(6): 955-967.

[186] Markard J, Hekkert M, Jacobsson S. The Technological Innovation Systems Framework: Response to Six Criticisms [J]. Environmental Innovation and Societal Transitions, 2015, 16: 76-86.

[187] Marquis D G. The Anatomy of Successful Innovations[J]. Innovation, 1969, 1(7): 28-37.

[188] Martin R, Trippl M. System Failures, Knowledge Bases and Regional Innovation Policies[J]. disP-The Planning Review, 2014, 50(1): 24-32.

[189] Mawson S, Brown R. Entrepreneurial Acquisitions, Open Innovation and UK High Growth SMEs[J]. Industry and Innovation, 2017, 24(4): 382-402.

[190] May A D, Kelly C, Shepherd S, et al.. An option Generation Tool for Potential Urban Transport Policy Packages[J]. Transport Policy, 2012, 20: 162-173.

[191] Mazzucato M. The Entrepreneurial State: Debunking Private vs Public Sector Myths[M]. London: Anthem Press,2013.

[192] Mazzucato M, Semieniuk G. Public Financing of Innovation: New

Questions[J]. Oxford Review of Economic Policy, 2017, 33(1): 24-48.

[193] McCollum J, Barber C R. It's a Puzzle: a Self-Organizing Activity[J].
Management Teaching Review, 2017, 2(3): 166-178.

[194] McKelvey M. Using Evolutionary Theory to Define Systems of Innovation.
in Edquist C (eds.). Systems of Innovation, Technologies, Institutions
and Organizations[M]. London: Pinter, 1997.

[195] Meadows D H. Leverage Points: Places to Intervene in a System[M].
Hartland, VT: The Sustainability Institute, 1999.

[196] Mesenbourg T L. Measuring the Digital Economy[R]. US Bureau of the
Census, Suitland, MD, 2001. https://www. census. gov/content/dam/
Census/library/working-papers/2001/econ/umdigital.pdf

[197] Metcalfe J S, Georghiou L. Equilibrium and Evolutionary Foundations of
Technology Policy[R]. STI Review, No. 22 Special Issue on "New
Rationale and Approaches in Technology and Innovation Policy", OECD
Paris, 1998.

[198] Metcalfe J S. Systems Failure and the Case for Innovation Policy.//
Innovation Policy in a Knowledge-Based Economy [M]. Berlin:
Springer, 2005.

[199] Meynhardt T, Chandler J D, Strathoff P. Systemic Principles of Value
Co-Creation: Synergetics of Value and Service Ecosystems[J]. Journal of
Business Research, 2016, 69(8): 2981-2989.

[200] Mickwitz P, Melanen M. The Role of Co-Operation Between Academia
and Policymakers for the Development and Use of Sustainability
Indicators—a Case From the Finnish Kymenlaakso Region[J]. Journal of
Cleaner Production, 2009, 17(12): 1086-1100.

[201] Mihata K. The Persistence of 'Emergence'[J]. Chaos, Complexity &
Sociology: Myths, Models & Theories, 1997, 11: 30-38.

[202] Miles R E, Snow C C, Meyer A D, et al.. Organizational Strategy,
Structure, and Process[J]. Academy of Management Review, 1978, 3
(3): 546-562.

[203] Mintzberg H. Und hier, Meine Damen und Herren, Sehen Sie: Das
Wilde Tier Strategisches Management[J]. Strategy Safari: Eine Reise
Durch Die Wildnis Des Strategischen Managements, 1999, 5: 13-36.

[204] Missiroli A. European Security Policy: the Challenge of Coherence[J].

Eur. Foreign Aff. Rev., 2001, 6: 177.

[205] Mohnen P, Röller L H. Complementarities in Innovation Policy[J]. European Economic Review, 2005, 49(6): 1431-1450.

[206] Mohnen P, Vankan A, Verspagen B. Evaluating the Innovation Box Tax Policy Instrument in the Netherlands, 2007-13[J]. Oxford Review of Economic Policy, 2017, 33(1): 141-156.

[207] Monsef S, Ismail W K W. The Impact of Open Innovation in New Product Development Process [J]. International Journal of Fundamental Psychology & Social Sciences, 2012, 2(1): 7-12.

[208] Mowery D C. The Changing Structure of the US National Innovation System: Implications for International Conflict and Cooperation in R&D Policy[J]. Research Policy, 1998, 27(6): 639-654.

[209] Nagy S. Digital Economy And Society[C]//A Cross Country Comparison Of Hungary And Ukraine, Visnyk Natsionalnogo Tekhichnogo Universytetu Kharkivskyj Politekhnichnyj Instytut Ekonomichni Nauky, 2019,46:1267-1270.

[210] Nambisan S, Lyytinen K, Majchrzak A, et al.. Digital Innovation Management: Reinventing Innovation Management Research in a Digital World[J]. Mis Quarterly, 2017, 41(1):257-301.

[211] Nauwelaers C, Boekholt P, Mostert B, et al.. Policy Mixes for R&D in Europe[M]. Maastricht: European Commission Directorate General for Research, 2009.

[212] Negro S O, Alkemade F, Hekkert M P. Why does Renewable Energy Diffuse so Slowly? A Review of Innovation System Problems [J]. Renewable and Sustainable Energy Reviews, 2012, 16(6): 3836-3846.

[213] Nelson R. Government and Technical Progress[M]. Oxford: Pergamon Press, 1982.

[214] Nelson R. National System of Innovation: A Comparative Study [M]. Oxford: Oxford University Press, 1993.

[215] Nielsen K, Johnson B. Institutions and Economic Change: New Perspectives on Markets, Firms and Technology [M]. Cheltenham: Edward Elgar Publishing, 1998.

[216] Nilsson M, Zamparutti T, Petersen J E, et al.. Understanding Policy Coherence: Analytical Framework and Examples of Sector-Environment

Policy Interactions in the EU[J]. Environmental Policy and Governance, 2012, 22(6): 395-423.

[217] Niosi J. Building National and Regional Innovation Systems [M]. Cheltenham: Edward Elgar Publishing, 2010.

[218] North D C. Institutions, Institutional Change and Economic Performance [M]. Cambridge: Cambridge University Press, 1990.

[219] Nuvolari A, Vasta M. The Ghost in the Attic?: the Italian National Innovation System in Historical Perspective, 1861-2011[J]. Enterprise & Society, 2015, 16(2): 270-290.

[220] OECD. Innovation in the Knowledge Economy[EB/OL]. (2004-04-29) [2019-10-11]. OECD, Pari, http://www. oecd-ilibrary. org/education/ innovation-in-the-knowledge-economy_9789264105621-en.

[221] OECD. The Innovation Policy Mix. OECD Science, Technology and Industry Outlook 2010[R]. Paris: OECD, 2010.

[222] OECD. The Digital Economy [EB/OL]. (2012-04-29) [2019-10-11]. OECD, Paris, http://www. oecd. org/daf/competition/The-Digital-Economy-2012.pdf.

[223] OECD/Eurostat. Oslo Manual 2018: Guidelines for Collecting, Reporting, and Using Data on Innovation[R]. Paris: OECD, 2018.

[224] Oikonomou V, Jepma C J. A Framework on Interactions of Climate and Energy Policy Instruments[J]. Mitigation and Adaptation Strategies for Global Change, 2008, 13(2): 131-156.

[225] Oke A, Burke G, Myers A. Innovation Types and Performance in Growing UK SMEs[J]. International Journal of Operations & Production Management, 2007,27(7):735-53.

[226] OUP. Digital Economy [EB/OL]. (2017-11-09) [2019-10-12]. Oxford Dictionary, https://en. oxforddictionaries. com/definition/digital _ economy.

[227] Pal L A. Beyond Policy Analysis: Public Issue Management in Turbulent Times[M]. Thomson Nelson, 2005.

[228] Patanakul P, Pinto J K. Examining the Roles of Government Policy on Innovation[J]. The Journal of High Technology Management Research, 2014, 25(2): 97-107.

[229] Pavitt K. Sectoral Patterns of Technical Change: Towards a Taxonomy

and a Theory[J]. Research Policy, 1984, 13(6): 343-373.

[230]Penner J E. The Bundle of Rights Picture of Property[J]. Ucla L. Rev., 1995, 43: 711-211.

[231]Perkmann M, Walsh K. University-Industry Relationships and Open Innovation: towards a Research Agenda [J]. International Journal of Management Reviews, 2007, 9(4): 259-280.

[232]Peters B G. The Challenge of Policy Coordination[J]. Policy Design and Practice, 2018, 1(1): 1-11.

[233] Peters J. International Encyclopedia of Political Science [J]. Library Journal, 2011, 136(20):19-58.

[234] Peukert C. The Next Wave of Digital Technological Change and the Cultural Industries[J]. Journal of Cultural Economics, 2019, 43(2): 189-210.

[235]Pierson P. Politics in Time: History, Institutions, and Social Analysis [M]. Princeton University Press, 2004.

[236]Porter M.E. Competitive Strategy[M]. New York: Free Press, 1980.

[237] Porter M E. Competitive Advantage: Creating and Sustaining Superior Performance[M]. New York: Free Press, 1985.

[238] Porter M E. Clusters and the New Economics of Competition [M]. Boston: Harvard Business Review, 1998.

[239]Power D. Culture Industries in Sweden: an Assessment of their Place in the Swedish Economy[J]. Economic Geography, 2002, 78(2): 103-127.

[240] Prahalad C K, Hamel G. The Core Competence of the Corporation, Harvard Business School Pub[J]. Corp., Boston, MA, 1993,25(2):71-91.

[241] Pratt A. The Cultural Industries Production System: a Case Study of Employment Change in Britain, 1984-1991 [J]. Environment and Planning A, 1997, 29(11): 1953-1974.

[242]Quah D. Digital Goods and the New Economy[R]. Centre for Economic Performance, LSE, 2003.

[243]Quinton S, Canhoto A, Molinillo S, Pera R, Budhathoki T. Conceptualising a Digital Orientation: Antecedents of Supporting SME Performance in the Digital Economy[J]. Journal of Strategic Marketing, 2018, 26(5):112-135.

[244] Rayna T. Understanding the Challenges of the Digital Economy: the Nature of Digital Goods[J]. Communications & Strategies, 2008 (71): 13-16.

[245] Reichardt K, Rogge K S. How the Policy Mix and Its Considtency Impact Innovation: Findings from Company Case Studies on Offshore Wind in Germany[J]. Working Paper Sustainability and Innovation, No. S 7, 2014.

[246] Reichardt K, Negro S O, Rogge K S, Hekkert M P. Analyzing Interdependencies between Policy Mixes and Technological Innovation Systems: the Case of Offshore Wind in Germany[J]. Technol. Forecast. Soc. Change, 2016, 106: 11-21.

[247] Richter C, Kraus S, Brem A, et al.. Digital Entrepreneurship: Innovative Business Models for the Sharing Economy[J]. Creativity and Innovation Management, 2017, 26(3): 300-310.

[248] Ring I, Schröter-Schlaack C. Instrument Mixes for Biodiversity Policies [R]. Helmholtz Centre for Environmental Research, 2011.

[249] Robert E B. What We've Learned: Managing Invention and Innovation [J]. Research Technology Management, 1988, 31(1): 11-29.

[250] Rogge K S, Schmidt T S, Schneider M. Relative Importance of Different Climate Policy Elements for Corporate Climate Innovation Activities[R]. ETH Zurich, 2011.

[251] Rogge K S, Reichardt K. Towards a More Comprehensive Policy Mix Conceptualization for Environmental Technological Change: a Literature Synthesis[J]. Working Paper Sustainability and Innovation, No. S 5, 2013.

[252] Rogge K S, Reichardt K. Policy Mixes for Sustainability Transitions: an Extended Concept and Framework for Analysis [J]. Research Policy, 2016, 45(8): 1620-1635.

[253] Rothwell R, Zegveld W. Industrial Innovation and Public Policy: Preparing for the 1980s and the 1990s [M]. London: Frances Pinter, 1981.

[254] Rothwell R, Zegveld W. The General Problem of Government Intervention and the Main Forms of Government Influence on Technical Innovation [J]. Industrial Innovation and Public Policy, 1982, 10: 46-54.

［255］Rotmans J, Kemp R, Van Asselt M. More Evolution Than Revolution: Transition Management in Public Policy［J］. Foresight, 2001, 3（1）: 15-31.

［256］Rouse M. Digital Economy［EB/OL］.（2016-12-09）［2019-12-11］. Techtarget, Newton, MA, http://searchcio. techtarget. com/definition/ digital-economy.

［257］Rowley J, Baregheh A, Sambrook S. Towards an Innovation-Type Mapping Tool［J］. Management Decision, 2011, 49（1）: 73-86.

［258］Russo M, Caloffi A, Rossi F, et al.. Innovation Intermediaries as a Response to System Failures: Creating the Right Incentives.// Geography, Open Innovation and Entrepreneurship［M］. Cheltenham: Edward Elgar Publishing, 2018.

［259］Salamon L M, Lund M S. The Tools Approach: Basic Analytics［J］. Beyond Privatization: the Tools of Government Action, 1989: 23-50.

［260］Salamon L M. The New Governance and the Tools of Public Action: an Introduction［J］. Fordham Urb. LJ, 2000, 28: 1611-1650.

［261］Salamon L M. The Tools of Government, a Guide to the New Governance ［M］. Oxford: Oxford University Press, 2002.

［262］Samuelson P, Hill P, Wheatland T. Statutory Damages: A Rarity in Copyright Laws Pross, A. P. Pressure Groups: Talking Chameleons. in Whittington M S, Williams G（eds.）. Canadian Politics in the 1990s ［M］. Toronto, ON: Nelson Canada, 1995.

［263］Samuelson P, Wheatland T. Statutory Damages in Copyright Law: a Remedy in Need of Reform［J］. Wm. & Mary L. Rev., 2009, 51（2）: 543-548.

［264］Samuelson P. Is Copyright Reform Possible?［J］. HARV. L. REV., 2013,126:740-784.

［265］Santagata W. Two Models of Creativity: Technological Innovation and Social Quality［M］.Berlin: Springer, 2010.

［266］Sawhney M, Wolcott R C, Arroniz I. The 12 Different Ways for Companies to Innovate［J］. MIT Sloan Management Review, 2006, 47 （3）: 75-81.

［267］Saxenian A L. Regional Advantage: Culture and Competition in Silicon Valley and Rout 128 e［M］. Cambridge: Harvard University Press, 1994.

[268] Schlesinger P. Expertise, the Academy and the Governance of Cultural Policy[J]. Media, Culture & Society, 2013, 35(1): 27-35.

[269] Schmidt T S, Schneider M, Rogge K S, et al.. The Effects of Climate Policy on the Rate and Direction of Innovation: a Survey of the EU ETS and the Electricity Sector [J]. Environmental Innovation and Societal Transitions, 2012, 2: 23-48.

[270] Schneider A, Ingram H. Behavioral Assumptions of Policy Tools[J]. The Journal of Politics, 1990, 52(2): 510-529.

[271] Schumpeter J A. The Theory of Economic Development, Cambridge[M]. Cambridge: Harvard University Press, 1934.

[272] Schumpeter J A. Capitalism, Socialism, and Democracy[M]. New York: George Allen and Unwin, 1942.

[273] Schumpeter J A. Essays on Economic Topics[M]. New York: Kennikat Press, 1951.

[274] Scott A, Storper M. Regions, Globalization, Development[J]. Regional Studies, 2003, 37(6-7): 579-593.

[275] Scott S G, Bruce R A. Decision-making Style: the Development and Assessment of a New Measure [J]. Educational and Psychological Measurement, 1995, 55(5): 818-831.

[276] Sebok A J. The Inauthentic Claim[J]. Vand. L. Rev., 2011, 64(1): 61-139.

[277] Shapiro C, Varian H R, Becker W E. Information Rules: a Strategic Guide to the Network Economy [J]. Journal of Economic Education, 1999, 30: 189-190.

[278] Singh N. Information Technology and Rural Development in India[J]. Integrating the Rural Poor into Markets, 2004: 221-246.

[279] Sinha I. Cost Transparency: The Net's Real Threat to Prices and Brands [J]. Harvard Business Review, 2000, 78(2): 43-50.

[280] Slaper T F, Hart N R, Hall T J, et al.. The Index of Innovation: a New Tool for Regional Analysis[J]. Economic Development Quarterly, 2011, 25(1): 36-53.

[281] Smith A, Raven R. What is Protective Space? Reconsidering Niches in Transitions to Sustainability[J]. Research Policy, 2012, 41(6): 1025-1036.

[282] Smith K. Economic Iinfrastructures and Innovation Systems. In Edquist C (eds.). Systems cf Innovation: Technologies, Institutions and Organisations[M]. London: Pinter, 1997.

[283] Smith K. Innovation as a Systemic Phenomenon: Rethinking the Role of Policy. In Bryant K, Wells A (eds.). A New Economic Paradigm? Innovation-Based Evolutionary Systems, Commonwealth of Australia, Canberra: Department of Industry, Science and Resources, Science and Technology Policy Branch, 1999.

[284] Smits R, Kuhlmann S. The Rise of Systemic Instruments in Innovation Policy[J]. International Journal of Foresight and Innovation Policy, 2004, 1(1-2): 4-32.

[285] Smits R, Kuhlmann S, Shapira P. The Theory and Practice of Innovation Policy[M]. Cheltenham: Edward Elgar Publishing, 2010.

[286] Soete L, Corpakis D. R&D for Competitiveness and Employment—the Role of Benchmarking[R]. IPTS report, 2003.

[287] Sorrell S, Sijm J. Carbon Trading in the Policy Mix[J]. Oxford Review of Economic Policy, 2003, 19(3): 420-437.

[288] Spender J C, Kessler E H. Managing the Uncertainties of Innovation: Extending Thompson (1967)[J]. Human Relations, 1995, 48(1): 35-56.

[289] Stacey R D. Complexity and Creativity in Organizations [M]. San Franisco: Berrett-Koehler Publishers, 1996.

[290] Stähler P. Business Models as an Unit of Analysis for Strategizing[C]. International Workshop on Business Models, Lausanne, Switzerland. 2002.

[291] Stewart J. Public Policy Values[M]. Basingstoke: Palgrave Macmillan, 2009.

[292] Stiglitz J E. Information and the Change in the Paradigm in Economics [J]. American Economic Review, 2002, 92(3): 460-501.

[293] Tapscott D. The Digital Economy: Promise and Peril in the Age of Networked Intelligence[M]. New York: McGraw-Hill, 1996.

[294] Teece D J. Profiting from Technological Innovation: Implications for Integration, Collaboration, Licensing and Public Policy [J]. Research Policy, 1986, 15(6): 285-305.

[295] Teece D J. Managing Intellectual Capital: Organizational, Strategic, and Policy Dimensions[M]. New York: Oxford University Press, 2000:103.

[296] Teece D J. Reflections on 'Profiting from Innovation' [J]. Research Policy, 2006, 35(8): 1131-1146.

[297] Teece D J. Business Models, Business Strategy and Innovation[J]. Long Range Planning, 2010, 43(2-3): 172-194.

[298] Tehranian J. Infringement Nation: Copyright Reform and the Law/Norm Gap[J]. Utah L Rev, 2007, 55: 537-543.

[299] Terjesen S, Patel P C. In Search of Process Innovations: the Role of Search Depth, Search Breadth, and the Industry Environment [J]. Journal of Management, 2017, 43(5): 1421-1446.

[300] Tidd J, Bessant J, Pavitt K. Managing Innovation, Integrating Technological, Market and Organizational Change[M]. Chichester: John Wiley & Sons, 2005.

[301] Tietje C. Concept of Coherence in the Treaty on European Union and the Common Foreign and Security Policy[J]. The Eur. Foreign Aff. Rev., 1997, 2: 211.

[302] Towse R. Creativity, Copyright and the Creative Industries Paradigm[J]. Kyklos, 2010, 63(3): 461-478.

[303] Trott P, Hartmann D A P. Why 'Open Innovation' is Old Wine in New Bottles[J]. International Journal of Innovation Management, 2009, 13 (4): 715-736.

[304] Turnheim B, Geels F W. The Destabilisation of Existing Regimes: Confronting a Multi-Dimensional Framework with a Case Study of the British Coal Industry (1913-1967) [J]. Research Policy, 2013, 42 (10): 1749-1767.

[305] Tushman M L, Anderson P. Technological Discontinuities and Organizational Environments[J]. Administrative Science Quarterly, 1986, 11(2): 439-465.

[306] Twomey P. Rationales for Additional Climate Policy Instruments Under a Carbon Price[J]. Econ. Labour Relat. Rev. 2012, 23: 7-30.

[307] UNCTAD & UNDP. Creative Economy Report 2008. The Challenge of Assessing the Creative Economy Towards Informed Policy Making, United Nations [EB/OL]. (2008-02-21) [2019-12-12]. http://www.

unctad. org/en/docs/ditc20082cer_en. pdf.

[308]Unruh G C. Understanding Carbon Lock-in[J]. Energy Policy, 2000, 28 (12): 817-830.

[309]Unruh G C. Escaping Carbon Lock-in[J]. Energy Policy, 2002, 30(4): 317-325.

[310]Urabe K, Child J, Kagono T. Innovation and Management: International Comparisons[M]. Berlin: Walter de Gruyter, 1988.

[311]Utterback J M, Afuah A N. The Dynamic 'Diamond': a Technological Innovation Perspective [J]. Economics of Innovation and New Technology, 1998, 6(2-3): 183-200.

[312]Van de Ven A H. Central Problems in the Management of Innovation[J]. Management science, 1986, 32(5): 590-607.

[313] Van De Vrande V, Vanhaverbeke W, Gassmann O. Broadening the Scope of Open Innovation: Past Research, Current State and Future Directions[J]. International Journal of Technology Management, 2010, 52(3): 221-235.

[314] Van Houweling M S. Author Autonomy and Atomism in Copyright Law [J]. Virginia Law Review, 2010: 549-642.

[315]Van Meter D S, Van Horn C E. The Policy Implementation Process: a Conceptual Framework[J]. Administration & Society, 1975, 6(4): 445-488.

[316]Vedung E, Bemelmans-Videc M, Rist R. Policy Instruments: Typologies and Theories[J]. Carrots, Sticks, and Sermons: Policy Instruments and Their Evaluation, 1998, 5: 21-58.

[317]Vedung E, Rist R C, Bemelmans-Videc M L. Sticks & Sermons: Policy Instruments & Their Evaluation[M]. London: Transaction, 2003.

[318]Veugelers R, Schweiger H. Innovation Policies in Transition Countries: One Size Fits All? [J]. Economic Change and Restructuring, 2016, 49 (2-3): 241-267.

[319] Vollebergh H. Impacts of Environmental Policy Instruments on Technological Change[R]. OECD, Paris. 2007.

[320]Watkins K E, Ellinger A D, Valentine T. Understanding Support for Innovation in a Large Scale Change Effort: the Manager as Instructor Approach[J]. Human Resource Development Quarterly, 1999, 10(1):

63-77.

[321] Weber K M, Rohracher H. Legitimizing Research, Technology and Innovation Policies for Transformative Change: Combining Insights from Innovation Systems and Multi-level Perspective in a Comprehensive 'Failures' Framework[J]. Research Policy, 2012, 41(6): 1037-1047.

[322] Weber K M, Truffer B. Moving Innovation Systems Research to the Next Level: Towards an Integrative Agenda[J]. Oxford Review of Economic Policy, 2017,33(1): 21-101.

[323] Wegloop P. Linking Firm Strategy and Government Action: Towards a Resource-based Perspective in Innovation and Technology Policy[J]. Technology in Society, 1995, 17(4): 413-428.

[324] Werbach K. Syndication: the Emerging Model for Business in the Internet Era[J]. Harvard Business Review, 2000, 78(3): 85-85.

[325] West J, Bogers M. Open Innovation: Current Status and Research Opportunities[J]. Innovation, 2017, 19(1): 43-50.

[326] Wheatley M J, Kellner-Rogers M. Self-organization: the Irresistible Future of Organizing[J]. Strategy & Leadership, 1996, 24(4): 18-24.

[327] Whitehouse. A Strategy for American Innovation: Securing our Economic Growth and Prosperity [EB/OL]. (2011-2-4) [2018-12-01]. https://obamawhitehouse. archives. gov/sites/default/files/uploads/InnovationStrategy. pdf.

[328] Wolfe D. Clusters Old and New: the Transition to a Knowledge Economy in Canada's Regions[M]. Ottawa: Carleton University Press, 2003.

[329] Woolthuisa R K, Lankhuizenb M, Gilsingc V A. System Failure Framework for Innovation Policy Design[J]. Technovation, 2005, 25 (6): 609-619.

[330] Yoo Y, Boland Jr R J, Lyytinen K, et al.. Organizing for Innovation in the Digitized World[J]. Organization Science, 2012, 23(5): 1398-1408.

[331] Yu D, Hang C C. A Reflective Review of Disruptive Innovation Theory [J]. International Journal of Management Reviews, 2010, 12(4): 435-452.

[332] Zahra S A.Predictors and Financial Outcomes of Corporate Entrepreneurship: an Exploratory Study[J]. Journal of Business Venturing, 1991, 6(4):

259-285.

[333] Zelazny R, Pietrucha J. Measuring Innovation and Institution：the Creative Economy Index［J］. Quarterly Journal of Economics and Economic Policy，2017，12(1)：43-62.

[334] Zhilenkova E, Budanova M, Bulkhov N, et al.. Reproduction of Intellectual Capital in Innovative-Digital Economy Environment［C］. IOP Conference Series：Materials Science and Engineering. IOP Publishing，2019.

[335] Zimmermann A, Schmidt R, Jugel D, et al.. Evolving Enterprise Architectures for Digital Transformations［R］. Gesellschaft für Informatik eV，2015.

[336] Zinnbauer D. Technology, Justice and Imagination：Intellectual Property Rule-Making for the Digital Economy［J］. London School of Economics and Political Science, Development Studies Institute Working Paper, 2004 (4)：47.

[337] 埃米·威尔金森. 创新者的密码：未来企业家必备的6大技能［M］. 杭州：浙江人民出版社，2015.

[338] H. 哈肯. 协同学［M］. 北京：原子能出版社，1984.

[339] H. 哈肯. 高等协同学［M］. 北京：科学出版社，1989.

[340] H. 哈肯. 协同学：大自然构成的奥秘［M］. 上海：上海译文出版社，1995.

[341]［美］拉里·唐斯，保罗·纽恩斯. 大爆炸式创新［M］. 杭州：浙江人民出版社，2014.

[342] L. A. 怀特，著. 文化的科学：人类与文明研究［M］. 沈原，等，译. 济南：山东人民出版社，1988：133.

[343] V. W. 拉坦. 诱致性制度变迁理论. //R. 科斯，A. 阿尔钦，D. 诺斯，著，财产权利与制度变迁［M］. 上海：上海三联书店，1994.

[344] 白烈湖. 协同论与管理协同理论［J］. 甘肃社会科学，2007(5)：228-230.

[345] 曹如中，等. 创意产业价值转换机理及价值实现路径研究［J］. 科技进步与对策，2010，27(20)：61-64.

[346] 常静. 重视"需求侧"创新政策，完善新时期创新政策体系［J］. 科技管理研究，2012，22：31-34.

[347] 常远. 法治系统工程：实现依法治国方略的科学途径［J］. 现代法

学, 1999(5)：95-102.

[348]陈劲, 阳银娟. 协同创新的理论基础与内涵[J]. 科学学研究, 2012, 30 (02)：161-164.

[349]陈向东. 我国技术创新政策效用实证分析[J]. 科学学研究, 2004, 22(1)：108-112.

[350]陈振明. 政策科学[M]. 北京：中国人民大学出版社, 1998.

[351]成琪. 中国人民大学首次发布"中国文化消费指数"[EB/OL]. (2013-11-11)［2018-12-11］. 中国经济网, http://www. ce. cn/culture/gd/201311/11/t20131111_1732472. shtml.

[352]程鸿. 走近数字出版[J]. 科技与出版, 2005(5)：76-76.

[353]崔雪, 郭伟伟. 政策组合创新研究[J]. 合作经济与科技, 2016(8)：38-39.

[354]邓伟根. 产业经济学研究[M]. 北京：经济管理出版社, 2001：163.

[355]杜宝贵, 张满胜, 于彩虹. 公共政策选择中价值冲突根源探析[J]. 东北大学学报(社会科学版), 2003, 5(6)：429-431.

[356]冯晓青. 著作权之立法宗旨研究[J]. 月旦民商法杂志, 2007(15)：91-104.

[357]冯震宇. 知识经济时代之知识产权问题与挑战[J]. 经社法制论丛, 2002(30)：81-118.

[358]高树枝. 论制度与技术共同决定经济增长[J]. 西北大学学报(哲学社会科学版), 1999 (3)：144-148.

[359]郭淑芬, 赵晓丽, 郭金花. 文化产业创新政策协同研究——以山西为例[J]. 经济问题, 2017(4)：76-81.

[360]郭治安. 协同学入门[M]. 成都：四川人民出版社, 1988.

[361]郭治安, 沈小峰. 协同论[M]. 太原：山西经济出版社, 1991.

[362]郝振省. 2008 我国数字版权保护研究报告[M]. 北京：中国书籍出版社, 2008.

[363]郝振省. 2005—2013 年中国数字文化产业年度报告[M]. 北京：中国书籍出版社, 2013.

[364]郝振省. 2010—2011 年中国数字出版年度报告(摘要)[J]. 出版参考, 2011(21)：9-10.

[365]胡惠林. 我国文化产业政策文献研究综述 1999—2009[M]. 上海：上海人民出版社, 2010.

[366]霍宪丹，常远，薛惠锋．如何理解系统视角下的"管理"和"模式" [R]．"世界化时代卓越治理与社会系统工程"计划研究报告，社会 系统工程专家组．北京实现者社会系统工程研究院，2008．

[367]基思·威利茨．数字经济大趋势：正在到来的商业机遇[M]．北京： 人民邮电出版社，2013．

[368]焦海涛．论"促进型"经济法的优越性[J]．安徽大学学报：哲学社会 科学版，2010（4）：147-156．

[369]孔祥俊．以创新的思路保护创新——当前知识产权审判新思考[J]． 人民司法·应用，2013（9）：31-39．

[370]李钢，马丽梅．创新政策体系触及的边界：由市场与政府关系观察 [J]．改革，2015（3）：27-37．

[371]李晓伟．技术创新与制度创新的互动规律及其对我国建设创新型国 家的启示[J]．科技进步与对策，2009，26（17）：1-4．

[372]连燕华．关于技术创新政策体系的思考[J]．科学学与科学技术管 理，1999，20（4）：12-14．

[373]林欣吾．从创新政策循环角度看创新政策的评估[J]．科技发展政策 导报（台湾），2006（10）：1143-1153．

[374]刘邦凡，何太淑，周海娟．论公共政策的系统性与生态性[J]．经济 视角，2010（4）：65-69．

[375]刘凤朝，孙玉涛．我国科技政策向创新政策演变的过程、趋势与建 议——基于我国289项创新政策的实证分析[J]．中国软科学，2007 （5）：34-42．

[376]刘凤朝，马荣康．公共科技政策对创新产出的影响——基于印度的 模型构建与实证分析[J]．科学学与科学技术管理，2012，33（5）： 5-14．

[377]刘海啸．战略层次与战略形态[J]．西安邮电学院学报，1999（2）： 42-47．

[378]刘华，黄金池．我国消费者知识产权知行现状及政策应对——基于 知识产权文化政策视角[J]．中国软科学，2018，333（9）：45-58．

[379]刘肖，董子铭．我国数字出版产业协同发展路径分析[J]．出版发行 研究，2012（2）：49-52．

[380]伦德瓦尔．创新是一个相互作用的过程[M]//多西，等，著，技术 进步与经济理论．北京：经济科学出版社，1992．

[381]罗伯特·K.默顿．社会研究与社会政策[M]．上海：生活·读书·

新知三联书店，2001.

[382]马雪芬，等．2014—2015 我国出版传媒业融合发展创新报告［EB/OL］．（2015-02-10）［2018-10-12］．http：//www.chinesebk.com/Article/yanjiu/pinglun/201502/18593.html.

[383]纳尔逊．美国支持技术进步的制度［M］//多西，等，著，技术进步与经济理论．北京：经济科学出版社，1992.

[384]聂震宁．数字文化：距离成熟还有长路要走［J］．出版科学，2009（1）：5-9.

[385]潘开灵，白烈湖．管理协同理论及应用［M］．北京：经济管理出版社，2006.

[386]彭纪生，孙文祥，仲为国．中国技术创新政策演变与绩效实证研究（1978—2006）［J］．科研管理，2008（4）：134-150.

[387]尚林，林泉．论技术创新和制度创新的关系——从四次技术革命中得到的启示［J］．中国科技论坛，2004(1)：42-45.

[388]尚烨．第六届中国数字出版博览会在京召开［J］．出版参考，2015（13）：69.

[389]沈琼，王少朋．技术创新，制度创新与中部地区产业转型升级效率分析［J］．中国软科学，2019（4）：176-183.

[390]宋战利．中国文学期刊的危机与发展机遇探讨［J］．中国出版，2010（10）：28-30.

[391]孙斌，彭纪生．中国知识产权保护政策与创新政策的协同演变研究［J］．科技管理研究，2010，30(1)：33-35.

[392]孙延凤．从"源数据中心论"到"数字出版介质中心论"——关于数字出版若干问题的思考［J］．中国出版，2007(11)：40-42.

[393]陶学荣．公共政策学［M］．大连：东北财经大学出版社，2006.

[394]王艾青．技术创新、制度创新与产业创新的关系分析［J］．当代经济研究，2005(8)：31-34.

[395]王红．浅谈我国数字出版的发展与前景［J］．新闻传播，2014(03)：278-280.

[396]王太平．知识产权制度的未来［J］．法学研究，2011(3)：82-93.

[397]王小龙．经济转型与激励机制——政府治理与私人交易中的契约设计［M］．北京：经济科学出版社，2005：53.

[398]王忠民，高树枝．制度和技术共同决定论［J］．人文杂志，1997（3）：44-48.

[399]魏宏森，曾国屏．系统论——系统科学哲学[M]．北京：清华大学出版社，1995.

[400]吴汉东．中国应建立以知识产权为导向的公共政策体系[J]．中国发展观察，2007(5)：4-6.

[401]吴汉东．知识产权法价值的我国语境解读[J]．中国法学，2013(4)：15-26.

[402]吴金玉，胡斌，杨坤．技术创新网络的一个知识协同模型：共生理论与协同学的融合视角[J]．科技管理研究，2019，39(4)：85-91.

[403]吴世宦．建立"法治体制"是政治体制改革的第一步[J]．甘肃政法学院学报，1989(1)：6-12.

[404]吴思华．知识世纪的产业创新：议题与对策[J]．科技政策报导，2000(2)：595-615.

[405]项保华．多目标决策的价值判断[J]．管理学家：实践版，2012(5)：110-111.

[406]肖冰，肖尤丹，许可．知识产权司法保护与企业创新的互动机制研究——基于专利侵权诉讼的分析[J]．科研管理，2019(12)：172-181.

[407]肖洋．数字出版产业集群发展动力、困境与对策[J]．现代出版，2014(6)：16-19.

[408]熊彼特．经济发展理论[M]．北京：中国画报出版社，2012.

[409]熊继宁．关于建立综合集成立法决策支持系统的设想[J]．系统工程理论与实践，2006，26(2)：108-117.

[410]徐喆，李春艳．我国科技政策演变与创新绩效研究——基于政策相互作用视角[J]．经济问题，2017(1)：11-16.

[411]杨吉华．文化产业政策研究[D]．中共中央党校博士论文，2007：50.

[412]杨嘉．新闻出版总署发布《2009年新闻出版产业分析报告》[J]．出版发行研究，2010(8)：47-47.

[413]杨建广，骆梅芬．法治系统工程[M]．广州：中山大学出版社，1996.

[414]易继明．遏制专利蟑螂——评美国专利新政及其对我国的启示[J]．法律科学，2014(2)：174-183.

[415]于景元．从定性到定量综合集成方法及其应用[J]．中国软科学，1993(5)：31-35.

[416]俞梅荪．我国经济法治系统工程研究的世纪走向[J]．现代法学，

2000(1)：91-94.

[417]袁庆明.技术创新与制度创新的关系理论评析[J].中州学刊,2002(1)：51-53.

[418]袁旭梅,蔡书文,王伟,等.高新技术产业协同创新系统建模与仿真[J].科技进步与对策,2018,35(4)：63-71.

[419]袁永,李妃养,张宏丽.基于创新过程的科技创新政策体系研究[J].科技进步与对策,2017(12)：98-104.

[420]约翰·霍金斯,著.创意经济——如何点石成金[M].洪庆福,等,译.上海：上海三联书店,2006：87.

[421]张博,等.浅析数字文化版权保护现状及其对策[J].出版发行研究,2010(4)：58-60.

[422]张建明.论数字出版泛化的出版概念对出版产业的影响[J].出版发行研究,2009(3)：52-54.

[423]张立,汤雪梅.月下沉吟久几时锦字裁——中国数字文化业十年发展历程及趋势预测[J].编辑之友,2012(1)：85-88.

[424]张立,王飚.转型升级之年的中国数字出版——2013—2014中国数字出版产业年度报告(摘要)[J].出版发行研究,2014(9)：5-9.

[425]张立.数字出版相关概念的比较分析[J].中国出版,2007(2)：11-14.

[426]赵玉林,谷军健.技术与制度协同创新机制及对产业升级的协同效应[J].中国科技论坛,2018(3)：1-9.

[427]赵志耘,杨朝峰.创新范式的转变：从独立创新到共生创新[J].中国软科学,2015(11)：155-160.

[428]仲为国,彭纪生,孙文祥.政策测量、政策协同与技术绩效：基于中国创新政策的实证研究(1978—2006)[J].科学学与科学技术管理,2009(3)：54-60.

[429]周树林,王义智,等.企业需要的创新地图2：新生意,从数位经济做起[M].台北：资策会产业情报研究所,2017.

[430]周小亮,李婷.技术创新与制度创新协同演化下促进经济增长的条件研究[J].东南学术,2017(01)：194-202,253.

[431]周莹,刘华.知识产权公共政策的协同运行模式研究[J].科学学研究,2010,28(3)：351-356.

[432]庄子银,邹薇.制度、制度结构与经济绩效[J].经济译文,1995(5)：1-5.

附录：2005—2018 年数字文化产业创新相关政策

序号	发布时间	发布机关	文件名称
1	2005 年	国家新闻出版总署	《关于印发中国出版政府奖评奖章程的通知》
2	2005 年	国家版权局、信息产业部	《互联网著作权行政保护办法》
3	2005 年	国家标准化管理委员会	《标准网络出版发行管理规定(试行)》
4	2005 年	国家新闻出版总署	《关于禁止利用网络游戏从事赌博活动的通知》
5	2005 年	国家新闻出版总署	《关于认定淫秽与色情声讯的暂行规定》
6	2005 年	国家新闻出版总署	《关于对有关进口光盘复制生产设备工作流程的规定作出适当调整的公告》
7	2006 年	国家新闻出版总署	《关于深化出版发行体制改革工作实施方案》
8	2006 年	财政部等 10 部门	《关于推动我国动漫产业发展若干意见》
9	2006 年	国务院	《信息网络传播权保护条例》
10	2006 年	国家新闻出版总署	《关于加强版号管理暨进一步查处"买卖版号"行为的通知》
11	2006 年	中央宣传部、国务院纠风办、新闻出版总署、国家邮政局	《关于采取切实措施规范报刊发行秩序的通知》
12	2006 年	国家新闻出版总署	《关于禁止报刊刊载部分类型广告的通知》
13	2006 年	国家新闻出版总署	《关于核发出版物进口经营许可证及实行年检制度的通知》
14	2006 年	新闻出版总署、商务部、海关总署	《关于加强对承接境外印刷复制业务监管的紧急通知》

续表

序号	发布时间	发布机关	文件名称
15	2007 年	中共中央办公厅、国务院办公厅	《关于加强网络文化建设和管理的意见》
16	2007 年	国家新闻出版总署	《音像制品制作管理规定》
17	2007 年	国家新闻出版总署	《出版专业技术人员职业资格管理规定》
18	2007 年	国家新闻出版总署	《关于进一步做好出版发行领域不正当交易行为自查自纠工作的通知》
19	2007 年	国家新闻出版总署	《关于加强音像制品、电子出版物和网络出版物审读工作的通知》
20	2007 年	国家新闻出版总署、中央文明办、教育部等 8 部门	《关于保护未成年人身心健康实施网络游戏防沉迷系统的通知》
21	2007 年	国家新闻出版总署	《关于规范利用互联网从事印刷经营活动的通知》
22	2007 年	国家新闻出版总署	《关于贯彻落实中央两办加强网络文化建设和管理工作要求的通知》
23	2008 年	文化部	《关于扶持我国动漫产业发展的若干意见》
24	2008 年	财政部	《中央补助地方文化体育与传媒事业发展专项资金管理暂行办法》
25	2008 年	国务院办公厅	《关于印发文化体制改革中经营性文化事业单位转制为企业和支持文化企业发展两个规定的通知》
26	2008 年	国家新闻出版总署	《电子出版物出版管理规定》
27	2008 年	国家新闻出版总署	《取消音像制品统一性防伪标识的公告》
28	2008 年	国家新闻出版总署	《图书出版管理规定》
29	2008 年	国家新闻出版总署	《电子出版物出版管理规定》
30	2008 年	国家测绘局、外交部、公安部等 8 部门	《关于加强互联网地图和地理信息服务网站监管的意见》
31	2008 年	国家新闻出版总署	《关于音像制品进口管理职能调整及进口音像制品内容审查事项的通知》

续表

序号	发布时间	发布机关	文件名称
32	2008 年	国家新闻出版总署、商务部、海关总署	《关于音像制品进口及市场管理有关问题的公告》
33	2009 年	财政部、国家税务总局	《关于扶持动漫产业发展有关税收政策问题的通知》
34	2009 年	国家新闻出版总署	《关于促进我国音像业健康有序发展的若干意见》
35	2009 年	财政部、海关总署、国家税务总局	《关于支持文化企业发展若干税收政策问题的通知》
36	2009 年	国务院	《文化产业振兴规划》
37	2009 年	最高人民法院	《关于贯彻实施国家知识产权战略若干问题的意见》
38	2009 年	版权局	《著作权行政处罚实施办法》
39	2009 年	国家新闻出版总署	《复制管理办法》
40	2009 年	中央编办	《关于印发〈中央编办对文化部、广电总局、新闻出版总署《"三定"规定》中有关动漫、网络游戏和文化市场综合执法的部分条文的解释〉的通知》
41	2009 年	国家新闻出版总署、国家版权局、全国"扫黄打非"工作小组办公室	《关于贯彻落实国务院〈"三定"规定〉和中央编办有关解释，进一步加强网络游戏前置审批和进口网络游戏审批管理的通知》
42	2009 年	国家新闻出版总署、商务部	《关于〈外商投资图书、报纸、期刊分销企业管理办法〉的补充规定》
43	2009 年	财政部、国家税务总局、中宣部	《关于转制文化企业名单及认定问题的通知》
44	2009 年	财政部	《关于文化体制改革中经营性文化事业单位转制为企业的若干税收优惠政策的通知》
45	2009 年	国家新闻出版总署	《报纸期刊审读暂行办法》
46	2009 年	国家新闻出版总署	《关于进一步加强和改进报刊出版管理工作的通知》
47	2009 年	国家新闻出版总署	《书号实名申领管理办法(试行)》

续表

序号	发布时间	发布机关	文件名称
48	2009 年	国家新闻出版总署	《关于加强对进口网络游戏审批管理的通知》
49	2009 年	国家新闻出版总署	《新闻出版总署(国家版权局)行政审批工作规程》
50	2010 年	国家新闻出版总署	《关于加快我国数字文化产业发展的若干意见》
51	2010 年	国家新闻出版总署	《关于进一步推动新闻出版产业发展的指导意见》
52	2010 年	国家新闻出版总署	《关于发展电子书产业的意见》
53	2010 年	国家新闻出版总署	《关于进一步推进新闻出版体制改革的指导意见》
54	2010 年	国家新闻出版总署	《关于促进出版物网络发行健康发展的通知》
55	2010 年	国家新闻出版总署	《关于加强报刊传播证券期货信息管理工作的若干规定》
56	2010 年	商务部等 10 部门	《关于进一步推进国家文化出口重点企业和项目目录相关工作的指导意见》
57	2010 年	中央宣传部等 9 部委	《关于金融支持文化产业振兴和发展繁荣的指导意见》
58	2010 年	国务院	《关于鼓励和引导民间投资健康发展的若干意见》
59	2010 年	全国人民代表大会常务委员会	《2010 年中华人民共和国著作权法》
60	2010 年	国家版权局、公安部、信息产业部	《2010 年打击网络侵权盗版专项治理"剑网行动"方案》
61	2010 年	文化部	《网络游戏管理暂行办法》
62	2010 年	国家新闻出版总署	《报纸期刊出版质量综合评估办法(试行)》
63	2010 年	国家新闻出版总署	《关于加强报刊管理严肃查处违规出版活动的通知》
64	2010 年	国家新闻出版总署(国家版权局、国家新闻出版署)	《关于依法依规将电子书纳入审批管理的通知》
65	2011 年	新闻出版总署	《新闻出版业"十二五"时期发展规划》

续表

序号	发布时间	发布机关	文件名称
66	2011 年	中共中央	《关于深化文化体制改革推动社会主义文化大发展大繁荣若干重大问题的决定》
67	2011 年	国务院	《修改〈出版管理条例〉的决定》
68	2011 年	最高人民法院、最高人民检察院、公安部	《关于办理侵犯知识产权刑事案件适用法律若干问题的意见》
69	2011 年	国务院	《音像制品管理条例》
70	2011 年	国家新闻出版总署	《数字印刷管理办法》
71	2011 年	国家新闻出版总署	《出版物市场管理规定》
72	2011 年	国家新闻出版总署	《关于下发〈〈中国标准录音制品编码〉国家标准实施办法〉和〈音像电子出版物专用书号管理办法〉的通知》
73	2011 年	国家新闻出版总署	《数字印刷管理办法》
74	2012 年	国家新闻出版总署	《关于加快出版传媒集团改革发展的指导意见》
75	2012 年	文化部	《"十二五"时期文化产业倍增计划》
76	2012 年	文化部	《"十二五"时期国家动漫产业发展规划》
77	2012 年	文化部	《"十二五"文化科技发展规划》
78	2012 年	国家新闻出版总署	《关于调整"十二五"国家重点图书、音像、电子出版物出版规划的通知》
79	2012 年	科学技术部、财政部、文化部等 6 部门	《国家文化科技创新工程纲要》
80	2012 年	中共中央办公厅、国务院办公厅	《"十二五"时期文化改革发展规划纲要》
81	2012 年	国务院法制办	《网络出版服务管理办法》(修订征求意见稿)
82	2012 年	国家新闻出版总署	《〈中国标准录音制品编码〉(GB/T 13396—2009)国家标准实施办法》
83	2012 年	国家新闻出版总署	《音像电子出版物专用书号管理办法》
84	2012 年	国家新闻出版总署	《关于做好非时政类报刊出版单位体制改革涉及行政审批事项申报材料报送工作的通知》

续表

序号	发布时间	发布机关	文件名称
85	2012 年	国家新闻出版总署	《关于贯彻实施〈MPR 出版物〉系列国家标准的通知》
86	2013 年	国家新闻出版总署	《2013 年新闻出版改革发展工作要点》
87	2013 年	文化部	《"十二五"时期公共文化服务体系建设实施纲要》
88	2013 年	文化部	《信息化发展纲要》
89	2013 年	国家新闻出版广电总局办公厅	《关于加强数字文化内容投送平台建设和管理的指导意见》
90	2013 年	国务院	《关于促进信息消费扩大内需的若干意见》
91	2013 年	国家新闻出版广电总局办公厅	《新闻出版行业标准化管理办法》
92	2014 年	国家新闻出版广电总局、财政部	《关于推动新闻出版业数字化转型升级的指导意见》
93	2014 年	财政部	《关于延续宣传文化增值税和营业税优惠政策的通知》
94	2014 年	文化部、中国人民银行、财政部	《关于深入推进文化金融合作的意见》
95	2014 年	国家新闻出版广电总局办公厅	《关于加快推动下一代广播电视网标准应用的通知》
96	2014 年	国务院办公厅	《关于印发文化体制改革中经营性文化事业单位转制为企业和进一步支持文化企业发展两个规定的通知》
97	2014 年	国家新闻出版广电总局办公厅	《关于国发[2014]5 号文取消出版物总发行相关审批事项后续监管措施的通知》
98	2014 年	国家新闻出版广电总局办公厅	《关于进一步规范出版境外著作权人授权互联网游戏作品和电子游戏出版物申报材料的通知》
99	2014 年	国家新闻出版广电总局	《关于进一步完善网络剧、微电影等网络视听节目管理的补充通知》
100	2015 年	国家新闻出版广电总局、财政部	《关于推动传统出版和新兴出版融合发展的指导意见》

续表

序号	发布时间	发布机关	文件名称
101	2015 年	国家新闻出版广电总局	《全国新闻出版广电（版权）依法行政示范点管理办法》
102	2015 年	国家新闻出版广电总局	《关于印发〈新闻出版广电（版权）行政处罚案卷评查办法〉和〈新闻出版广电（版权）行政处罚案卷评查标准〉的通知》
103	2015 年	国家新闻出版广电总局	《关于推动网络文学健康发展的指导意见》
104	2016 年	发改委	《战略性新兴产业重点产品和服务指导目录（2016 版）》
105	2016 年	国务院	《"十三五"国家战略性新兴产业发展规划》
106	2017 年	文化部	《关于推动数字文化产业创新发展的指导意见》
107	2018 年	中办国办	《关于加强知识产权审判领域改革创新若干问题的意见》
108	2018 年	国家新闻出版广电总局	《关于进一步规范网络视听节目传播秩序的通知》